벤처창업과
사업계획서 작성방법

정 종 용 著

벤처창업과 사업계획서 작성방법

정 종 용 著

발행일 2022년 2월 28일
펴낸이 李 相 烈
펴낸곳 도서출판 에듀컨텐츠휴피아
출판등록 제2017-000042호 (2002년 1월 9일 신고등록)
주 소 서울 광진구 자양로 28길 98, 동양빌딩
전 화 (02) 443-6366
팩 스 (02) 443-6376
이메일 iknowledge@naver.com
Web http://cafe.naver.com/eduhuepia
만든이 기획·김수아 / 책임편집·이진훈 황혜영 박채연 박은빈
디자인·유충현 / 영업·이순우

정 가 21,000원
ISBN 978-89-6356-349-7 (13320)

ⓒ 2022, 정종용, 도서출판 에듀컨텐츠휴피아

* 본 책은 저작권법에 따라 보호받는 저작물이므로 무단 전재와 복제를 금지하며, 책 내용의 전부 또는 일부를 이용하려면 반드시 저작권자 및 도서출판 에듀컨텐츠휴피아의 서면 동의를 받아야 합니다.

머리말

벤처창업과 투자전략의 저서를 집필한 후 벤처창업과 투자에 대한 이해와 사업계획서 작성방법에 대한 기술로 나름 소정의 목적을 달성하였으나 좀 더 심도있는 집필이 필요할 것으로 생각되어 사회적 여건 변화에 맞게 사업준비자들이나 기존사업자들의 애로사항을 타개하고 본인이 직접 사업계획서를 작성할 수 있도록 하기 위한 목적으로 사업계획서 작성방법을 집필하게 되었다. 대한민국 경제의 발전은 실로 괄목할만하다. 그러나 4차 산업혁명 시대의 도래와 코로나-19사태로 인하여 사업의 환경과 방향은 대전환을 이루게 되는 계기가 되었다. 성장의 정체 위기에서 탈피하고 새로운 사업으로 정진하기에는 많은 어려움이 있는 것이 사실이다. 이에 정부는 기업경영환경에 대한 규제를 negative방식으로 전환하여야 하며, 노동의 유연성을 확보함으로서 서로 상생할 수 있는 문화를 만들어야 할 것이다. 그럼으로 인해 차세대들이 먹고 살 수 있는 산업기반과 일자리를 창출하고 국민들의 행복한 삶을 만들어야 한다. '공짜 점심은 없다'라는 경제학의 기본원칙을 바탕으로 정책을 추진하며 목전의 고용증가율보다는 미래를 향한 대전환을 위한 기초분야와 기반조성을 위한 대규모 정책적인 투자로 그 위기를 타개해 나가야 할 것이다. 우리나라 중소기업의 수와 고용인원 비중은 높으나 질 높은 일자리가 아님에 따라 그 선호도가 떨어지고, 또한 일자리 미스매치로 인하여 청년실업률의 개선책에는 도움이 되지 않는다. 이에 창의력과 기술력을 바탕으로 하는 벤처기업 육성을 장려하고 그 지원과 육성에 관심이 증가하고 있다.

이 책은 벤처창업이 증가함에 따른 벤처경영 또는 창업경영에 대한 기본적인 이론과 사업계획서 작성방법에 대한 강의 과목에 사용할 목적으로 작성하였다. 벤처경영 또는 창업경영에 관심이 있는 대학생을 대상으로 기업가정신 제고 및 벤처 창업경영에 필요한 기초이론을 토대로 새로운 창업이나 기존사업체의 신규사업도입에 따른 자금조달 목적이외에 기업의 홍보, 기업 내부의 관리, 거래선 확보 등의 사업계획서 작성의 목적이 다양해짐에 따른 수요를 충족시키기 위한 방안으로 활용이 가능하다.

사업계획서 작성을 외부 전문 컨설턴트에게 의뢰해 작성하는 경우가 허다하나 사업계획서는 필요한 개인이나 회사가 자체적으로 작성하는 것이 가장 바람직하다. 이는 비용 절감과 사업을 구상한 사람들의 의사가 사업계획서에 정확하게 전달될 필요가 있기 때문이다.

　가장 훌륭한 사업계획서는 그 사업계획서의 용도가 어느 것이든지 정확하고 합리적인 자료를 바탕으로 해서 체계적이며 쉽고 명쾌하게 정리되어야 한다는 점은 누구도 부인할 수 없는 사실이다. 그러나 사업계획서가 필요한 많은 사람들은 이를 너무 어렵고 복잡하게 생각해 지레 겁부터 먹고 작성하지 못하는 경우가 허다하다.

　이 책은 사업계획서에 대한 정확한 이해를 도모하고, 사업계획서를 어떻게 작성하는 것이 가장 바람직한 것인지를 명쾌하고 간략하게 설명하고 있다. 사업계획서가 필요한 사람들은 누구나 자신있고 손쉽게 작성할 수 있도록 그 방법을 설명하고 있다는 점이 특징이다.

　자신이 하고자 하는 사업에 대해 명확한 논리적 정리가 안 되는 경우 그 사업이 성공할 가능성은 결코 크지 않다. 자신이 직접 작성하든 다른 사람에게 의뢰하든 간에 이는 매우 중요한 점이다. 이 책이 사업계획서가 필요한 분들에게, 특히 처음으로 사업계획서를 작성하는 분들에게 초보적인 지침서로 활용되어 모든 분들이 성공하는데 도움이 되기를 기대한다.

　본서를 작성하는데 있어 가능한 학문적 인용의 관례를 따르고 있지만, 미처 허락을 구하지 못한 부분은 이 자리를 통해 양해를 구하고자 하며 감사를 표한다. 아무쪼록 본서가 벤처경영 또는 창업경영을 전공하는 학생 및 창업 또는 기업을 경영하는 기업인에게 성공적인 사업계획서 작성을 통하여 벤처창업과 사업전략을 잘 녹여냄으로서 그 능력을 배양하고 성공하기를 기원합니다.

2022년 2월
청운대학교 교수　정 종 용

【 저자 소개 : 정종용 】

정종용 교수는 연세대학교에서 경제학석사학위를 취득하고 단국대학교에서 경제학박사학위를 취득하였다. K그룹 비서실장과 Tempis 투자자문 상무이사을 엮임했으며, 그룹 감사 및 홍보, 법무 업무를 총괄 운영하였고, 각종 연기금 및 펀드 등의 자산 및 주식운용, M&A분야에서 활발한 활동을 하였다. 저자의 연구 및 전공분야는 경영학 분야로는 벤처창업 및 기술경영 컨설팅이며, 경제학 분야로는 화폐금융론, 국제금융론, 국제 무역이론이며, 금융 분야로는 벤처캐피털 운용(벤처기업 발굴 및 투자) 및 주식 및 기업 인수합병(M&A)에 많은 관심을 갖고서 연구활동과 창업교육 활성화를 위해 노력하고 있다.

주요 저서와 논문으로 『위기, 도전, 성취』, 『해외 비즈니스 성공 사례 연구』, 『경제학원론』(2005), 『국제금융론』(2006), 『금융의 이해』(2006), 『벤처창업과 투자전략』(2020), 「환율, 금리, 주가 및 외국인 주식투자의 상호연관성에 관한 연구」, 「후기 케인지언의 내성적 화폐이론에 관한 연구」, 「환율의 수출가격 전가효과 분석」, 「한국의 환율결정모형에 관한 실증분석」, 「사회적경제 현황과 발전방안 연구」, 「환율변동성, 인플레이션변동성, 인플레이션수준 상호관계에 대한 연구」, 「전자고객센터를 통한 유통업체의 고객충성도 구축에 관한 연구」(2017), 「Research on How Emotional Expressions of Emotional Labor Workers and Perception of Customer Feedbacks Affect Turnover Intentions: Emphasis on Moderating Effects of Emotional Intelligence」(2019) 등이 있다.

현재 청운대학교 융합경영학부 교수로서 학부장과 취창업지원단장을 역임했고, 학교 내 청운신기술전문(주)의 대표로서 엑셀러레이터 및 Micro VC 역할과 보육센터를 책임지고 인재양성 및 벤처기업 육성 및 경영활성화에 이바지하고 있다. 또한 사회적 기업 활동에 관심을 가지고 (사)한국사회적기업학회 학회장을 맡아 학술활동을 통하여 사회적 경제의 이론적 토대, 산업대책 수립을 위해 봉사하고 있다.

목 차

제1장. 벤처경영에 대한 이해 ··· 3

1. 벤처창업의 이해 ··· 5

가. 벤처창업은 무엇이고 왜 하는가? ····································· 5
Action 1 벤처창업의 의미(What)을 이해한다 ······················· 5
Action 2 벤처창업을 왜(Why) 해야 하는지를 파악한다 ············· 7
Action 3 벤처창업을 언제(When) 해야 하는 게 적정한가를 파악한다 11

나. 벤처창업에 필요한 정보 ··· 13
Action 1 기회를 창조하는 사회 및 문화 트렌드를 포착한다 ········ 13
Action 2 경제 패러다임(Macro)의 추이 및 변화내용을 이해한다 ··· 13
Action 3 과거 혁신기술과 미래 유망기술에 대해 이해한다 ········· 15

2. 기업가정신(Entrepreneurship) ·· 23

Action 1 기업가(Entrepreneur)에 대해 이해한다 ···················· 23
Action 2 기업가정신이 왜 중요한지 이해한다 ······················· 23
Action 3 바람직한 기업가정신은 무엇인가 이해한다 ················ 26
Action 4 다양한 기업가정신 사례를 이해하고, 본인이 취하고 싶은
         기업가정신의 중요 요소는 무엇인지 정리한다 ·············· 26

3. 창업 아이디어 개발(Idea Creation) ································· 35

Action 1 창업 아이디어를 교육, 직업의 경험, 취미 등 다양한 곳에서
         얻어라 ··· 35

Action 2 창업 아이디어에 대한 성공 및 실패사례에서 힌트를
　　　　　얻어라 ··· 37
가. 작은 아이디어 성공사례 ··· 37
나. 아이디어(또는 기술예측) 실패사례 ······························ 38
Action 3 창업 아이디어 개발 방법을 활용하라 ················· 39
가. SCAMPER ··· 39
나. 브레인스토밍(Brain Storming) ··································· 39
다. 집중 그룹 인터뷰(FGI, Focus Group Interview) ········ 40
라. 마인드 맵(Mind - Map) ··· 40
마. 디자인 사고분석(Design Thinking) ···························· 41

4. 비즈니스 모델(Business Model)에 대한 이해 ·········· 51

Action 1 비즈니스 모델 분석에 대해 이해한다 ················· 51
가. 비즈니스 모델 캔버스란 ··· 51
나. 고객관점 공감지도(Empathy Map) 만들기 ················· 52
다. 9 Building Blocks ·· 54
Action 2 비즈니스 모델 캔버스를 활용하여 I-Pod 사례에
　　　　　적용한다 ·· 58
가. I-Pod 사례분석 ·· 58
Action 3 스타트업에 맞는 린 캔버스를 이해한다 ············· 65
Action 4 다양한 스타트업 비즈니스 모델 유형을 이해한다 ······ 67

제2장. 성공하는 사업계획서 작성의 기초 ···················· 71

5. 사업계획서 작성의 기초 ·· 73

Action 1 사업계획서는 어느 정도의 분량이어야 하나? ·············· 74
Action 2 언제 작성할 것인가? ··· 76
Action 3 누가 사업계획서를 필요로 하는가? ···················· 77

6. 자금, 사업계획서로 어떻게 구할 것인가? ···················· 81

    Action 1 벤처투자가 ··· 81
    Action 2 은행 ·· 87
    Action 3 자금을 유치할 수 있는 다른 방법들 ················ 89
    Action 4 기타 투자가들 ·· 90

7. 사업계획서, 어떻게 활용할 것인가? ··························· 93

    Action 1 사업계획서로 성과를 평가하자 ······················· 93
    Action 2 사업에 있어서 중요한 요소를 발견한 사례 ······ 94
    Action 3 유능한 인재나 사업 파트너의 영입 ················ 94
    Action 4 사업계획서가 해줄 수 없는 것들 ···················· 97
    Action 5 사업계획서 작성의 위험 ································ 98
    Action 6 사업계획서 활용 방법 ································· 101

8. 사업계획서 작성 전에 이것만은 고려하자 ···················· 107

    Action 1 정확한 목표와 목적을 달성하자 ···················· 107
    Action 2 자금조달 루트를 세우자 ······························· 110
    Action 3 사업계획서의 용도는 무엇인가? ···················· 112
    Action 4 어느 정도의 직원을 채용할 것인가? ·············· 113
    Action 5 회사의 잠재력은 무엇인가? ·························· 113
    Action 6 어떻게 경영진을 소개할 것인가? ·················· 116
    Action 7 어떻게 상품이나 서비스를 소개할 것인가? ····· 116

9. 사업계획서, 이제 올바르게 작성하자 ·························· 121

    Action 1 최고의 표현 방법을 선택하자 ························ 121
    Action 2 사업계획서의 유형 ······································· 122
    Action 3 여러 유형의 사업계획서가 필요하다 ·············· 124

10. 요약 부분이 사업계획서에서 가장 중요하다 ················ 127

    Action 1 사업계획서에서 가장 중요한 부분은 핵심정리다 ········· 127

Action 2 핵심정리 부분의 역할을 이해하자 ········· 127
Action 3 어떤 전략으로 임할 것인가? ············· 132
Action 4 자금이 쓰이는 용도에 대해 설명하자 ········· 133

제3장. 사업계획서, 부분별 작성 방법 ········· 135

11. 인력계획, 어떻게 할 것인가? ········· 137

Action 1 어떤 경영진인가가 중요하다 ············· 137
Action 2 경영진의 능력과 자질을 강조하자 ········· 137
Action 3 인력별 담당 역할은 무엇인가? ············· 139
Action 4 인력 보강 계획은? ············· 139
Action 5 인력 수급 계획은? ············· 140
Action 6 핵심인력을 채용하고 유지하자 ············· 142
Action 7 외부 전문가를 활용하자 ············· 143

12. 상품 및 서비스, 어떻게 소개할 것인가? ········· 145

Action 1 상품 및 서비스는 무엇인가? ············· 145
Action 2 무엇이 상품을 가치 있게 만드는가? ········· 146
Action 3 누가 왜 여러분의 상품을 사는가? ········· 148
Action 4 사회적 책임의식을 보이자 ············· 149
Action 5 면허와 허가증을 밝히자 ············· 151

13. 산업 내부의 정보를 확인하라 ········· 153

Action 1 산업이 처한 현재 상태를 설명하자 ········· 153
Action 2 시장조사를 실시하자 ············· 154
Action 3 산업 트렌드를 파악하자 ············· 158
Action 4 진입장벽을 조사하자 ············· 159
Action 5 경쟁자에 주목하자 ············· 160
Action 6 경쟁적 우위 - 왜 여러분의 상품이 더 나은가? ········· 160
Action 7 전반적으로 조망하자 ············· 162

14. 마케팅 부분, 어떻게 작성할 것인가? ······ 163

    Action 1 상품은 무엇인가? ······ 163
    Action 2 가격은 어떻게 설정할 것인가? ······ 166
    Action 3 유통은 어떻게 할 것인가? ······ 167
    Action 4 판매촉진은 어떻게 할 것인가? ······ 168
    Action 5 후속 조치 계획을 밝히자 ······ 172

15. 운영계획 부분, 어떻게 다룰 것인가? ······ 173

    Action 1 제조업의 운영계획 ······ 173
    Action 2 소매업 및 서비스업의 운영계획 ······ 178
    Action 3 정보기술 시스템의 활용 방안 ······ 180

16. 재무부분, 어떻게 구성할 것인가? ······ 183

    Action 1 손익계산서 ······ 183
    Action 2 재무상태표 ······ 188
    Action 3 현금흐름표 ······ 191
    Action 4 자금 사용처 ······ 193
    Action 5 다른 재무 관련 정보들 ······ 193
    Action 6 재무비율 ······ 194
    Action 7 재무지표 예측 ······ 199

제4장. 사업계획서, 부록 작성과 준비 ······ 207

17. 부록에는 무엇을 써야 하는가? ······ 209

    Action 1 주요 임직원의 이력서 ······ 209
    Action 2 제품 샘플 ······ 209
    Action 3 제품 사진 ······ 210
    Action 4 광고 샘플 ······ 210
    Action 5 기사 광고 ······ 210

Action 6 시설물 사진 ……………………………………………… 210
Action 7 현장 설계도 ………………………………………………… 211
Action 8 임차 관련 사항 …………………………………………… 211
Action 9 사업계획서의 분량 ………………………………………… 211

18. 매력적인 사업계획서, 어떻게 준비할 것인가? ……………… 213

Action 1 제작과 인쇄, 디자인 …………………………………… 213
Action 2 차트, 그래프, 표 ………………………………………… 214
Action 3 멀티미디어 프레젠테이션 ……………………………… 214
Action 4 표지에 집중하자 ………………………………………… 215
Action 5 안내 편지를 보내자 …………………………………… 216
Action 6 안내 편지가 거절되었을 때 …………………………… 217
Action 7 다른 투자가 추천받기 ………………………………… 218
Action 8 미래를 대비해 항상 프로 근성을 가지자 …………… 219

19. 성공하는 사업계획서 작성 ……………………………………… 221

Action 1 시장지배력: 대부분의 사업계획서에 누락되는
핵심 요소 ………………………………………………… 221
Action 2 사업계획서에 포함되어야 할 시장지배력 달성의
근거 ……………………………………………………… 222
Action 3 접근 가능한 시장의 규모가 크고, 빠른 성장이 가능 …… 223
Action 4 실현 가능한 시장지배력 ……………………………… 228
Action 5 유능하고, 목표가 뚜렷하며, 신뢰할 만한 경영진 ……… 232
Action 6 단계별 가치 제안이 뚜렷한 성장 계획 ……………… 233
Action 7 현실성 있는 가치평가 …………………………………… 233
Action 8 투자비 회수가능성 ……………………………………… 234

부록 ……………………………………………………………………… 235
각 기관별 샘플 ……………………………………………………… 235

에듀컨텐츠·휴피아
Educontents Huepia

벤처창업과 사업계획서 작성방법

제1장. 벤처경영에 대한 이해

1. 벤처창업의 이해

2. 기업가정신(Entrepreneurship)

3. 창업 아이디어 개발(Idea Creation)

4. 비즈니스 모델(Business Model)에 대한 이해

에듀컨텐츠·휴피아
CH Educontents·Huspia

1. 벤처창업의 이해

가. 벤처창업은 무엇이고 왜 하는가?

Action 1   벤처창업의 의미(What)를 이해한다.

벤처의 사전적 정의는 새롭고 흥미 있으며 어려운 프로젝트를 말한다.

〔표 1-1〕 벤처의 사전적 정의

> A venture is a project or activity which is new, exciting, and difficult because it involves the risk of failure.

출처: 위키피디아, 2012.

대한민국에서는 "벤처기업육성에 관한 특별조치법"에서 일정 요건을 갖춘 중소기업을 벤처기업으로 정의하고 있다. 첫째, 벤처캐피탈이 기업 자본금의 10% 이상 투자하고, 투자금액이 5천만 원 이상인 경우(벤처투자기업), 둘째 기술보증기금 또는 중소기업진흥공단이 기업의 기술 평가를 한 후 담보 없이 총자산의 10% 이상, 최소 8천만 원 이상을 보증 또는 대출하는 경우(기술 평가 보증/ 대출기업), 셋째 기업부설연구소 보유한 기업으로서 연구개발비가 총매출액에서 차지하는 비율이 중소기업청장이 정하여 고시하는 비율(5~10%) 이상이고 5천만 원 이상인 경우(연구개발기업)를 벤처기업 요건으로 규정하고 있다.

[그림 1-1] 벤처창업의 정의

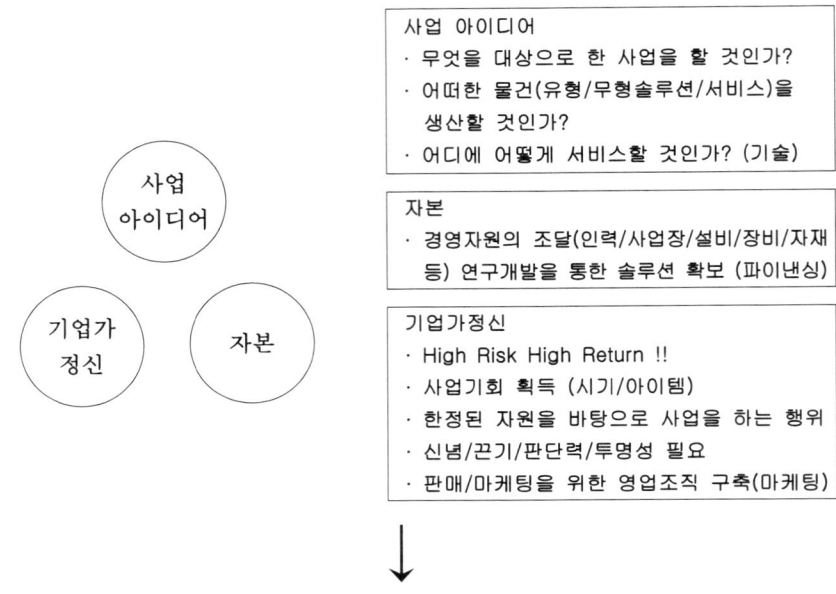

기업가정신과 경영능력이 있는 창업자가
고객과 시장매력이 있는 사업 아이디어를 바탕으로
자본/인력/기술력/경영 노하우를 잘 활용하여
기업자로서 면모를 갖추고 활동하기 위한 기초를 구축하는 것

창업이란 창업자가 어떤 목적을 가진 사업을 하기 위해 구체적인 수단을 정의하는 것으로, 이윤 창출을 위한 사업의 기초를 세우는 것을 말한다. 좀 더 구체적으로 말하면, 기업가정신과 경영능력이 있는 창업자가 고객과 시장매력이 있는 사업 아이디어를 바탕으로 자본, 인력, 기술력, 경영 노하우를 잘 활용하여 기업으로서 면모를 갖추고 활동하기 위한 기초를 구축하는 것을 말한다. 여기서 사업 아이디어는 무엇을 사업 대상으로 할 것인지, 어떤 물건(유형, 무형 솔루션, 서비스 등)을 생산할 것인지, 어디에 어떻게 서비스 할 것인지를 말하며, 자본은 사업을 하기 위해서 필요한 인력, 사업장, 설비, 장비, 자재 등 한정된 자원을 바탕으로 사업의 기회를 획득하려는 것이다. 그리고 기업가정신은 신념, 끈기, 통찰력 등을 통해 판매 및 마케팅을 위한 영업조직 구축을 말한다. 위의 사업 아이디어, 기업가정신, 자본 등 3가지 요인은 벤처창업에 필요한 기술, 마케팅, 파이낸싱 등 주요 요인으로 요약할 수 있다.

제1장. 벤처경영에 대한 이해

| Action 2 | 벤처창업을 왜(Why) 해야 하는지를 파악한다. |

〔그림 1-2〕 연도별 사업체 수 및 종사자 수

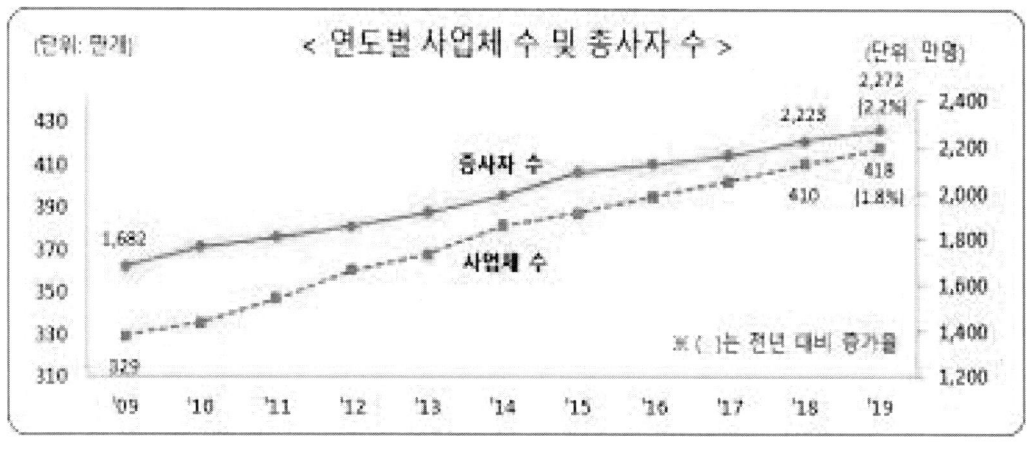

출처: 경제통계국 경제총조사 2020.12.29.

중소벤처기업부는 2017년 신설법인이 전년보다 2.3%(2,175개) 늘어난 98,330개로 집계됐다고 밝혔다. 이는 연간 기준으로 역대 최대 규모다.

신설법인 수는 2009년 이후 9년 연속 증가했다. 2017년 신설된 법인의 특징을 살펴보면 업종별로는 제조업이 20,629개(21.0%)로 가장 많았으며 도매 및 소매업(19,463개, 19.8%), 건설업(9,963개, 10.1%), 부동산업(9,379개, 9.5%)이 그 뒤를 이었다.

중소벤처기업부는 2017년 반도체 수출 호조와 음·식료품 시장 확대로 제조업 분야 신설법인이 전년보다 8.4% 증가했다고 분석했다.

신설법인 증가율 1위는 전년 대비 215.8% 늘어난 전기·가스·공기조절공급업으로 정부의 탈원전 기조에 따라 신재생·친환경 에너지 수요가 증가할 것이라는 기대가 반영된 것으로 보인다.

중소벤처기업부

출처: 연합뉴스 자료사진.

지역별로는 광주(18.9%), 강원(13.7%), 세종(12.9%), 전남(10.6%)에서 전년보다 법인 설립이 증가했으며 서울(-1.9%), 인천(-0.6%)에서는 소폭 감소했다.

연령별로는 40대(35,086개, 35.7%)와 50대(26,527개, 27.0%) 창업주 비중이 높았으며 증가 폭은 60세 이상이 16.9%(1,446개)로 가장 컸다.

반면 30대는 전년보다 2.6% 감소했으며 30세 미만은 2.1% 증가했다. 2017년 12월 신설법인은 8,622개로 전년 같은 달보다 1.0%(88개) 증가했다.

[그림1-3] 신설법인 추이(2008~2017년)

출처: 중소벤처기업부 제공=연합뉴스

제1장. 벤처경영에 대한 이해

　한국에서는 고등학교나 대학을 졸업하게 되면 대부분 기업이나 중소기업에 취업하게 된다. 대기업의 일자리는 제한되어 있어 대기업 취업은 바늘구멍에 낙타가 들어가는 정도로 힘들며, 대기업은 신입사원보다는 회사에서 바로 활용할 수 있는 경력직 사원을 더 선호하고 있어 더욱더 대기업 입사는 힘들어지고 있다. 취업이 제대로 안 된 학생들은 아르바이트라든지 비정규직 일자리를 알아보게 되고, 마지막에서 창업을 고려하는 것이 한국의 취업 과정이다. 창업한 남자와는 여자 측에서 결혼도 승낙하지 못하는 것이 한국 창업의 현주소이다(빌 올렛, 2014). 미국과 이스라엘 등에서는 능력 있고 도전 정신이 있는 학생들이 먼저 창업을 하는 상황과는 매우 대조적이다. 그 원인은 한국의 노동시장이 유연하지 못한 이유도 있지만, 고용시장의 불안으로 학생들이 공무원, 대기업 등 안정된 일자리를 원하고 있다. 그러나, 대기업에 입사를 해도 대기업의 별이라고 하는 이사직을 달기는 극소수에 불과하며 40~50대에 퇴사하게 되고, 공무원직도 정년이 보장되어 있지만 50대 후반에 대부분 나오게 되어 창업을 생각하게 된다. 중소기업에 다니는 사람도 불만족스러운 근무환경, 적은 연봉, 불안정한 고용상태 등으로 자주 이직을 하게 된다.

　최근 들어 은퇴한 베이비붐 세대의 창업이 이어지면서 50대가 대표인 사업체가 급증했는데, 60대로 그 행렬이 넘어간 것이다(매일경제, 60대로 번진 창업행렬, 2015.10.2). 예전과 같이 평생직장은 없으며, 20대는 취업이 어려워 창업을 하고, 60대는 정년퇴직을 해도 인구 고령화에 따라 제2의 창업을 하는 것이다. 따라서, 인생에 한두 번은 창업을 고려할 수밖에 없게 되었다.

■ 스티브 잡스의 창업관

"수년간 사업을 하면서 알게 된 게 있어요. 저는 늘 '왜 그 일을 하는가?'라고 묻는데요. 매번 '원래 그렇게 하는 거야'라는 대답을 듣곤 했습니다. 아무도 자신이 왜 그 일을 하는지 알지 못했고 깊이 생각하지 않았습니다."

"삶에서 중요한 결정을 내릴 때 내가 곧 죽을 거라고 생각하는 게 가장 큰 도움이 됐습니다. 모든 외부의 기대, 자존심, 당황하거나 실패할까 두려워하는 마음, 이 모든 것은 죽음 앞에서 떨어져 나가고 진정으로 중요한 것만 남게 되기 때문입니다. 여러분에게 주어진 시간은 한정되어 있습니다.
그러니 다른 사람의 삶을 사느라 시간을 허비하지 마십시오.
다른 사람들의 견해가 여러분 내면의 목소리를 가리지 않게 하십시오.
그리고 가장 중요한 건 여러분의 마음과 직관을 따라가는 용기를 가지는 것입니다."

벤처창업과 사업계획서 작성방법

창업 매력도 지표(EA Index: Entrepreneur Attractive Index)[1]

창업 매력도(EA) = (Y+I)-(W+R)
    Y = 2년 동안의 소득
    I = 독립성(Independence)
    W = 업무 노력도(Work Effort)
    R = 위험도(Risk)
    (각 요소에 대해서 5점 척도를 사용, 1=low, 3=medium, 5=high)

예를 들어, 삼성에 취업한 학생이 1년에 5천만 원을 받는다고 생각하면 2년 동안의 소득은 1억이다. 1억을 대기업의 평균으로 본다면 Y는 5점 척도로 3이 된다. 그러나, 삼성 입사 대신 창업을 해서 2년 동안 1억을 받을 수 있다고 생각하면, 독립성에서는 자기 회사이므로 높게 5점 척도로 평가할 수 있는 반면에 Risk는 상대적으로 높게 3으로 평가할 수 있다(업무에 대한 노력은 창업과 삼성에서 똑같다고 가정한다).

〔표 1-2〕 창업 매력도 지표

지표	창업	삼성
Y	3	3
I	5	2
W	4	4
R	3	2
EA	+1	-1

이런 가정의 경우,
창업 = (Y + I) - (W + R) = (5 + 3) - (4 + 3) = +1
삼성 = (Y + I) - (W + R) = (3 + 2) - (4 + 2) = -1

삼성을 나와 창업을 하는 게 당연한 일이 될 것이다. (창업했을 때의 소득이 적고, 위험도가 더 높다고 생각되었을 경우가 창업을 선택하는 방해요인이 되기도 한다.)

---
[1] Byers, Thomas H.(2013), *Technology Ventures*,, Third Edition., McGraw Hill

제1장. 벤처경영에 대한 이해

| Action 3 | 벤처창업을 언제(When) 해야 하는 게 적정한가를 파악한다. |

〔그림 1-4〕 창업 연령에 따른 벤처기업의 유형
20대(25세 전후) ▶ 31세~35세 ▶ 36세~40세 ▶ 41세~50세 ▶ 51세~

20대(25세 전후)	31세~35세	36세~40세	41세~50세	51세~
-모험적인 창업 -전공/직업 불문 -도전정신 기반 -경험과 지식부족 -타 연령보다 높은 실패율 -성공잠재력 보유 -재기가능성 높음	-자신의 적성 분야에 맞는 업종선택 -선택 창업형 -적성과 기존경험 -업무와의 상관관계 고려 필요	-사회생활의 경험과 일반 분야의 기반을 바탕으로 창업 -기반 창업 형태 -기반과 경험을 활용	-20년 전후의 경험과 Know-How를 활용 -축적 전문적 지식 및 경험 활용 -전문 창업 형태 -학력 불문하고 분야 최고 전문가로 인식	-사회 경륜/전문지식을 바탕으로 행동보다 깊고 장기적 생각 -안전창업의 형태 -모험성 부족 -다른 창업보다는 실패율이 낮음 -획기적인 아이템을 바탕으로 젊은 창업보다는 성공률 저조

　다음은 창업 연령에 따른 벤처기업의 특징을 살펴보면, 20대에는 모험적인 창업 형태로 젊은이들의 전공과 직업과 관계없이 도전정신으로 벤처를 시작하다 보니 경험과 지식부족으로 타 연령보다 벤처 성공률이 낮을 수밖에 없으나, 성공 잠재력을 보유하고 있다. 또한, 벤처창업에 대한 실패를 용인하는 사회적 인식을 제고하고, 국가적으로 벤처창업에 재도전할 수 있는 종합적인 지원을 통해 재기가능성을 높여 주는 것이 필요하다.

　30대 초반의 창업은 자신의 적성 분야에 맞는 업종을 선택하는 선택 창업형으로 적성과 기존 경험업무와의 상관관계를 고려하여 창업하게 된다. 또한, 30대 후반의 창업도 본인의 사회생활 경험을 기반으로 창업을 한다. 40대 창업의 경우는 20년 정도의 경험과 Know-How를 활용하여 축적된 전문적 지식과 경험을 바탕으로 하는 전문적인 창업 형태를 띠게 되며, 50대 이상의 창업은 획기적인 창의 아이템보다는 사회 경륜 및 전문적인 지식을 바탕으로 장기적이고 안정적인 형태의 창업을 하게 되어 다른 창업보다는 실패율이 낮게 된다.

[표 1-3] 정보통신 분야의 젊은 창업자들

Entrepreneur	Enterprise started	Age of entrepreneur at time of start	Year of start
Bezos, Jeff	Amazon.com(USA)	31	1995
Brin, Sergey	Google(USA)	27	1998
Dell, Michaek	Dell Computer(USA)	19	1984
Gates, William	Microsoft(USA)	20	1976
Greene, Diane	VMWare(USA)	42	1998
Hewlett, William	Hewlett-Packard(USA)	27	1939
Ibrahim, Mo	Celtel(Africa)	42	1998
Lerner, Sandra	Cisco(USA)	29	1984
Li, Robin	Baidu(China)	32	2000
Ma, Jack	Alibaba.com(China)	35	1999
Plattner, Hasso	SAP(Germany)	28	1972
Rottenberg, Linda	Endeavor(Chile, Argentina)	28	1997
Sasaki, Koji	Adin Research(Japan)	43	1986
Shwed, Gil	Check Point(Israel)	25	1993
Tanti, Tulsi	Suzlon Energy(India)	37	1995
Yunus, Muhammed	Grameen Bank(India)	36	1976
Zuckerberg, Mark	Facebook(USA)	20	2004

출처: Byers, Thomas H.(2013), Technology Ventures, Third Edition, McGraw-Hill.

과거 컴퓨터 기술 분야에서는 마이크로소프트의 빌 게이츠, HP의 휴렛 윌리엄 등은 20대 창업을 했었으며, 최근 들어 정보통신 분야에서 플랫폼, SNS, 클라우드 기반 개방형 인프라 등 기술발전으로 창업이 쉬워짐에 따라, 젊은 20대 창업이 매우 증가하게 되었다. 대표적으로 Facebook의 마크 쥬크버크, Google의 브린 세르게이 등이다.

나. 벤처창업에 필요한 정보

| Action 1 | 기회를 창조하는 사회 및 문화 트렌드를 포착한다. |

〔표 1-4〕 사회 및 문화 트렌드

Social and Cultural Trends
- Aging baby-boom generation
- Increased diversity
- Two-Working-parent families
- Rising middle class in developing nations
- Changing role of religious organizations
- Changing role of women in society
- Pervasive influence of media

출처: Byers, Thomas H.(2013), Technology Ventures, Third Edition, McGraw-Hill.

사회 및 문화적 트렌드를 포착함으로써 창업의 기회를 만들 수 있다. 인구통계학 측면에서는 베이비붐 세대가 은퇴하고 인구고령화 추세로 실버산업, 바이오산업, 여행업계 등에 큰 변화와 영향을 주고 있으며, 외국 노동자들의 이민 또는 한류에 따른 외국인 여행자들이 증가하여 다양성이 높아지고 있다. 또한, 맞벌이 부부 가족들이 증가하고 여성들의 사회적 역할이 변화하고 있다. 저개발국가의 중산층들이 증가함에 따라, 구매력 향상에 기인하는 수출구조의 변화가 있으며, 미디어의 지속적인 영향으로 소비패턴 등이 달라지고 있다.

| Action 2 | 경제 패러다임(Macro)의 추이 및 변화내용을 이해한다. |

현재 진행되고 있는 인류경제체계는 인간 근육과 물리적 형태를 가진 자본중심 경제에서 정신 및 지식을 중심으로 보이지 않은 자본을 근간으로 하는 2차경제에 진입하는 대변혁을 맞이하고 있다. B. Arthur(2011)는 이러한 경제적 대변혁을 1차경제에서 2차경제로의 대전환 또는 대변혁이라고 불렀다. 대전환으로 인한 인류경제체계 변화의 가장 중요한 시사점은 과거에는 일자리가 보장되고 일정하고 강력하게 요구되었던 생산중심의 경제체계에서, 일자리가 축소되고 경제적 기회가 상대적으로 적은 분배중심의 경제체계로의 전환으로 인하여 공정한 분배중심의 경제체계수립이 필요하다고 주장한다.

〔그림 1-5〕 4차 산업혁명

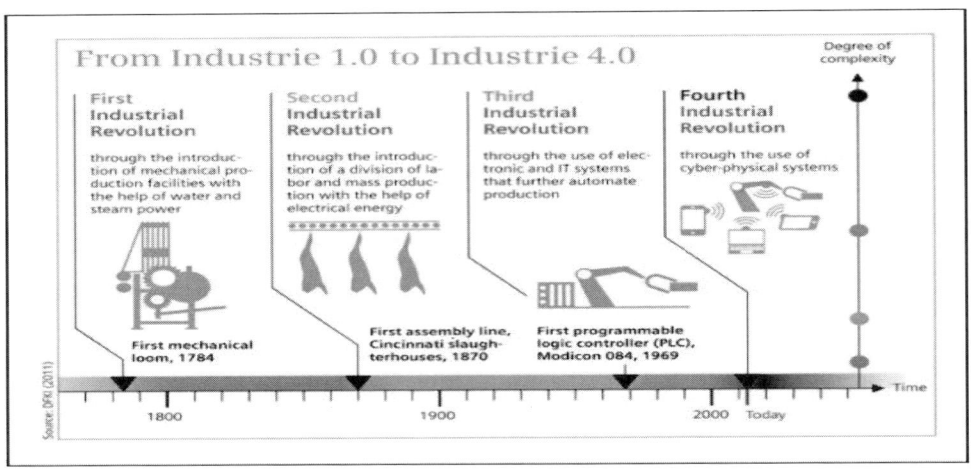

　1차경제구조는 인간근육과 물리적 자본을 투입하여 여러 가지 재화와 서비스를 생산하지만, 2차경제구조의 생산양식은 정신적 지식과 보이지 않은 자본을 투입하여 생산방식에서도 매우 다르게 작동한다. 먼저 1차경제는 물리계 안에서 작동하는 방식으로 인한 수확체감법칙 또는 최소한 수확불변원리를 바탕으로 작동하기 때문에 정체 또는 안정적인 경제사회체계를 만들어가지만, 2차경제구조의 주요 생산 방식은 정신계중심의 재조합적 성장방식(recombinational growth)인 수확체증원리를 바탕으로 하기 때문에 경제사회구조가 양극화되는 불안정한 사회 및 경제적 상태를 나타낸다.
　1차경제체계에서 2차경제체계로의 전환으로 인하여 발생하는 경제 및 사회적 문제점을 살펴보면 다음과 같다. 먼저 세계화의 가속적 확산이 빠르게 진행된다. 물리적인 한계에서 벗어남으로 전 세계가 하나의 공간에서 작동하게 된다. 다음으로 IT 기술혁명의 주도로 인하여 너무 빠른 사회적 변화와 정보의 양극화가 발생하고 있다. 중심의 자원 분배가 필요하게 되었다. 마지막으로 대 경제구조 전환에서 발생하고 있는 기후 변화와 에너지 고갈의 문제점이 매우 빠르게 등장하고 있다.

제1장. 벤처경영에 대한 이해

| Action 3 | 과거 혁신기술과 미래 유망기술에 대해 이해한다. |

〔그림 1-6〕 가트너의 하이퍼 곡선

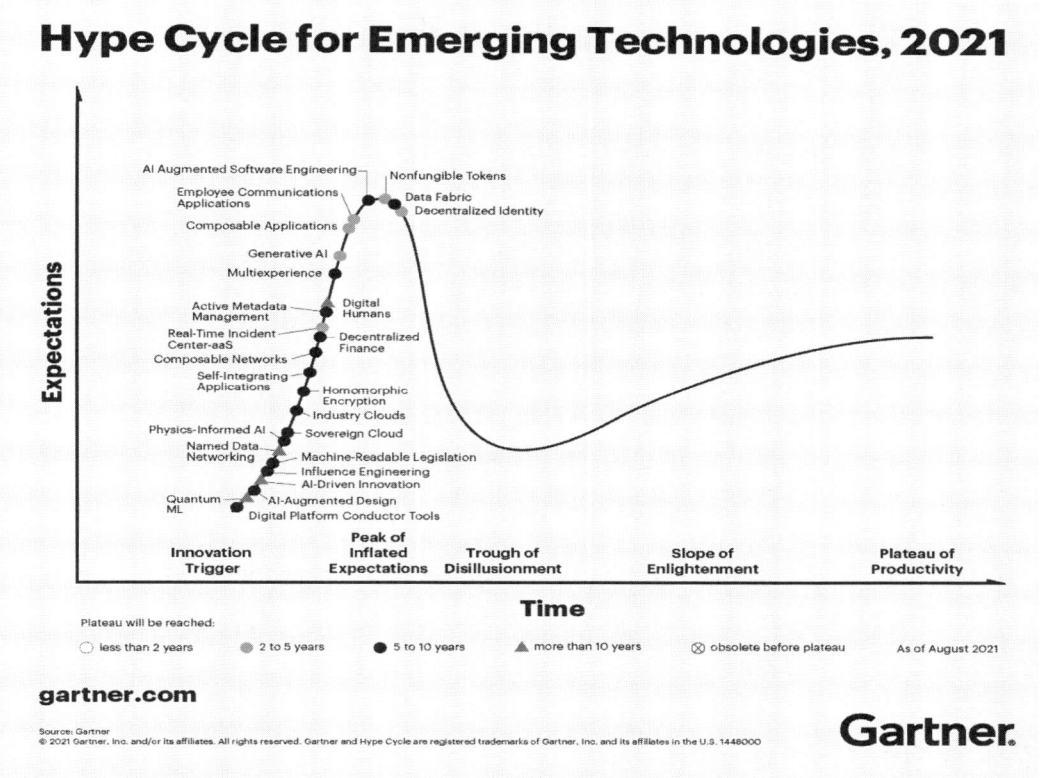

IT자문기관 가트너(Gartner Inc.)가 신기술 관련 보고서 2019년'신기술 하이프 사이클 보고서(Hype Cycle for Emerging Technologies)'를 발표, 향후 5~10년간 디지털 경제 내에서 기업의 생존과 번영을 좌우할 다섯 가지 주요 기술 트렌드를 선정했다.

우선, 표를 보는 방법은 X축으로 5단계로 나뉘며 다음과 같다.

1. Innovation Trigger는 기술의 태동 시기를 잠재적 기술로 관심받기 시작하던 단계이다. 상용화 제품도 없고, 더군다나 사업적으로 가치가 증명되지 않은 먼 미래처럼 느껴지는 기술이며 제대로 된 제품의 시연도 힘든 시기이다.
2. Peak of Inflated Expectations는 기술에 관한 관심의 거품 시기이며, 많은 실패사례와 일부 성공사례가 있는 때다. 대부분 기업은 기술도입이나 사업에 망설이는 시기이다.

가끔 사용제품들은 얼리어답터들이 구매하면서 관심도를 올리는 역할을 하지만 일반 소비자들에게는 생소하기만 한 기술들이 대부분이다.

3. Trough of Disillusionment는 관심이 제거되는 시기이며, 더는 대중들이 관심을 두지 않고 많은 기업이 사업을 포기하게 된다.

4. Slope of Enlightenment는 기술의 재조명 시기로, 지속적인 개발과 투자를 했던 기업들로부터 좋은 수익 모델의 성공사례들이 나타나게 된다. 기술과 소비자들이 서로 이해하고 실생활 속에서 녹여 들어가는 시기로 적극적인 기업들이 뛰어들게 된다.

5. Plateau of Productivity는 시장이 본격적으로 기술을 수용하기 시작하고 매출이 증대된다. 제대로 기술을 평가할 수 있으면서 다양한 서비스들이 출현하게 된다. 이 기술은 시장에서 대표 기술이 된다.

가트너가 선정한 다섯 가지 큰 주요 기술 트렌드는 감지 및 이동성(Sensing and Mobility), 증강 인간(Augmented Human), 고전 시대 이후의 계산 및 통신(Postclassical Compute and Comms), 디지털 생태계(Digital Ecosystems), 고급 인공지능 및 분석(Advanced AI and Analytics)으로, 이들은 독보적인 지능을 제고하고 완전히 새로운 경험을 창출하며 기업들과 신규 비즈니스 생태계를 연계하는 플랫폼들을 제공할 전망이다.

'신기술 하이프 사이클 보고서'는 가트너 하이프 사이클 연간 보고서 중 가장 역사가 오래된 것으로, 비즈니스 전략가, 최고혁신책임자(Chief Innovation Officer), 연구개발 전문가, 기업인, 세계시장개발 담당자, 신기술개발 담당 부서 등에서 신기술 포트폴리오 구축 시 고려해야 할 기술·동향에 대한 업계 전반의 관점을 제공하며, 신기술 하이프 사이클은 향후 5~10년간 높은 경쟁우위를 제공할 것으로 예상되는 일련의 기술들에 중점을 두고 있다(그림 1-6 참조).

■ 감지 및 이동성(Sensing and Mobility)

로봇, 드론, 자율주행차 등과 같은 자율 사물은 AI를 이용해 인간이 수행하던 기능들을 자동화한다. 이들이 제공하는 자동화는 엄격한 프로그래밍 모델을 통한 자동화의 수준을 뛰어넘고, AI를 활용해 주변 환경 및 사람들과 자연스럽게 상호작용하는 고급 행동을 선보인다.
이 산업군의 하위 분야로는 3D 센싱 카메라(3D Sensing Cameras), AR 클라우드(Ar Cloud), 경화물 운송용 드론(Light-Cargo Delivery Drones), 하늘을 나는 자율주행차(Flying Autonomous Vehicles), 자율 주행 레벨 4, 5(Autonomous Driving Levels 4 and 5)가 있다.

■ 증강 인간(Augmented Human)

증강 분석은 분석 콘텐츠가 개발, 소비 및 공유되는 방식을 혁신하기 위해 머신러닝을 이용해 증강 지능의 특정 영역에 초점을 맞춘다. 증강 분석 기능은 데이터 준비, 데이터 관리, 최신 분석, 비즈니스 프로세스 관리, 프로세스 마이닝 및 데이터 사이언스

제1장. 벤처경영에 대한 이해

플랫폼의 주요 기능으로 빠르게 발전할 것이다. 증강 분석으로부터 얻은 자동화된 통찰력은 HR, 재무, 영업, 마케팅, 고객 서비스, 구매조달 및 자산관리 부서 등의 기업 활동에 적용돼, 분석전문가나 데이터 과학자를 포함한 모든 직원의 결정과 행동을 최적화할 것이다.

이에 따른 산업군의 하위 분야로는 바이오칩(Biochips), 의인(Personification), 증강 지능(Augmented Intelligence), 감정 AI(Emotion AI), 몰입형 작업공간(Immersive Workspaces), 생명 공학(배양 또는 인공 조직)(Biotech(Cultured or Artificial Tissue))이 있다.

■ 고전 시대 이후의 계산 및 통신(Postclassical Compute and Comms)

에지는 사람들이 사용하거나 우리 주변에 내장된 엔드포인트 디바이스를 지칭한다. 에지 컴퓨팅(Edge Computing)은 정보 처리, 콘텐츠 수집 및 전달이 엔드포인트와 인접한 곳에서 처리되는 컴퓨팅 토폴로지(topology)다. 에지 컴퓨팅은 트래픽 및 지연 시간을 줄이기 위해 트래픽과 프로세싱을 로컬에서 처리하려고 한다.

머지않아 에지는 IoT에 의해 주도되고, 필요로 프로세싱은 중앙화된 클라우드 서버가 아닌 끝부분 가까이에서 유지될 것이다. 하지만 새로운 아키텍처를 만드는 것 대신, 클라우드 컴퓨팅과 에지 컴퓨팅은 중앙 서버뿐만 아니라 분산화된 온프레미스 및 에지 디바이스 자체에서 중앙 서비스로서 관리되는 클라우드 서비스를 보완하는 모델로 진화할 것이다.

이 산업의 하위 분야로는 5G, 차세대 메모리(Next-Generation Memory), 낮은 지구 궤도 위성 시스템(Low-Earth-Orbit Satellite Systems), 나노 스케일 3D 프린팅(Nanoscale 3D Printing)이 있다.

■ 디지털 생태계(Digital Ecosystems)

디지털 트윈은 현실 세계에 존재하는 대상이나 시스템의 디지털 버전을 말한다. 가트너는 2020년까지 200억 개 이상의 커넥티드 센서 및 엔드포인트가 생성될 것으로 예상하며, 잠재적으로 수십억 개에 달하는 사물에 디지털 트윈이 존재할 것으로 내다봤다. 조직들은 처음에는 간단한 방식으로 디지털 트윈을 적용할 것이다. 시간이 지나면서 이들은 올바른 데이터를 수집 및 시각화하고, 올바른 분석과 규칙을 적용하며, 비즈니스 목표에 효과적으로 대응할 수 있는 역량을 향상하게 시키면서 진화할 것이다.

이 산업군의 하위 분야로는 디지털 운영(DigitalOps), 지식 그래프(Knowledge Graphs), 합성 데이터(Synthetic Data), 분산 웹(Decentralized Web), 분산화된 자치 단체(Decentralized Autonomous Organizations)가 있다.

■ 고급 인공지능 및 분석(Advanced AI and Analytics)

그간 대부분의 AI 강화 솔루션을 만들기 위해 전문 데이터 과학자들이 애플리케이션 개발자와 협력해야만 했던 접근 방식에서 벗어나, 전문 개발자들이 서비스형 사전 정의 모델을 사용해 단독으로 운영할 수 있는 모델로 시장이 빠르게 변화하고 있다. 이는 개발자에게 AI 알고리즘 및 모델 생태계는 물론, 모델 및 AI 역량을 솔루션에 통합하도록 설계된 개발 툴을 제공한다.

위의 산업군의 하위 분야로는 적응형 머신 러닝(Adaptive Machine Learning(ML)), 엣지 AI(Edge AI), 에지 분석(Edge Analytics), 설명 가능한 인공지능(Explainable AI), AI PaaS, 전학 학습(Transfer Learning), 세대 간 적대적 네트워크(Generative Adversarial Networks), 그래프 분석(Graph Analytics)이 있다.

Emerging Technology Trends 2019

Sensing and Mobility
- 3D sensing cameras
- AR cloud
- Light-cargo delivery drones
- Flying autonomous vehicles
- Autonomous driving Levels 4 and 5

Augmented Human
- Biochips
- Personification
- Augmented intelligence
- Emotion AI
- Immersive workspaces
- Biotech (cultured or artificial tissue)

Postclassical Compute and Comms
- 5G
- Next-generation memory
- Low-earth-orbit satellite systems
- Nanoscale 3D printing

Digital Ecosystems
- DigitalOps
- Knowledge graphs
- Synthetic data
- Decentralized web
- Decentralized autonomous organizations

Advanced AI and Analytics
- Adaptive machine learning (ML)
- Edge AI
- Edge analytics
- Explainable AI
- AI PaaS
- Transfer learning
- Generative adversarial networks
- Graph analytics

gartner.com/SmarterWithGartner

© 2019 Gartner, Inc. All rights reserved. CTMKT_741609

Gartner.

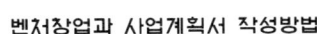

■ 벤처기업의 글로벌 시장 성공사례

핀란드의 새로운 아이콘: 앵그리버드

- ▶ 핀란드의 모바일 게임 앵그리버드(Angry Birds)를 개발한 로비오가 새로운 벤처신화의 아이콘으로 부상
  - 앵그리버드는 2009년 말~2011년 말 5억건 이상의 다운로드 수를 기록하는 등 세계적인 성공을 거두었는데, 이를 통해 핀란드에서는 창업에 대한 인식이 변화
  - 2011년 3월 로비오는 2곳의 헤지펀드와 1곳의 엔젤펀드로부터 총 4,200만 달러의 투자를 확보하고 이를 바탕으로 사업을 확장
- ▶ 핀란드 정부는 로비오와 같은 중소벤처기업을 적극적으로 지원해 핀란드 대표기업 노키아의 공백을 메운다는 전략
  - 엔젤 투자에 대한 세제 혜택 제공, 기업가정신 교육, 벤처기업 투자 확대 등

출처: 김득갑, 북 유럽경제에서 배우는 교훈, 2012. 3.

■ 참고자료: 이민화, 미래의 일, 창조, 재미, 윤리가 핵심이다.

20세기 초 80%가 넘던 농업 종사자 비율은 이제 5% 미만에 불과하다. 저명한 미래학자 토마스 프레이는 2030년 20억 개의 일자리가 사라지리라 예측했다. 기술 변화가 가속화되면서 미래 10년은 과거 100년의 변화를 압축할 것이다.

미래 변화의 핵심은 시간, 공간, 인간이 융합하는 천지인 융합입니다. 소셜 네트워크와 웨어러블은 인간을 사물인터넷(IOT)과 3D프린터는 공간을, 클라우드와 빅 데이터는 시간을 융합시킨다. 그 결과 시간, 공간, 인간이 온라인과 오프라인에서 융합하는 O2O(Online to Offline) 세상이 열리고 있다.

가상과 현실이 융합하는 미래 세상에서 모든 것은 연결되고 전체는 집단지능화 된다는 것이 '호모 모빌리언스'에서 주장한 내용이다. 이러한 세상에서 미래 직업은 과연 어떻게 변화할 것인가. 천지인 융합의 관점에서 초연결과 인공지능이라는 미래 직업 변화의 핵심 동인을 살펴보기로 하자.

산업혁명이 시작되면서 기계가 인간의 단순노동을 대체했듯, 새로운 기술들은 인간의 영역을 지속해서 대체해 나가기 시작할 것이다. 그 변화는 우선 소셜네트워크와 플랫폼 기술이 스마트폰과 융합하는 초연결 혁명에서 시작된다. UBER는 자동차를, Airbnb는 집들을 연결한다. 유통은 본질적으로 정보의 비대칭에서 이익을 얻어왔다. 연결 플랫폼은 정보의 비대칭을 개방과 공유로 극복하면서 전통 유통시장을 대체해 나갈 것이다. 예를 들어 부동산 중개업은 '직방'과 같은 플랫폼 산업으로 대체된다. 과거 정보의 비대칭을 통해 이익을 얻던 직업들은 초연결 플랫폼들에 넘겨주게 될 것이다.

　미디어 산업도 이 범주에 속한다. 전통적인 미디어는 1인 미디어, 소셜미디어 등으로 대체될 것이다. 가장 큰 연결 조직인 정부도 급격한 변화의 소용돌이에 들어갈 것이다. 정부는 개방과 공유의 플랫폼으로 전환되고 직접 민주주의가 확대되면서 공무원은 급속히 감소할 수밖에 없을 것이다. 그리고 개인화된 매시업(Mashup) 서비스가 정부를 대체 할 것이다.

　초연결에 이어 집단지능은 법률가, 의사, 교사 등 소위 지식 전문가의 영역을 대체하게 될 것이다. 이미 IBM의 왓슨은 가장 어렵다는 폐암을 진단하고 있다. 인공지능은 판결문과 저널리즘도 대체하는 중이다, 기계가 단순 노동을 대체하듯 인공지능은 지식 서비스업을 대체하게 된다.

　그렇다면 이를 대체하는 미래 직업은 무엇일까? 창조와 재미, 그리고 윤리의 세 가지가 미래 직업의 중심이 될 것이다. 스포츠, 놀이, 여행 등은 미래 유망 직업으로 떠오를 전망이다.

　정신적 영역에서는 반복되는 지식의 영역은 인공지능으로 대치되고 예술, 게임, 프로그램, 기획, 창작 등은 인간의 영역이 될 것이다. 여기에서 게임은 가상과 현실을 연결하는 대단히 중요한 역할을 하게 될 것이다. 마지막으로 가상과 현실의 서로 다른 윤리를 결합하는 미래 윤리가 소중한 사회 안전망 역할을 하게 될 것이다.

출처: 머니투데이, 2015. 8. 24.

벤처창업과 사업계획서 작성방법

> **과제**
> 1. 여러분이 가지고 있는 벤처창업에 대한 열정(Passion)과 관심 분야에 대하여 팀원들과 토론하시오.
> 2. 향후 없어지는 직업과 유망 직업에 대해서 토론하시오.

◆ 참고문헌

김득갑(2012.3), 북 유럽경제에서 배우는 교훈, 삼성경제연구소.
머니투데이(2015.8.24), 이민화, 미래의 일, 창조·재미·윤리가 핵심이다.
매일신문(2015.10.1), 60대 창업증가.
빌 올렛(2014.6), MIT 스타트업 바이블, 백승빈 역, 비즈니스 북스.
EBS(2015.10.5), 책 밖의 역사, 스티브 잡스, 직관을 따라가는 용기,
    http://home.ebs.co.kr/ebsnews/allView/10391175/N
위키피디아 한국.
정보통신산업진흥원(2012), IT 중소벤처기업 글로벌 경쟁력 강화방안.
폴리뉴스(2015.4.30), 토마스 프레이 '2030년 미래직업' 전망
    http://www.polinews.co.kr/news/srticle.html?no=233938
Byers, Thomas H.(2013), *Technology Ventures*, Third Edition, McGraw-Hill.
Timmons, J.(1990), *New Venture Creation*.

2. 기업가정신(Entrepreneurship)

Action 1   기업가(Entrepreneur)에 대해 이해한다.

〔그림 2-1〕 기업가에 대한 정의

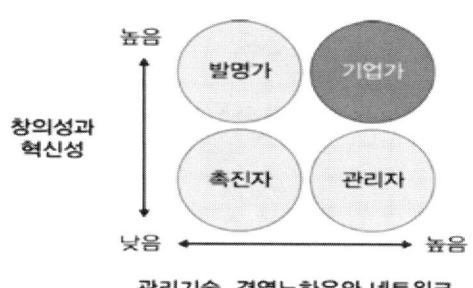

출처: J. A. Timmons(1990), New Ventures Creation.

  발명가는 관리기술보다는 창의성 및 혁신성이 매우 높은 사람들이고, 반면에 관리자들은 창의성보다는 기업관리 측면에서 관리기술과 경영이 뛰어난 사람들을 말한다. 기업가는 발명가와 관리자의 두 가지 능력을 모두 갖추고 있는 사람으로 기업의 이익을 위해 새롭고 이질적인 것 또는 혁신을 일으키고 새로운 가치를 창조하는 경영의 예술가를 말한다.

  기업가에 대해 슘페터는 "기업가는 경제발전의 원동력이며 새로운 것을 파괴하고 새로운 전통을 창조하는 혁신가(innovator)"로 정의를 내리고 있으며, 상상력과 창조성에 대해 강조하고 있다. 그리고 드러커의 경우, 기업가에 대한 정의는 슈퍼맨(superman)으로 비유하면서 "최고경영자의 모델은 하나가 아닌 다양한 모델이 존재하여 다양한 역할을 할 수 있는 능력자"로 인식하고 있다. 반면에 커즈너는 "수동적, 자동적, 기계적이 아닌 능동적, 창조적이고 인간적인 변화를 주도하고 변화의 모든 요소를 상호 조정하는 사람"으로서 협상과 거래를 하는 조정자(coordinator)의 역할을 강조하고 있다.

Action 2   기업가정신이 왜 중요한지 이해한다.

  과거 농업사회에서는 생산의 3요소인 토지, 노동, 자본 중 자연의 사이클에 의한 생산 형태로 노동의 많은 의존을 통한 토지의 생산성에 기반한 경제이었으며, 산업혁명을 통한 공업사회에서는 자본과 기술의 투입을 통해 부가가치를 높여가는 수요와 공급에 의한 생산 형태였다.

최근 지식사회로의 변화로 생산요소로서 지식의 중요성이 강조되고 있으며, 지식의 변환을 통한 정보의 생산성을 증대시킬 수 있게 되었다. 지식경제의 특징은 다음과 같다.

〔그림 2-2〕 지식사회로의 변화

출처: 허명숙·천명중(2007), 지식경영시스템, 한경사.

첫째, Wiki(협업)와 경제(Economics)의 합성어인 위키노믹스가 보편화되고 있어, 군중 참여에 의한 협업이 조직의 가치창출에 영향을 미치고 있다. 둘째, 이용자의 참여로 인한 정보와 지식이 생산, 공유, 소비되는 열린 인터넷 세상인 웹 2.0이 이미 되었고, 셋째, 이용자가 생산한 콘텐츠인 UCC가 인터넷 기반 생활을 강화하고 있고 온라인 오프라인 경계가 약화되어 새로운 제품 및 서비스가 제공되고 있다. 심지어 Peter Drucker는 "과거에는 자원과 노동이 없는 나라가 발전 못 했듯이 미래에는 지식이 없는 나라는 망할 것이다."라고 말할 정도로 지식의 중요성이 강조되고 있다. 지식은 상속이 안 되고, 신분의 수직 상승도 가능하게 하고 있으며, 지식 근로자 1인 기업도 등장하게 하였다.

이에 따라, 지식산업, 지식경제로의 전환으로 새로운 사업 기회가 많이 생기고 있으며, 경제구조가 고도화되고 경쟁이 심화됨에 따라, 지속적인 혁신을 위해서 기업가적인 결단과 실행력이 필수적으로 되었다. 또한, 치열해지는 글로벌 경쟁 하에서 환경변화에 신속하고도 혁신적인 행동과 의사결정을 위해서는 더욱더 기업가정신의 중요성이 강조되고 있다.

〔그림 2-3〕 지식경제의 특징

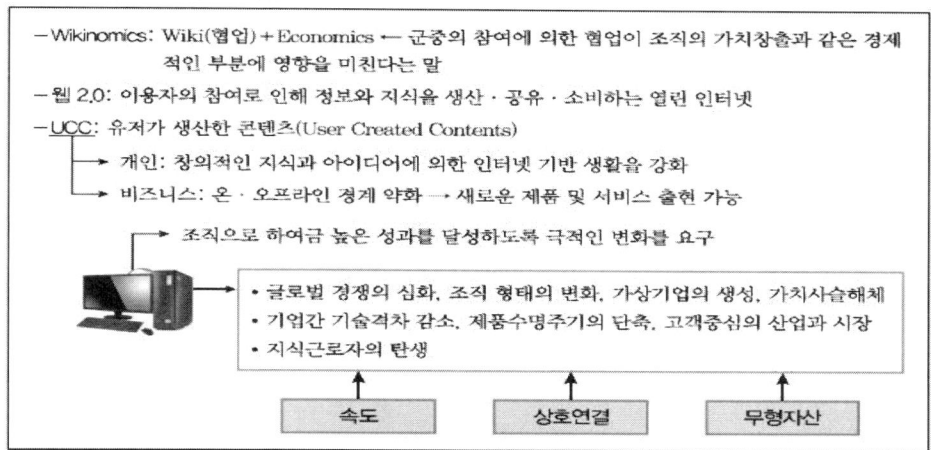

출처: 허명숙·천명중(2007), 지식경영시스템, 한경사.

| Action 3 | 바람직한 기업가정신은 무엇인가 이해한다. |

〔그림 2-4〕 바람직한 기업가정신

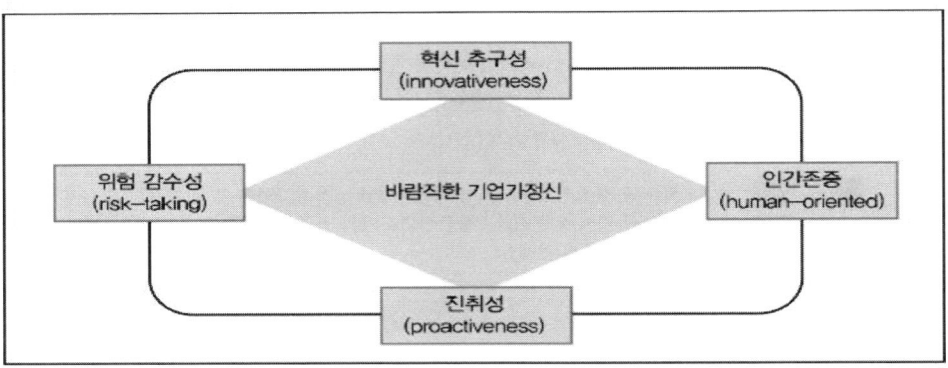

출처: 권태형(2007), 벤처 창업론, 시그마 경영전략(주).

바람직한 기업가정신으로는 크게 혁신 추구성(innovativeness), 위험 감수(risk-taking), 진취성(proactiveness), 인간존중(human-oriented) 등을 들 수 있다. 기업가는 조직 내의 직원 관리, 정보관리, 의사결정 등 일상적인 역할도 중요하지만, 기업의 비전을 제시하는 혁신적인 통찰력(insight)을 요구하며, 상황에 따라서는 전략적인 리더십을 가지고 위험을 감수해야 하며, 전략적인 우선순위에 따라 자원배분을 통한 행동력인 진취성(proactiveness)을 보여야 한다. 또한, 조직관리에서는 인간중심으로 감성경영도 필요하다.

| Action 4 | 다양한 기업가정신 사례를 이해하고, 본인이 취하고 싶은 기업가정신 중요 요소는 무엇인지 정리한다. |

1) 사례 1: 빌 게이츠
■ 도전과 개척 정신
젊음의 패기와 열정으로 20세에 Microsoft 사를 창립하였으며, 변화와 혁신의 주도자로서 임무를 수행하였고, 시장 확대에 대한 강한 집념을 보유하고 있다.
오늘보다는 내일이 좋아진다는 확신과 도전의 생산성 향상 정신이 실현되었으며, 소프트웨어가 하드웨어를 구동시키고 바꾼다는 신념을 구현하였다는 측면에서 도전과 개척 정신이 뛰어났다.

자신의 분야에서 최고가 되고자 하는 일 등 기업주의 경영사상을 가지고 있으며, 시장에서 먼저 움직이지 않으면 시장을 뺏긴다는 강한 정신적 신념을 소유하고 있다.
빌 게이츠의 기업가정신은 도전과 개척 정신, 근검·절약정신, 일등 기업주의정신, 분석력과 예측 능력이 대표적이다.

① 인재 발굴 전략
· 기술과 사업을 충분히 이해하는 CEO를 발굴하여 같이 일한다.
· 제품시장과 사업 부문 전반에 걸쳐 조직을 유연하게 구축한다.
· 기술과 사업을 깊이 이해하는 우수한 관리자와 종업원을 채용한다.

② 창조적 인력과 기술관리전략
· 기능별 전문가를 두고 팀에 중복으로 참여하게 한다.
· 전문가 스스로 연구영역을 규정하여 필요한 인력을 채용한다.
· 실습과 조언을 통해 신입사원 교육을 강화한다.
· 기술 인력을 지원, 포상하기 위해 경력체계와 직능별 제도를 확립한다.
· 승진제도를 만들고, 특별히 직능별 승진제도를 구축한다.

③ 제품의 표준화로 경쟁력을 확보하는 전략
· 표준을 주도하는 좋은 제품으로 거대 시장 대척에 조기 진입하거나 새로운 시장개척에 주력한다.
· 신제품을 점차 증대시키면서 주기적으로 구형제품은 용도 폐기시킨다.
· 신제품을 기존 제품들의 연계성을 꾀하면서 표준 제품 공급자로서의 위치를 최대한 활용한다.
· 새로운 시장에 진입하기 위하여 제품들을 통합하거나 확장하고 단순화 시킨다.

2) 사례 2: 스티브 잡스
2009년 미국 경제전문지 '포천(Fortune)'은 Apple의 CEO 스티브 잡스를 '지난 10년간 최고의 CEO'로 선정했다. 포천은 "스티브 잡스가 컴퓨터와 음악, 영화 및 이동전화 등 4개 분야에서 이룩한 혁신적 성공 스토리는 일찍이 들어보지 못한 이야기"라면서 "그를 최고의 CEO로 뽑은 것은 놀랄 만한 일이 아니다."라고 밝혔다.
전 Apple 수석부사장이었던 제이 엘리엇은 스티브로부터 배운 것 중 가장 가치 있는 리더십 교육에 대해 이렇게 답했다.
"다른 무엇보다도 제품과 사용자에 집중하라는 것입니다. 또한, 스티브 잡스는 팀원들의 역량 그 이상으로 일을 해낼 수 있도록 그들에게 열의를 불어넣고 싶어 했습니다. 시장을 창출하고, 시장을 선도하며 흔들리지 않고 길을 걸어갈 수 있도록 비전을 심어준 것입니다."

벤처창업과 사업계획서 작성방법

■ 장기적인 비전을 제시하는 리더

스티브는 자신의 리더십 원칙에 대해 "팀이 어떤 모습을 보일 수 있는지 더욱 공격적인 비전을 제시함으로써 팀을 밀어붙이고 그들을 더 나아지게 만드는 것이 내 몫"이라고 말했다.

한편 스티브는 자신을 대신할 대리인을 키우는 일과 직원들을 자신의 비전에 동참시키는 일을 무엇보다 우선해왔다. 그는 "사회를 바꾸어 놓을 정도로 훌륭한 제품을 만드는 과정은 제품 개발로 시작되지 않고 비전에서 시작된다."라며 비전을 강조했다. 별나기로 유명했던 잡스와 함께 일한다는 것은 누구에게나 절대 쉽지 않은 일이었지만, 사람들이 그를 따랐을 때 늘 기대와 예상을 훨씬 뛰어넘는 결과를 낼 수 있었던 것은 스티브의 비전 덕분이었다. 스티브가 직원들을 괴롭힌 것은 더 완벽한 제품, 소비자는 상상조차 할 수 없었던 놀라운 제품을 만들기 위해서였다. 스티브는 결코 "떼돈을 버는 대박 제품을 만들자."라고 말하지 않았다. 대신 "우주에 흔적을 남기는 굉장한 물건을 만들자."라고 직원들을 독려했다. 매킨토시를 만들 때도 그는 "우리는 단순히 획기적인 컴퓨터를 개발하고 있는 것이 아니라 미래 세계를 위한 초석을 다지고 있다."라며 팀을 다독였고, 스티브가 눈에 보이듯 제시한 비전은 정말 현실이 되었다. 우수한 인재들이 Apple을 떠날 수 없었던 것은 꿈을 현실로 만들어내는 스티브의 비전 때문이었다.

■ 완벽을 향한 리더의 열정

스티브 잡스야말로 세계 최고의 소비자다. 스티브는 자신이 소비자로서 만나고 싶은 제품만을 Apple의 제품으로 만들고 싶어 했다. 그는 소수가 아닌 소비자 모두를 위한 컴퓨터, 즉 퍼스널 컴퓨터를 만들고 싶어 매킨토시를 만들었고, 음악을 사랑하는 그가 어디서나 마음껏 음악을 듣고 싶다는 욕망 때문에 아이튠즈 뮤직 스토어와 아이팟을 만들었다. 그리고 휴대폰이 편리한 물건이지만, 너무나 무겁고 사용하기 어렵고, 예쁘지 않아서 이런 불만을 해소하기 위해 아이폰을 만들었다.

스티브가 직원들에게 폭군처럼 엄격하고 강압적이며 냉혹하게 했던 것도 그의 열정 때문이다. 제품에 대한 열정 때문에 직원들에게 폭군으로 비쳤다는 것도 그의 열정 때문이다. 스티브는 일에 대한 열정에 대해 이렇게 말했다. "진정으로 열정을 느낄 만한 뭔가를 찾기 전까지는 차라리 웨이터 조수나 그 비슷한 일을 하는 게 낫다. 성공한 기업가와 그렇지 못한 기업가의 차이 가운데 약 절반은 끈기다." 그 끈기를 있게 하는 것이 바로 열정이다.

완벽한 제품을 향한 리더의 열정은 조직을 움직이게 한다. 책 〈인사이드 애플〉의 저자 애덤 라신스키는 "Apple 직원들은 누구나 '미션'을 성취하기 위해서 일을 한다고 한다. 어떤 곳에 가서 주위를 둘러봤을 때 모두 자신이 만드는 제품을 쓰고 있는 것을 발견하는 것만큼 짜릿한 일이 없다는 것이다. 재미가 없을 수도 있다. 하지만 충분히 회사에 남아있을 이유는 된다."라고 말했다.

제1장. 벤처경영에 대한 이해

■ 리더보다 나은 인재 채용

스티브 잡스의 인재 채용에 있어 "반드시 A급 인재만 채용하라."라고 고집했다. "B급을 몇 명이라도 채용하면, 결국 B급, C급도 채용하게 되면 곧이어 회사 운영이 결딴나게 된다."라고 지적했다. 한편 능력 있는 사람끼리는 서로 알고 지내는 법, 스티브는 유능한 A급 인재 후보자의 공급처를 회사 직원들로 보았다. 그는 회사에 인재를 추천해 줄 때마다 직원들에게 500달러를 지급했다. 스티브의 인재 채용 과정은 다음과 같다.

1. 필요조건을 규정하라. 하지만 엄격하게 적용하지는 말라.
2. 팀 자체를 채용 과정의 일부로 만들어라.
3. 인재 찾기를 일상적인 방법으로 제한하지 말라.

스티브에게 면접자의 이력서는 관심 밖이다. 그는 면접자에게 "Apple이 지금 어디로 가고 있는지 말해주세요", "회사에서 잘린 적이 있나요?"라는 질문을 던진 후 그들이 하는 말보다 반응에 살폈다. 즉 상대가 당황하는지, 의표를 찔렸는지, 진실을 말할지, 쩔쩔매는지 등의 반응을 살폈다. 당연히 Apple은 외부의 헤드헌팅 업체를 이용하기보다는 자체적으로 인재를 선발한다. 결국, Apple 문화에 적합한 인재를 뽑는 마지막 결정은 '이 사람에게 어떤 느낌이 들지?'하는 '직감'을 근거로 하기 때문이다.

■ 사람(소비자, 직원)에 대한 인문학적 통찰

스티브 잡스는 아이패드2의 출시를 위한 설명회 연설에서 "우리가 창의적인 제품을 만든 비결은 우리는 항상 기술과 인문학의 교차점에 있고자 했다. 기술과 인문학, 이 두 가지의 결합이 Apple이 일련의 창의적인 제품을 만든 비결이다."라고 밝힌 바 있다. 그렇다면 Apple 제품에는 어떤 인문학적 DNA가 들었을까?

Apple은 제품을 만들기에 앞서 '포커스 그룹'을 만들지 않았다. 스티브는 평소 "고객의 말에 귀를 기울이지 말라. 고객들은 자신이 무엇을 원하는지 모른다."라고 말했다. 발칙하기 짝이 없는 이 말은 잘 새겨들어야 한다. 스티브는 소비자의 니즈를 충족시켜 주는 제품이 아니라 소비자가 '지금까지 이러한 제품 없이 어떻게 살았을까'라는 생각을 하게 만드는 제품을 만들어서 보여줘야 한다고 생각한 것이다.

Apple 모토는 '다르게 생각하라(Think Different!)'다. 이 말의 의미는 기존 가전회사처럼 혁신을 기술에만 둘 것이 아니라 사용자인 사람을 감동시키는 혁신을 일으켜야 한다는 뜻이다. 이러한 '다르게 생각하기'는 Apple 제품들의 비전과 안목에도 적용되었다. 최초의 퍼스널 컴퓨터인 매킨토시를 내 놓을 때 잡스는 "들어 올릴 수 없는 컴퓨터는 더는 컴퓨터가 아니다."라고 말하며 사무실 크기만 한 IBM 컴퓨터의 종말을 예고했다.

아이튠즈라는 플랫폼은 인간의 소유심리에 맞선 케이스라는 점에 주목해야 한다. 아이튠즈가 나오기 전만 하더라도 음반업자와 가수들은 '불법 복제'를 어떻게 막을 것인가만 고민하고 있었다. 하지만 잡스는 문제는 인간의 소유 욕망에 있다고 봤다. 그래서 스티브는 가수나 음반업자들처럼 불법 복제자들에게 헛된 양심에 따라 구걸하지도, 그들을 적발해서 처벌하려 하지도 않았다. 그 대신 잡스는 단돈 1달러에 채 10초도 되지 않아서 다운을 받는 아이튠즈라는 더 나은 환경의 제공이라는 새로운 인식의 틀을 제공해 '합법적인 다운로드 시장'을 창출했다.

스티브의 경영 스타일은 현대 경영학과는 큰 차이가 있다. 그러나 그의 경영방식은 단순한 Apple의 놀라운 성공에 머물지 않고, 소비자의 생활 패러다임을 바꿔놓으며 Apple을 세계 최고의 기업으로 끌어올렸다. 우리는 이러한 Apple의 진화를 혁신(innovation)이라 불렀다. Apple의 혁신은 단순한 변화가 아니라 궁극적으로 '어떻게 해야 고객이 성공하도록 도와줄 수 있을까?', '무엇이 소비자를 흥분시키는가?'라는 질문에 대한 답을 찾는 경영의 총체였다.

3) 사례 3: GE의 잭 웰치

잭 웰치는 개혁과 변화에 대해 확신과 스피드하게 실행에 옮긴 기업가이다. "GE는 웅장한 초대형 유람선이지만, 민첩하고 수익성 높은 스피디한 보트가 되어야 한다."라고 하여 바늘에서 유조선까지 사업이 방대해서, 회사를 대표하는 냉·난방기 사업매각 등 1등이 아닌 사업은 과감하게 포기를 하였다. 그리고 그는 기업가치를 30배 이상 증가시켰고 수백 건의 기업인수를 하였으며, 5년 사이에 40만 명에서 30만 명으로 감축하여 중성자탄이라는 별명도 얻었다. GE의 폐쇄적이고 은둔적인 문화를 변화시켰으며 4E로 대표되는 훈련으로 리더를 발탁하고 양성했다. 4E는 Energy, Energize, Edge, Execution을 말한다.

〔그림 2-5〕 GE와 4E 리더십

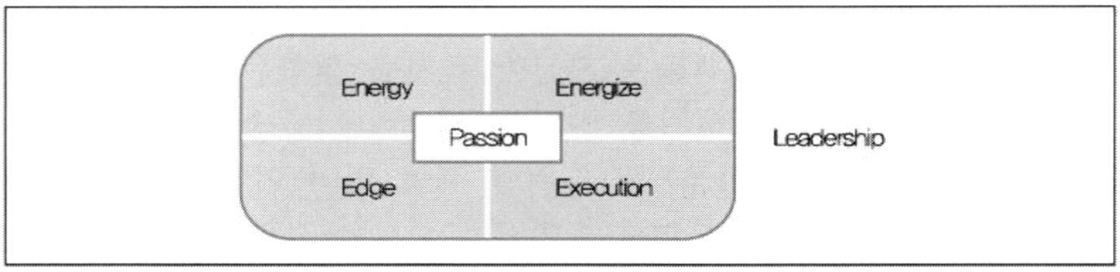

출처: Jeffery A. Krames, 잭 웰치와 4E 리더십, 2005.

첫 번째, Energy는 열정이다. 조직의 출발점은 리더이다. 모든 조직 혁신과 성장의 원천은 리더의 에너지에서 나온다. 뜨거운 열정과 에너지의 소유자는 웰치는 그 스스로 열정과 힘이 넘치는 사람들을 주변에 끌어모았다.

둘째, Energize는 리더가 에너지를 불러일으켜야 한다. 본인은 에너지를 발휘하지만 그럴수록 구성원들을 주눅 들게 하는 리더가 있다. 리더가 너무 독주하면 구성원들은 방관자가 되어 수동적으로 시키는 일만 하게 된다. 4E 리더는 독주하는 리더와는 근본적으로 다르다. 부하들을 자신과 닮게 만드는 리더, 이것이 4E 리더의 강점이자 흉내내기 어려운 부분이다. 에너지를 끌어내기 위해서는 다소 무리한 듯 싶은 과감한 목표가 설정되어야 한다. 웰치는 이를 '스트레치 비전'이라고 불렀다. 쉬운 목표인 8을 시도해서 그것을 100% 달성하는 것보다 어려운 목표 12를 시도해 10을 달성하는 것이 더 낫다는 것이다.

셋째, Edge는 결단력을 의미한다. 역설적 상황에서 이를 회피하지 않고 정면으로 결단을 내리는 힘이다. 경영이란 한 마디로 패러독스의 관리라고 할 수 있다. 웰피는 바이탈 곡선을 통해 모든 간부들에게 부하 중 10%를 매년 해고하도록 강요했다.

마지막으로 Execution은 실행력이다. 아무리 잘 짜여진 전략이라도 이것이 성과로 연결되기 위해서는 실행이라는 과정이 필요하다. 전략이란 실행에 옮겨지는 과정에서 예기치 못한 장애물, 상황 변경 등에 봉착한다. 이때 강력한 의지를 가지고 끈질기게 목표를 달성하려는 책임감, 그리고 상황변경에 따른 전략 수정이 요구된다.

4) 사례 4: 이순신 장군

이순신 장군은 인력과 배, 무기, 식량의 부족, 모함과 핍박 속에서 스스로 무기와 식량을 조달하고 거북선을 개발하고, 새로운 진법과 탁월한 전략을 구사하여 23전 23승을 이끌어낸 위대한 리더이다. 40차례 해전에서 3회를 빼고 숫자상으로 유리한 상태를 만들어 놓고 전투(예를 들어, 옥포해전에서 91척의 배로 왜선 30여척을 상대해 26척 침몰)를 하였으며, 유리한 장소와 시간을 주도적으로 선택했고 지형의 이점을 활용하여 이기는 싸움(먼저 이겨놓고 나중에 싸운다)을 벌인 대표적인 장군이다.

이순신 장군을 기업가 측면에서 정리해 보면 다음과 같다.

- 핵심역량의 구축(문무겸비와 병법의 통달)
- 공정한 평등 실천(졸들의 공로포상, 엄격한 군법적용)
- 무에서 유를 창조하는 기업가정신(백의종군, 빈손으로 수군을 재건)
- 리스크 관리 철저(무모함을 거부하고 위험을 최소화라는 전략구사)
- 게임의 규칙 변경(거북선 발명해 전장의 투입)
- 기록정신(난중일기 등)
- 마음을 비우고 겸손함

출처: 이주성(2009), 기술 경영 전략 Plus, 경문사.

벤처창업과 사업계획서 작성방법

5) 사례 5: 세종대왕

- ✓ 갈등 해결의 전문가
  - 한글 창제는 한자문명에 대한 정면 도전
- ✓ 스피드 경영
  - 젊은 학자 10명으로 팀을 짜서 빠르게 한글 반포
- ✓ 창조정신
  - 한글은 세계의 어느 다른 글자를 모방한 흔적도 없고, 무에서 유를 창조
- ✓ 벤처정신
  - 혼천의, 자격루, 세계 최초의 측우기 등
- ✓ 의지를 관철하는 추진력과 신념
- ✓ 백성과 신하 등 조직 구성원들을 돌보는 인간 존중의 사상

출처: 이주성(2009), 기술 경영 전략 Plus, 경문사.

6) 사례 6: 리차드 브랜슨

- ✓ 버진 아일랜드 여행 중 돌아오는 비행기 편이 취소
- ✓ 전세기를 빌려 목적지가 같은 여행객들에게 편도 39달러에 티켓 판매
- ✓ 이 경험으로 아이디어와 차별화 된 서비스만 있으면 선점 업체가 있어도 시장을 뚫을 수 있다고 생각
- ✓ 음반사 사장이 1984년에 Virgin Air로 파격적인 서비스와 저렴한 요금으로 영국 2위 항공사로 성장
- ✓ "대기업은 돈을 먼저 쓰고 두뇌를 사용한다. 창의적인 기업가는 두뇌를 써서 먼저 문제를 해결하고 나중에 돈을 쓴다."
- ✓ 항공우주 산업에까지 사업영역 확장

출처: 이주성(2009), 기술 경영 전략 Plus, 경문사.

| 과 제 | 영화 버티컬 리미트를 보고 기업가에게 필요한 기업가정신이 무엇인지 토론하시오. http://www.philosophy78.blog.me/130088050758 |

제1장. 벤처경영에 대한 이해

• 참고문헌

곽원섭, 김연정(2008), 벤처기업과 미래선도사업, 글누림 문화콘텐츠 총서 18.
권태형(2007), 벤처 창업론, 시그마 경영전략(주).
마케팅 시크릿(2015. 8. 24), 성공사례) 다이슨의 3가지 성공 방정식.
http://www.msecret.net/board/consulting/view/wr_id/2666/page/1
이주성(2009), 기술 경영 전략 Plus, 경문사.
제이 엘리엇, 왜 따르는가 - 스티브잡스의 사람경영법, 2013. 9.
허명숙, 천명증(2007), 지식경영시스템, 한경사.
jeffery A. Krames(2005), 잭 웰치와 4E 리더십.
J.A. Timmons(1990), New Ventures Creation.
http://www.philosophy78.blog.me/130088050758

3. 창업 아이디어 개발(Idea Creation)

Action 1 창업 아이디어를 교육, 직업의 경험, 취미 등 다양한 곳에서 얻어라.

[표 3-1] 창업 아이디어 원천

정신적 훈련	다방면 접촉	방문	출판물	추세 관측
관찰 SCAMPER 브레인스토밍 마인드 맵 Focus Group	잠재적 고객 잠재적 공급자 사업 브로커 성공적 창업자 교수, 대학원생 특허 변호사 제품 브로커 이전직장 동료 사업 파트너 벤처캐피탈리스트 상공회의소 기술자 경영기술컨설턴트 기술이전 대행사 지역개발사무소	무역전시회 도서관 박물관 공장 발명 박람회 대학 연구기관	무역 간행물 무역 지침서 파산 고지서 헌책과 잡지 비즈니스일간지 특허청 자료 신제품소개서 박사논문 베스트셀러물 신기술 소개서 라이센싱정보물	자원고갈 에너지 부족 쓰레기 처리 신기술 재활용 유행 법적 변화 오염문제 건강 자기개발 개인 안전 외국과 교역 사회적 운동

다양한 창업 아이디어의 원천은 위와 같은데, 아이디어는 창업의 출발점이며 사업 전체의 윤곽을 결정한다. 비록 작은 아이디어일지라도 소중하게 개발하는 것이 중요하며 그것을 포착한 기회와 연결하여 신속하게 사업화하는 것이 중요하다. 또한, 아이디어를 어떻게 나의 사업과 연결하여 어떻게 경제적 이익을 창출할 것인지를 스스로 묻고 찾아봐야 한다. 피터 드러커는 작은 아이디어의 중요성을 강조하였으며, 상업화의 여부가 중요함을 강조하였다. 창의적인 아이디어는 경제, 시장, 지식의 변화로 기존사업에 영향을 미치며 경제적 결과를 주는 것과 관련된다.

Karl Vesper는 아이디어의 3가지 원천을 교육, 유사 직종의 경험, 취미에서 나온다고 말하고 있다. John Case(1989)도 창업 아이디어의 원천을 전 직장의 자신의 업무 경험

(43%), 타 기업의 모방(15%), 틈새시장의 발견(11%), 사업기회의 체계적 탐색(7%), 우연(5%), 취미생활(3%), 기타(6%) 순으로 제시하고 있다.

[표 3-2] 아이디어의 3가지 원천

교 육	유사 직종의 경험	취 미
- 대부분 학위 한두 개를 취득 * Intel 창업: Noyce는 MIT 물리학 박사, Moore는 California Institute of Technology의 화학박사	- 관련 산업에서 일하는 중 자연스럽게 아이디어가 발생하는 예도 많음 - Noyce와 Moore는 페어차일드 연구소에서 일한 경험 보유	- 자신이 좋아하는 취미 활동 중에 아이디어를 발견 - 빌 니콜라이의 새로운 텐트 고안

출처: Karl Vesper가 제시하는 아이디어의 원천들

제1장. 벤처경영에 대한 이해

| Action 2 | 창업 아이디어에 대한 성공 및 실패사례에서 힌트를 얻어라. |

가. 작은 아이디어 성공사례

■ **성공사례: 지퍼의 발명**

오늘날 우리는 생활 속 많은 물건에서 손잡이 하나만을 잡고 '휘~익' 움직이기만 하면 손쉽게 물건을 여닫으며 살고 있다. 점퍼의 여밈과 가방의 여닫이에서, 부츠와 같은 신발까지 지퍼가 쓰이지 않는 곳이 없다. 지퍼가 없다면 우리는 점퍼를 여미기 위해 코트처럼 단추를 채우고 있어야 하고, 단추를 채웠어도 사이사이 바람이 들어오는 것을 피할 수 없을 것이다.

지퍼는 원래 끈 많은 군화에서 비롯되었다. 1833년 미국의 엔지니어였던 워트컴 저드슨(Whitcomb L. Judson)은 길거리에서 군화를 주워 구두 대용으로 신고 다녔는데, 다소 뚱뚱한

저드슨이 군화끈을 대체해 발명한
후크-앤-아이 지퍼

출처: Naver.

편이었던 그가 군화의 많은 끈을 매고 출근하려니 지각을 피할 수 없었다. 그런 그에게 사장이 "그렇게 늦으려면 당장 회사를 그만둬!"라고 질책을 한 것은 어쩌면 당연한 일일 것이다. 이에 발끈한 저드슨은 아예 회사를 그만두고 '군화의 끈매기'를 개량하는 연구에 몰두해 결국 지퍼를 발명해냈다. 발명된 지퍼는 시카고 박람회에 출품되지만 그의 발명품은 기대 이하로 흥미를 끌지 못하였다.

처음에 저드슨이 개발한 지퍼에는 소형 쇠사슬에 끝이 구부러진 쇠 돌기를 집어넣은 형태여서 편리하기는 하지만 모양이 좀 흉측했다. 그러다 1923년 이를 접한 쿤 모스라는 한 양복점주인이 옷에 맞게 형태를 고치면서 지퍼는 오늘날의 영광을 맞게 되었다. 그리고 1913년 굿리치 사(社)의 선드백(Gideon Sundback)에 의해서 지퍼가 군복과 비행복에 사용되면서 본격적으로 일상생활에서 지퍼가 활용되기 시작하였다.

나. 아이디어(또는 기술예측) 실패사례

　IBM의 사장인 토마스 왓슨은(1943)은 컴퓨터는 세상에 5대 정도만 있으면 된다고 Personal Computer 시장에 대한 예측을 잘못했으며, 디지털이퀴프먼트사의 사장인 캔 올슨(1977)도 가정에 컴퓨터를 둘 이유가 없다고 했고, 심지어 마이크로소프트사의 빌 게이츠(1981)도 640K 램이면 충분하다고 시장 및 기술예측을 잘못했다.

실패(아이디어) 사례

- "I think there is a world market for maybe five computers."
  → Thamas Watson, chairman of IBM, 1943.
- "There is no reason anyone would want a computer in their home."
  → Ken Olsen, founder, president and chairman of Digital Equipment Corporation, 1977.
- "640K of RAM ought to be enough for anybody."
  → Bill Gate, Chairman and Co-Founder of Microsoft, 1981.

　그리고 현재의 MP3에 해당하는 무선 음악박스는 상업적 가치가 없다고 했으며, 전화는 단점이 많아 통신의 수단으로 사용가치가 없다고 했다. 또한, Over Night Delivery Service는 좋은 개념이지만 아이디어가 사업화되기 어렵다고 하였지만, 결국 오늘날의 FEDEX 서비스로 사업화되었다. 이렇듯 미국 특허국의 Charles H. Duell(1899)이 말하는 것처럼 발명될 수 있는 모든 것은 발명되어왔다(Everything that can be invented has been invented).

실패(아이디어) 사례

- "The wireless music box has no imaginable commercial value. Who would pay for a message sent to nobody in particular."
  → David Sarnoff's associates in response to his urgings for investment in
- "This 'telephone' has too many shortcomings to be seriously considered as a means of communication. The device is inherently of no value to us."
  → Western Union internal memo, 1876
- "The concept is interesting and well-formed, but in order to earn better than a 'C,' the idea must be feasible."
  → A Yale management professor in response to Fred Smith's paper proposing a reliable overnight delivery service. Smith went on to found Federal Express

제1장. 벤처경영에 대한 이해

| Action 3 | 창업 아이디어 개발 방법을 활용하라. |

가. SCAMPER

- **S(Subsitute)**: 클렌징 크림을 클렌징 티슈로
- **C(Combine)**: 지우개 달린 연필
- **A(Adopt)**: 산 우엉 가시에 착안한 매직 테이프
- **M(Modify)**: 오디오 → 워크맨 → MP3
- **P(Put to Other Use)**: 폐 버스, 기차, 배를 활용한 레스토랑
- **E(Eliminate)**: 오픈카, 두 바퀴 스케이트보드
- **R(Rearrange)**: 여름에 겨울 상품 판매, 레이블이 밖으로 나오게 하는 빈티지 룩

SCAMPER는 아이디어 개발 방법으로 많이 사용되는데, S는 기존아이디어를 다른 제품이나 서비스로 아이디어를 바꾸거나 대체해서(Substitute) 개발하는 것을 말하며, C는 보완(Combine)하고, A는 새롭게 적용(Adopt)해 보는 것을 말한다. M은 변형(Modify)시켜 보는 것이고, P는 다른 용도로 생각을 바꾸어 보며, E는 제거(Eliminate)하거나 빼는 것을 시도하고, R은 재정렬(Rearrange)하여 아이디어를 개발하는 것이다. 위의 경우는 SCAMPER를 이용한 사례를 설명하고 있다.

나. 브레인스토밍(Brain Storming)

브레인스토밍은 주어진 시간에 참여자들이 자발적으로 참여하여 모든 가능한 다양한 종류의 아이디어를 만들어 내는 방법이다. 이 브레인스토밍에는 다섯 가지 원칙을 적용해야 효과적으로 운영할 수가 있다.

- (포커스) 특정한 문제에 집중한다.
- (판단의 보류) 아이디어가 창출되는 동안 모든 판단을 보류한다.
- (인정) 참가자가 대중적이지 않은 아이디어를 내놓았다고 비난해서는 안 된다.
- (연속적인 토론) 토론의 주제를 한 번에 하나로 제한한다.
- (아이디어의 구축) 다른 사람의 아이디어가 가능성이 있을 경우, 그 아이디어를 발전시켜 구축하여야 한다.

다. 집중 그룹 인터뷰(FGI, Focus Group Interview)

집중 그룹 인터뷰(FGI, Focus Group Interview)는 신제품 개발 기획 시에 많이 활용되는 기법으로 진행자가 7~15여 명의 참여자를 대상으로 제품 영역에 대한 심층적 토론을 이끌어 나가면서 타겟으로 하는 시장의 고객니즈를 충족시키는 제품의 아이디어를 구상하고 대안을 모색하는 방법이다.

라. 마인드 맵(Mind – Map)

마인드 맵(Mind – Map)은 한 가지 주제를 가지고 생각되는 단어를 생각으로 이어가는 방법으로, 중심체로부터 사방으로 뻗어나가는 의미를 지닌 방사사고의 표현 방법이기도 하다. 두뇌 잠재력으로 들어갈 수 있는 강력한 그래픽 기술을 가지고 있다. 색상의 사용은 기억을 선명하게 하는 결과를 가져오고 정보저장에 있어 계열성을 이용할 수 있다. 이미지는 강력한 기억효과를 보게 하고 그 관계를 잘 회상해 내도록 한다. 두뇌는 의미를 함축할 수 있어 짧은 시간 안에 강한 느낌으로 많은 정보를 저장하게 한다. 핵심어는 자신에게 최선의 정보를 줄 수 있는 단어로, 통상적으로 2단어 이내에서 자기 생각을 정리하게 할 수 있다.

〔그림 3-1〕 마인드 맵

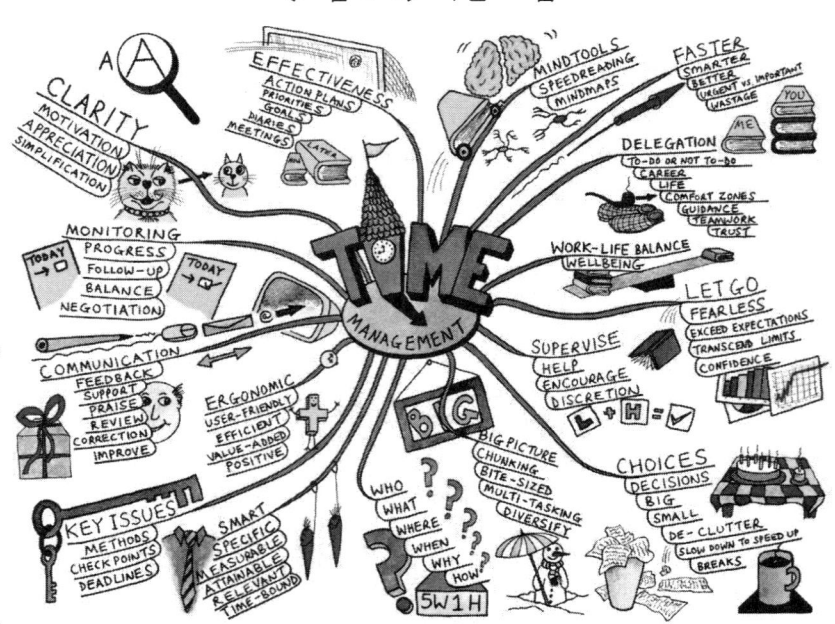

출처 : https://www.namu.wiki/w/%EB%A7%88%EC%9D%B8%EB%93%9C%20%EB%A7%B5

마. 디자인 사고분석(Design Thinking)

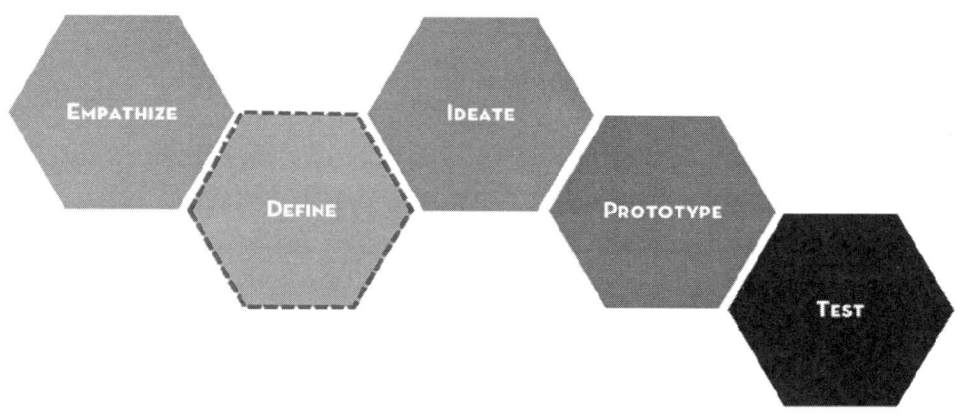

〔그림 3-2〕 디자인 사고 분석과정

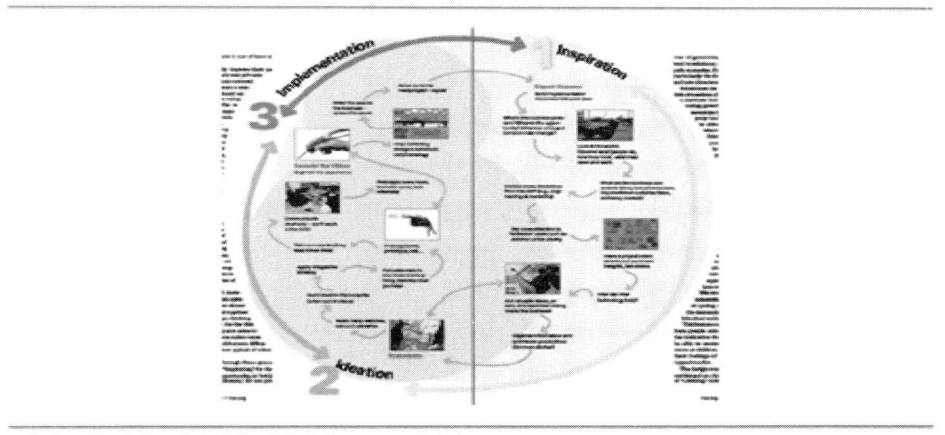

출처: 팀브라운, 디자인에 집중하라, 2015, 김영사.

"디자인 사고는 ······ 기술적으로 가능한 비즈니스 전략에 대한 요구를 충족하기 위하여 디자이너의 감수성과 작업방식을 이용하는 사고방식이다(IDECO의 팀브라운)." 지속적인 혁신이 이루어지기 위해서는 상상의 공간들이 서로 겹치고 포개지는 시스템으로 영감(Inspiration), 아이디어(Ideation), 실행(Implementation)이다. 영감의 공간은 해결책을 찾아 나서도록 동기를 부여하는 환경을 말하고, 아이디어 공간은 해결책을 도출하는 데 도움이 되는 아이디어를 제안하고 발전시키며 테스트하는 것이며, 실행의 공간은 작업실을 떠나 시장으로 나가는 발걸음을 의미한다. 그중 아이디어의 성공적인 구현을 위한 3대 요소는 실행력(가까운 미래에 기능적으로 구현 가능한가), 호감도(소비자들의 긍정적인 반응 또는 그 아이디어의 장점), 그리고 생존력(지속적인 비즈니스 모델로 성장할 가능성이 있는가)이다. 예를 들어, 디자이너는 어떤 문제에 대해 다양한 대안을 찾는 혁신적 사고와 선택된 대안을 현실에 맞게 다듬는 수렴적 사고를 반복해서 사용한다. 문제에 관해 분석적 사고(좌뇌적 사고)를 할 뿐만 아니라, 논리적 연관성을 뛰어넘는 직관적 사고(우뇌적 사고)를 반복하면서 마지막에 아이디어를 진화시키기 위해 통합적 사고를 하게 된다.

〔그림 3-3〕 디자인 사고의 프로세스

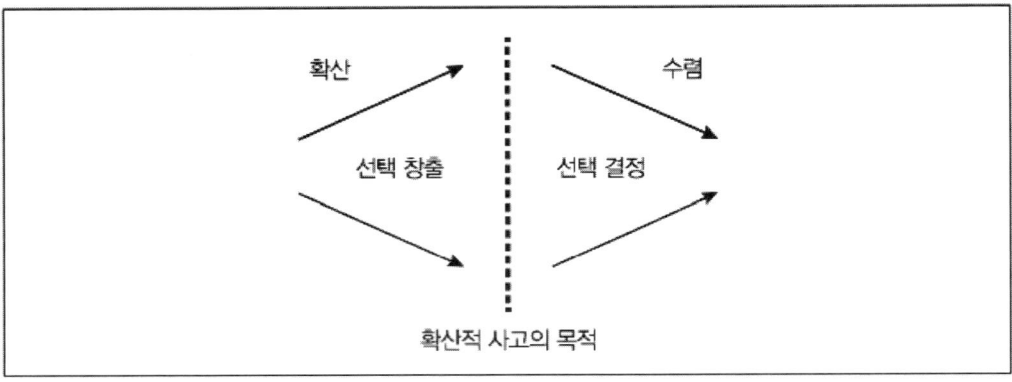

출처: 팀브라운, 디자인에 집중하라, 2015, 김영사.

디자인 사고를 하기 위해서는 확산적 사고와 집중적(수렴적) 사고를 해야 한다. 확산적 사고는 다양한 해결방안을 마련하기 위해 선택의 폭을 넓히는 것이고, 집중적 사고는 현존하는 여러 가지 대안을 놓고 최종결정을 내리는 실용적 방법이다. 이는 문제의 영역이 물리학이든 경제학이든 지속해서 정보를 수집하여 선택할 수 있는 여러 대안을 창출(선택 창출)하는 것이고, 여러 대안에 대한 분석을 한 다음 궁극적으로 하나의 답으로 수렴(선택 결정)하는 것이다. 디자인 사고의 작업과정은 확산단계와 집중단계 사이에 리듬감 있게 이뤄지는 연속된 교류에 가깝다. 분석과 통합은 확산적 사고와 집중적 사고를 자연스럽게 보완하는 요소이다. 디자이너들이 연구를 진행하는 방식은 다양하다. 그들은 간단한 메모를 하거나 사진을 찍고, 비디오 촬영을 하고, 인터뷰하며 비행기에 직접 탑승해 앉는 등 다양한 모습으로 정보를 수집하게 된다. 그러나 자료의 양만 많아서는 아무 소용이 없다. 어느 시점에서는 자료를 정리하고 분석하는 통합작업을 해야 한다. 요약하면, 확산단계와 집중단계 사이에서, 즉 분석과 통합 사이에서 움직이는 것이 디자인 사고다.

제1장. 벤처경영에 대한 이해

1) 타인의 아이디어를 참조하여 확산적 사고를 하라

확산적 사고를 위해서는 브레인스토밍이 좋은 방법이다. 그중 IDEO의 브레인스토밍 중 중요한 내용은 다음과 같다.

° 판단을 뒤로하라.
° 톡톡 튀는 아이디어를 장려하라.
° 주제에 계속 집중하라.
° 타인의 발상을 참조하라.

■ 나이키의 어린이용품 디자인 작업사례
• 8-10세로 이루어진 남자 아이와 여자 아이 그룹으로 나누어 1시간 정도 장난감 아이디어를 개발토록 하다.
• 작업결과: 여자 아이들은 200개의 아이디어를 도출한 반면, 남자 아이들은 현저하게 적은 50개의 아이디어 도출
• 연구분석 결과:
– 남자 아이들은 자신의 아이디어를 돋보이게 하는 일에 열중한 나머지 다른 아이들에게서 영향을 받았다는 사실을 인식하지 못함
– 여자 아이들은 활발하게 대화를 하면서, 전에 나왔던 아이디어를 발판으로 각각의 아이디어를 제시

브레인스토밍 중 가장 중요한 원칙은 타인의 아이디어 발상을 참조하는 것이다. 이는 모든 참가자가 아이디어 생산에 참여하게끔 할 뿐만 아니라 좋은 아이디어를 추진할 기회를 뒷받침해 주기 때문이다.

2) 그림을 그려서 아이디어를 표현하는 시각적 사고를 하라

확산적 사고방법 중 한 가지는 그림을 그려서 아이디어를 표현하는 시각적 사고이다. 말로 표현하는 것보다 간단하게 도형과 선, 사람 사물 표현으로 자신의 의도를 명확하게 전달할 수 있다.

〔그림 3-4〕 시각적 사고의 Tool

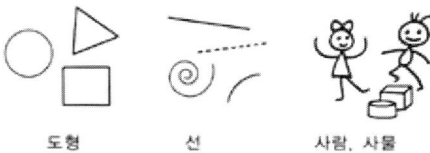

도형   선   사람, 사물

벤처창업과 사업계획서 작성방법

■ 무엇(What)

무엇은 인물, 사물 또는 특정 개념을 표현하는 개체입니다. 표정이 밝거나, 색상이 붉은 것 또는 달리거나 서 있는 것 같은 상태를 취합니다. 개체 중에서도 인물이 가장 중요합니다. 인격체는 기업을 경영하든 자신을 경영하든 우리가 사는 문제에 대해 가장 효과적인 표현이 되기 때문이죠. 그러나 정밀한 인물화가 필요하지 않습니다. 앞서 말씀드린 대로 졸라맨이면 충분합니다. 이것도 못 그리시는 분 없죠? (여러분의 자신감 증진을 위한 가장 후진 샘플을 골랐습니다). 그리고 이 졸라맨들은 기분과 같은 상태도 표현할 줄 압니다. 인물 외에 다른 것들도 단순화시켜 많이 그려보십시오. 조금 더 보기 좋게 보이려면 일러스트 그리기 훈련이 도움이 될 것 같네요.

때로는 개념과 같은 사물로 존재하지 않는 무엇을 표현해야 할 때도 있습니다. 그럴 때, 다양한 은유를 활용할 수 있을 겁니다.

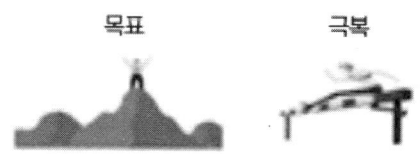

■ 분량(How many or How much)

또한 이 무엇은 크기나 분량을 가지고 있습니다. 단순히 많다는 의미로 많은 수의 동일 개체를 그릴 수도 있고 크다는 의미로 상대적으로 크게 그릴 수도 있습니다.

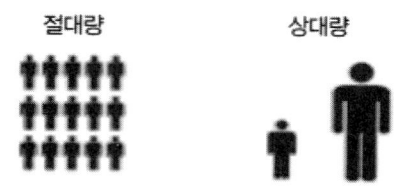

제1장. 벤처경영에 대한 이해

■ 시간(When)

시간에는 2013년 1월 또는 저녁 9시와 같이 단독으로 표현 가능한 '절대시간'과 현재 — 과거 — 미래와 같은 '상대시간'이 있을 수 있습니다.

절대시간의 표현 예

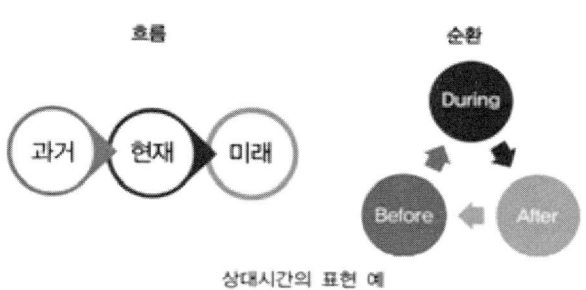

상대시간의 표현 예

■ 절차 또는 방법(How)

절차 또는 방법은 일종의 flowchart로 표현할 수 있습니다. 컴퓨터 프로그래밍에서 유용하게 쓰입니다만 거기서 통용되는 도식을 준수할 필요 없이 일반적으로 이해할 수 있게 오히려 창의적으로 그려내는 것이 인식이나 기억에 유리합니다.

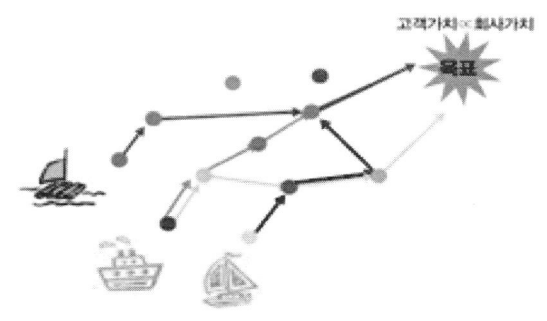

3) 집중적 사고를 하라

Step 1: 1단계에서 브레인스토밍과 시각적 사고로 정리한 조사내용을 대상으로 포스트잇을 사용하여 아이디어를 제시하라.
Step 2: 아이디어를 제시한 포스트잇을 Keyword 중심으로 Grouping을 하라.
Step 3: Pattern을 포착하라.
Step 4: 하나의 아이디어를 Story Board(만화처럼)나 시나리오 작성하기.
Step 5: Butterfly Test ("계속 진행") 아이디어에 Vote를 하여 아이디어 채택.

♣ 참고내용: IDEO의 쇼핑카트 사례분석

IDEO가 브레인스토밍 방식을 활용하여 미국의 유기농 슈퍼마켓인 Whole Food에 새로운 쇼핑카트를 제안하는 내용이다.

(Step 1: 문제를 이해하기)
Understanding
쇼핑카트에 대해서 첫 미팅에서 각자의 전문 영역의 관점에서 현 쇼핑카트에 대한 분석을 하게 된다. 쇼핑카트의 문제점으로 안전문제가 제기되는데 매년 공식 집계상으로만 22,000명의 아동이 다친다고 하는 내용을 언급한다. 이외에 쇼핑카트를 도둑맞는 문제에 대해서도 언급을 한다.

(Step 2: 관찰하기)
Observing
Observing(관찰)을 위해 홀푸트 마켓으로 가서 다양한 활동을 시작한다.
고객의 인터뷰에서는 한 고객이 안전문제 때문에 애들 데리고 나오기가 무섭다는, 물건을 사기 위해 카트를 여기저기 끌고 다니기 번거롭다는 의견 등을 인터뷰한다. 또한 카트를 끌고 다니는 고객뿐만이 아니라 카트를 관리하는 직원, 매장에서 일하는 직원들을 관찰하고 인터뷰하는 활동을 한다.
이후 사무실로 돌아와 팀별로 관찰한 내용, 인터뷰한 내용을 공유한다.
찍어온 사진 중에 한 아이가 카트에 매달려 있는 장면을 찍은 사진들도 있다. 사진 찍은 것, 인터뷰한 내용을 팀별로 벽에 정리하여 다른 팀과 공유한다.

제1장. 벤처경영에 대한 이해

(Step 3: 통합분석하기)

브레인스토밍 방법은 아이디어를 개진하려면 회의주재자가 들고 있는 종을 울려서 발언권을 획득해야 한다. 이 회의를 주재하는 회의주재자는 나이가 많거나 지위가 높아서가 아닌 조직 논의를 잘 이끄는 능력이 있기 때문에 선택된다. 비디오에서 쇼핑카트가 위험하니까 아이들 의자를 아예 없애버리자는 과감한 아이디어도 개진된다.

뉴스앵커: "저게 말이 됩니까?"
Kelly: "창의적인 아이디어를 떠올리려면 과격한 생각들이 필요합니다. 다들 똑같은 생각만 한다면 변화는 불가능해요."
진행자: "잘 정리되어야 할 필요가 있을 듯 해보입니다."
Kelly: "우리는 목표 있는 혼돈(focused chaos)이라고 부르죠."

브레인스토밍에서 개진된 아이디어들을 포스트잇에 적어 벽에 붙이고 전체가 참여하는 투표를 거쳐서 유용한 아이디어를 걸러낸다.

뉴스앵커: "왜 회의주재자가 직접 고르지 않고 팀원들에게 판단을 넘깁니까?"
회의주재자: "시행착오가 외로운 천재보다 낫습니다." (Enlightened trial and error succeeds over the planning of lone genius)

진행하면서 계속 시간제한을 하는데, 그렇지 않으면 끝나지 않는다. 시간제한을 함으로써 짧은 시간 내에 인텐시브하게 아이디어를 많이 개진하게 할 수도 있다. 또한, 브레인스토밍 과정 내내 아이디어를 글로 쓰는 것이 아니라 대부분 그림으로 표현하고 아이디어가 구체적으로 발전하면서 그림도 좀 더 구체적으로 된다. 브레인스토밍을 여러 단계에 거쳐서 팀별로 하고 다시 전체가 하고를 반복하면서 아이디어를 정리하는 것을 볼 수 있다.

투표에서 선택된 아이디어들을 네 가지 주제영역으로 나눈다.
Shopping 효율적 쇼핑
Safety 안전성
Check - out 쉬운 계산
Finding what you are looking for 원하는 물건 찾기

(Step 4: 프로토타입 만들기)
첫 번째 프로토타입은 손에 들고 다니는 바구니를 얹을 수 있는 형태로 만들어서 카트를 여기저기 끌고 다니는 수고를 줄여준다.
두 번째 프로토타입은 계산대 앞에 줄서서 오래 기다리는 문제를 보완한 작품으로 손잡이에 바코드 스캐너를 달아놓았다.
세 번째 프로토타입은 아이들의 안전을 고려했다고 한다.
네 번째 프로토타입은 카트에 무전기를 달아서 종업원과 통화해서 원하는 물건을 쉽게 찾을 수 있게 해준다. "Where can I find a yogurt?"

(Step 5: 최종 제품 제시)
프로토타입의 아이디어를 모두 합쳐서 만들어낸 최종 제품을 선보인다.

- 손으로 빼서 들고 다닐 수 있는 장바구니 장착
- 올렸다가 내렸다가 할 수 있는 안전손잡이도 추가
- 카트는 한적한 곳에 세워놓고 필요한 물건만 장바구니에 살짝 담아 올 수 있도록 장바구니를 탈부착할 수 있음
- 바코드 스캐너 장착
- 플라스틱 장바구니는 계산 끝나면 계산대에 반납하고, 카트 안쪽 고리에 비닐봉지를 매달도록 함(도난방지)
- 앞뒤로 가는 것뿐만이 아닌 옆으로도 밀어서 움직일 수 있음

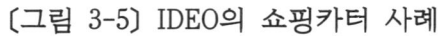
〔그림 3-5〕 IDEO의 쇼핑카터 사례

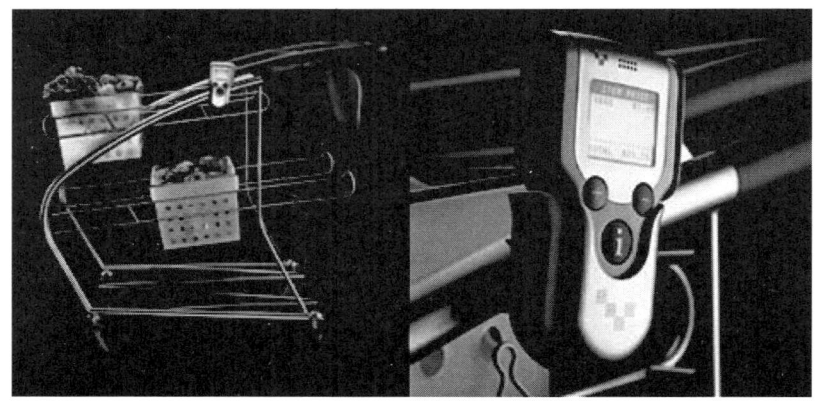

출처 : 유쾌한 이노베이션 서적

> **과제**
>
> 스탠포드 Tina Seelig 교수(What I wish when I was 20 작가)의 동영상을 보고 5만 원과 12시간을 가지고 돈을 벌 수 있는 방법을 디자인 사고분석(예: 시각적 사고의 Tool도 포함)을 활용하여 제안하시오.
> http://ecomer.stanford.edu/authorMaterialinfo.html?mid=2266

◆ 참고문헌

댄로암(2008), 생각을 Show하라(The back of the napkin).
http://blog.educasiainc.com/86
팀브라운, 디자인에 집중하라, 2015, 김영사.
Tina Seelig(2009), *What I wish when I was 20*.
http://innotb.tistory.com/entry/IDEO-shoppingcart

4. 비즈니스 모델(Business Model)에 대한 이해

Action 1 | 비즈니스 모델 분석에 대해 이해한다.

가. 비즈니스 모델 캔버스란2)

비즈니스 모델 캔버스(Business Model Canvas)는 기존 비즈니스 모델을 개발하는 전략적 관리 템플릿이다. 기업의 가치 제안, 인프라, 고객 및 재무를 설명하는 요소를 시각적으로 나타내는 차트이다. 또한 이것은 기업의 잠재적인 트레이드오프에 대한 설명을 통해 기업의 활동을 정렬하는 것을 지원한다. 비즈니스 모델 캔버스는 Alexander Osterwalder의 Business Model Ontology(2004) 논문을 기반으로 처음 제안되었다. 다양한 비즈니스 개념이 존재하지만, A. Osterwalder의 비즈니스 모델 캔버스는 비즈니스 모델 개념의 폭넓은 범위의 유사성을 바탕으로 하나의 참조 모델을 제안하고 있다(Wikipedia).

---

2) http://www.businessmodelgeneration.com (김지호, 박정혜 번역)

[그림 4-1] 비즈니스 모델 캔버스

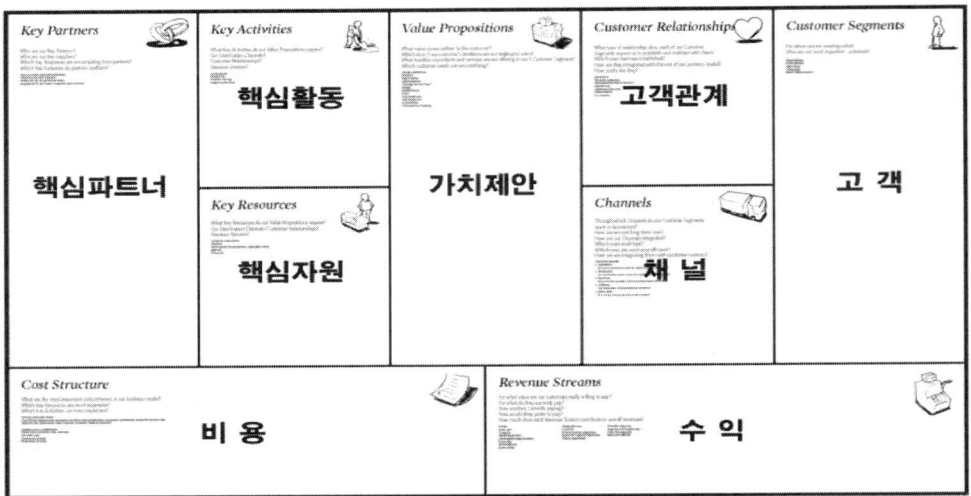

출처: Osterwalder, Pigneur & al.(2010), Business Model Canvas; nine business model building blocks.

비즈니스 모델 캔버스는 핵심활동(Key Activities), 핵심자원(Key Resources), 핵심 파트너(Key Partner), 가치제안(Value Proposition), 고객관계(Customer Relationships), 채널(Channels), 고객세분화(Customer Segments), 비용구조(Cost Structure), 수익원(Revenue Streams) 등 9개 블록으로 설명하고 있다. 인프라(Infrastructure)는 핵심활동(Key Activities), 핵심 자원(Key Resources), 핵심 파트너(Key Partner)로 구분하였으며, 고객(Customer)은 고객관계(Customer Relationships), 채널(Channels), 고객세분화(Customer Segments)로 구분하였으며, 재무활동은 비용구조(Cost Structure), 수익원(Revenue Streams)으로 구분하였다. 또한 수익과 비용으로 구분할 경우, 가치제안을 중심으로 고객관계(Customer Relationships), 채널(Channels), 고객세분화(Customer Segments) 등을 통해 수익을 창출하며, 핵심활동(Key Activities), 핵심자원(Key Resources), 핵심 파트너(Key Partner)를 통하여 비용구조가 이루어진다.

나. 고객관점 공감지도(Empathy Map) 만들기

비즈니스 모델을 디자인하기 위해서는 고객관점에서 고객세분화, 가치제공, 고객채널, 고객 관계, 수익 등이 고려되어야 한다. 이때 사용할 수 있는 방법이 공감지도인데, 공감지도(Empaty Map)는 엑스플레인(XPLANE)사가 개발한 비주얼 씽킹(Visual Thinking)방법으로 초 간단한 고객 파일러(Really Simple Customer Profiler)이다.

〔그림 4-2〕 공감지도

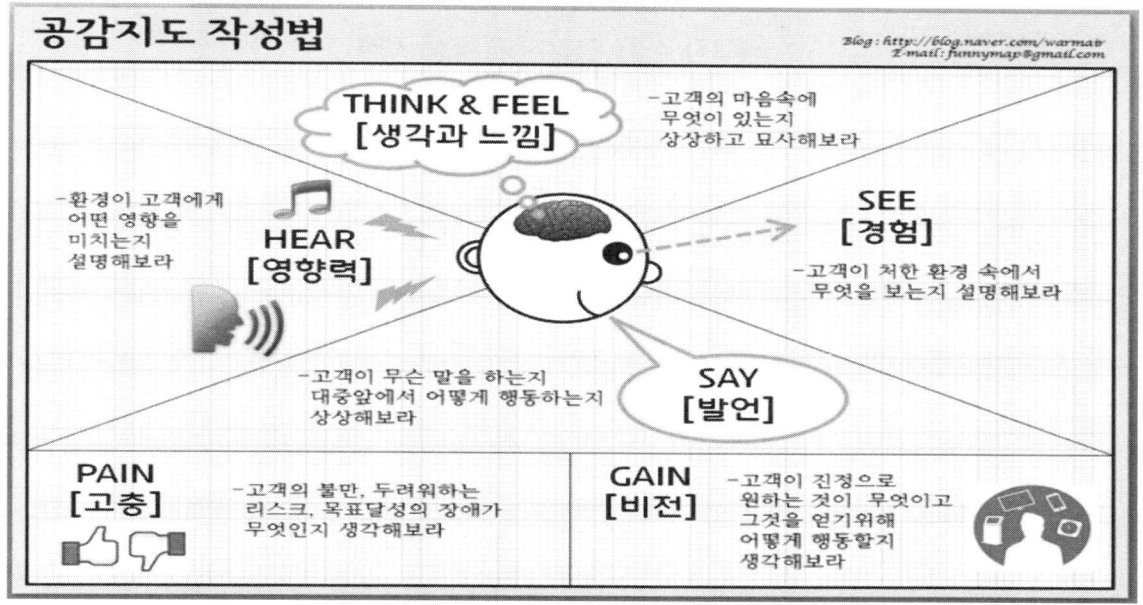

(THINK & FEEL) 고객의 마음속에 무엇이 있는지 작성하시오.
(HEAR) 환경이 고객에게 어떤 영향을 미치는지 작성하시오.
(SEE) 고객이 처한 환경 속에서 무엇을 보는지 작성하시오.
(SAY) 고객이 무슨 말을 하는지 작성하시오.
(PAIN) 고객의 불만, 고충 등을 작성하시오.
(GAIN) 고객이 얻고자 하는 것이 무엇인지 작성하시오.

[공감지도 사용방법]

1. (브레인스토밍) 제품 또는 서비스를 사용하는 비즈니스 모델상의 모든 고객을 찾기 위해 브레인스토밍을 한다.
2. (고객 선정) 3개 정도의 고객 후보를 길러내고, 그중 하나를 선정한다.
3. (고객 특징부여) 선정된 고객 하나에 이름을 붙이고, 인구통계학적 특징(결혼, 나이, 성별, 소비습성 등)을 부여한다.
4. (고객 프로파일 작성) 화이트보드나 포스트잇을 활용하여 6가지 질문에 답을 하여 고객 프로파일을 작성한다.

[공감지도 작성 사례]

〔그림 4-3〕 공감지도 작성 사례

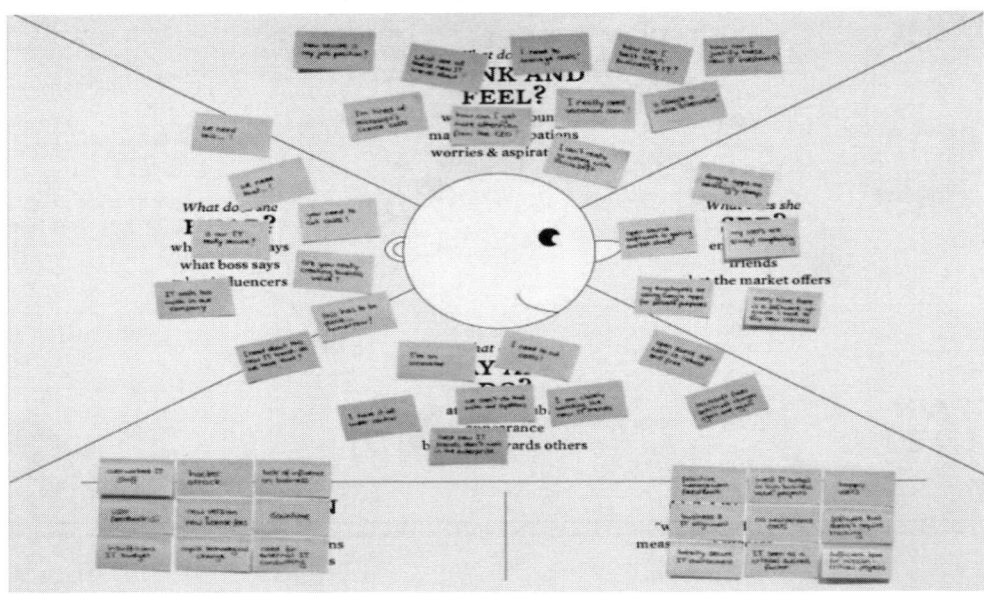

출처: http://www.innovationgames.com/empathy-map/ (공감지도를 웹에서 작성가능)

다. 9 Building Blocks

1) 고객 세분화(Customer Segments)

비즈니스 모델을 고려할 때 제일 먼저 고려해야 하는 것이 고객이며, 속해 있는 시장의 성격, 고객의 세분화가 매우 중요하다. 비즈니스는 하나 이상의 Target Customer에게 제품이나 서비스를 제공하고, 고객이 처한 문제를 해결해 주며 욕구와 니즈를 충족시켜주는 특정한 가치를 제공해 주어야 한다. 그리고 고객 중 가장 중요한 고객이 누구인지도 파악을 해야 한다.

(체크 포인트)
- 메스 마켓(Mass Market)
- 틈새시장(Niche Market)
- Segment가 명확한 시장
- 복합적인 Segment가 혼재된 시장인 멀티 사이드(Multi - Sided) 시장

2) 가치 제안(Value Proposition)

가치 제안은 고객의 요구를 충족하기 위해서 비즈니스가 제공하는 제품 및 서비스의 모음이다. Osterwalder(2004)에 따르면, 기업의 가치제안은 경쟁에서 자신을 차별화해야한다. 가치 제안은 새로움, 성능, 사용자 정의 등 다양한 요소를 통해 가치를 제공하고, 일을 끝내는 형태로 디자인, 브랜드 / 상태, 가격, 비용절감, 위험감소, 접근성 및 편의 / 사용성을 제공하는 것이다. 또한, 가치제안은 양적으로는 가격과 효율성을, 질적으로는 전반적인 고객 경험 및 Outcome이 된다.

(체크 포인트)
- 고객에게 어떤 가치를 제공할 것인가.
- 제공하는 가치가 고객의 문제점을 해결하는가.
- 제각기 다른 목표고객에게 어떤 가치를 제공하는가.
- 고객의 니즈를 충족시켜주는가.

3) 채널(Channels)

채널(Channels)은 각각의 목표고객에게 어떤 채널을 통해 가치제공이 되고 있는지를 말한다. 어떤 방법(온라인 또는 오프라인 등)이 고객이 원활하게 상품이나 서비스를 구매할 수 있을 것인가를 고민해야 하며, 판매 이후에도 구매고객을 어떻게 지속해서 지원하고 피드백을 받을 수 있는지를 생각해야 한다.

예를 들어, A회사는 다른 채널을 통해 자사의 목표고객에게 가치제안을 제공할 수 있다. 효과적인 채널은 빠르고, 효율적이고 효과적인 비용 방식으로 기업의 가치제안을 제공한다. 그 회사는 자신의 채널(매장 앞), 파트너 채널(주요 유통업체), 또는 두 가지 모두의 조합을 통해 고객들에게 다가갈 수 있다.

(체크 포인트)
- 각각의 고객 세그먼트에게 어떤 채널을 통해 가치제공이 되고 있는가.
- 어느 채널이 가장 효과적인가.
- 어느 채널이 가장 비용 측면에서 효율적인가.
- 채널은 어떤 기준으로 통합되어 있는가.

4) 고객 관계

고객 관계(customer relationship)는 각각의 고객 세그먼트들이 어떤 방식(예: assist, self service, automatic service, co-creation 등)의 고객 관계가 만들어지고 유지되길 원하고 어떤 고객 관계를 확립하는가를 말한다. 고객과의 관계는 비용이 얼마나 드는가를 고려하여 정하게 되며, 각각의 세그먼트별로 특징적으로 정해지고 유지된다.

(체크 포인트)
- 고객과의 관계를 개별적으로 어시스트할 것인가.
- 고객과의 관계는 매우 헌신적인 개별적 어시스트를 할 것인가.
- 고객과의 관계는 셀프서비스인가.
- 고객과의 관계는 자동화 서비스인가.
- 고객과의 관계는 커뮤니티를 통해 지원할 것인가.
- 고객과의 관계는 코-크리에이션으로 할 것인가.

5) 수익원

가치제안을 중심으로 고객 세분화(customer segment), 채널(channels), 고객 관계(customer relationship)를 통해 수익을 창출하며, 특히 벤처기업은 고객들에게 전달하려는 가치를 성공적으로 제안했을 때 수익을 얻는다. 수익의 형태는 물품을 판매, 이용료, 가입비, 대여료 및 임대료, 라이센싱, 중개수수료, 광고 등이 있다. 수익을 창출하는 데 있어서 무엇보다도 중요한 부분은 가격인데, 가격은 보통 고정가격제와 변동 가격제가 있다. 고정가격제는 정가이며, 제품 특징 의존적, 고객 세그먼트 의존적, 물량 의존적이고, 변동 가격제는 협상 또는 흥정이 필요하며 수익관리(yield management)가 요구되고 리얼타임 시장(real Time market)을 반영해야 한다.

(체크 포인트)
- 고객들은 어떤 가치를 위해 기꺼이 돈을 지불 하는가.
- 현재 무엇을 위해 돈을 지불하고 있는가.
- 현재 어떻게 지불하고 있는가.
- 고객들은 어떻게 지불하고 싶어 하는가.
- 각각의 수익원은 전체 수익에 얼마나 기여 하는가.

6) 핵심자원

핵심자원은 고객을 위한 가치를 창출하는 데 필요한 자원이고, 사업을 유지하고 지원하는 데 필요로 하는 기업의 자산으로 간주하며, 이러한 자원은 인력, 재무, 물리적 및 지적자산이 해당된다.

(체크 포인트)
- 우리의 가치제안은 어떤 핵심자원을 필요로 하는가.
- 공급채널을 위해선 어떤 자원이 필요한가.
- 고객관계 및 수익원을 위해선 어떤 지원이 필요한가.

7) 핵심활동

핵심활동(key Activities)은 기업의 가치 제안을 실행에 옮기는 데 가장 중요한 활동에 해당하며, 핵심자원을 통해 수행되어져 생산으로 이루어지고 문제해결, 플랫폼 및 네트워크가 구축된다.

(체크 포인트)
- 우리의 가치제안은 어떤 핵심활동을 필요로 하는가.
- 공급 채널을 위해선 어떤 활동이 필요한가.
- 고객관계 및 수익원을 위해선 어떤 활동이 필요로 하는가.

8) 핵심 파트너십

핵심 파트너십(key Partnership)은 자신의 핵심활동에 집중할 수 있도록 작업을 최적화하고 비즈니스 모델의 위험을 줄이기 위해, 벤처기업은 일반적으로 구매자 공급 업체 관계를 육성하여, 합작 투자, 경쟁 또는 비경쟁 사이의 전략적 제휴를 통해 전략사업을 제휴한다. 또한, 특정한 일부 활동들은 아웃소싱(Outsourcing) 등 외부의 핵심 파트너를 통해 수행될 수도 있으며, 또한 일부 자원(Resources)을 외부에서 얻을 수도 있다.

(체크 포인트)
- 누가 핵심 파트너인가.
- 우리의 핵심 공급자(supplier)는 누구인가.
- 파트너로부터 어떤 핵심자원을 획득할 수 있는가.
- 핵심 파트너가 어떤 핵심활동을 수행하는가.

9) 비용구조

비즈니스 모델의 여러 요소를 수행하기 위해서는 비용이 발생하게 되는데, 핵심 활동(key Activities), 핵심자원(key Resources), 핵심 파트너(key partner)를 통하여 비용구조가 이루어진다. 벤처기업의 사업내용이 가치주도인지 비용주도인지를 파악하여 비용주도인 사업의 경우에는 더욱더 비용관리에 중점을 두어야 한다. 비용은 고정비와 변동비로 구분이 되며 규모의 경제, 범위의 경제를 고려해야 한다.

(체크 포인트)
- 비즈니스 모델이 안고 가야 하는 가장 중요한 비용이 무엇인가.
- 어떤 핵심자원을 확보하는 데 가장 큰 비용이 드는가.
- 어떤 핵심활동을 수행하는 데 가장 큰 비용이 드는가.

Action 2   비즈니스 모델 캔버스를 활용하여 I-Pod 사례에 적용한다.

가. I-Pod 사례분석[3]

1) 가치제안

- 아이팟은 갖고 싶은 디자인과 편리하게 음악파일을 들을 수 있는 기능만 제공하면 CD대신 MP3파일을 들을 것이라고 차별적인 가치제안
- Apple 스토어를 연계하여 Apple의 단순한 인터페이스 디자인, Apple의 어떤 기기에서도 일관된 콘텐츠를 익숙하게 사용할 수 있도록 일관성 등 Apple의 소비자의 경험(user experience)을 창출
- Apple은 고객에게 진정한 경험을 제공하여 Apple에 대한 진정성 가치를 제공
- Online인 아이튠즈와 연결하여 Mobile 기기인 아이팟의 수익모델 창조

〔그림 4-4〕 아이팟의 가치제안

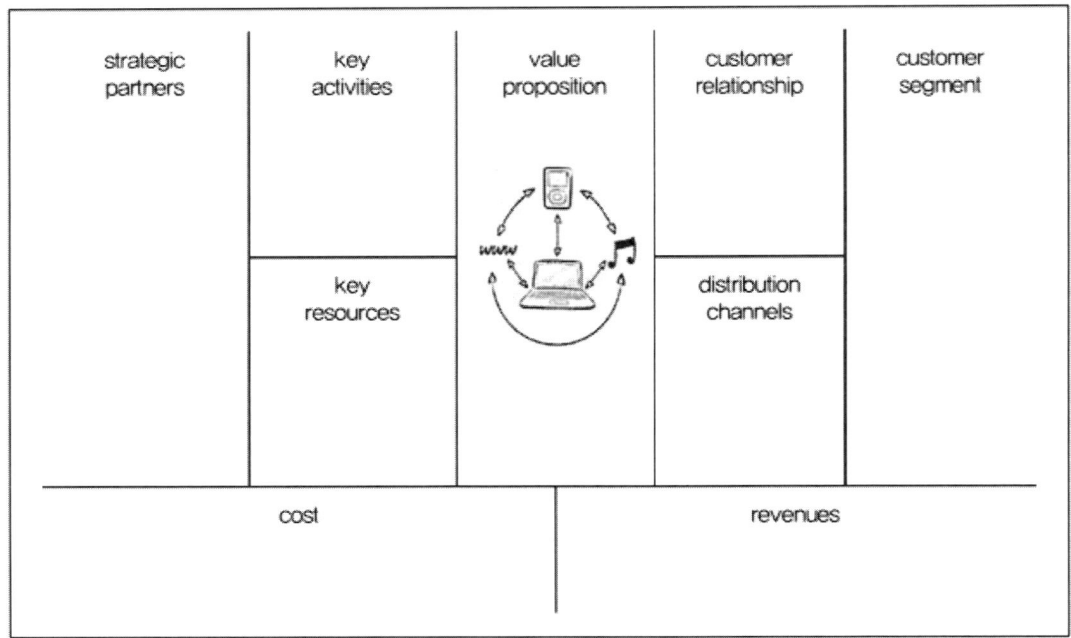

---

3) A. Osterwalder(2008), Business Model Innovation Examples Series; Issue 2, iPod.

2) 고객세분화

- Apple의 고객은 포르쉐 자동차를 사는 상류의 주류계층을 타겟으로 고객세분화
- Apple 스토어를 통해 차별적인 A/S를 제공하여 Apple 마니아 고객을 형성

〔그림 4-5〕 아이팟의 고객세분화

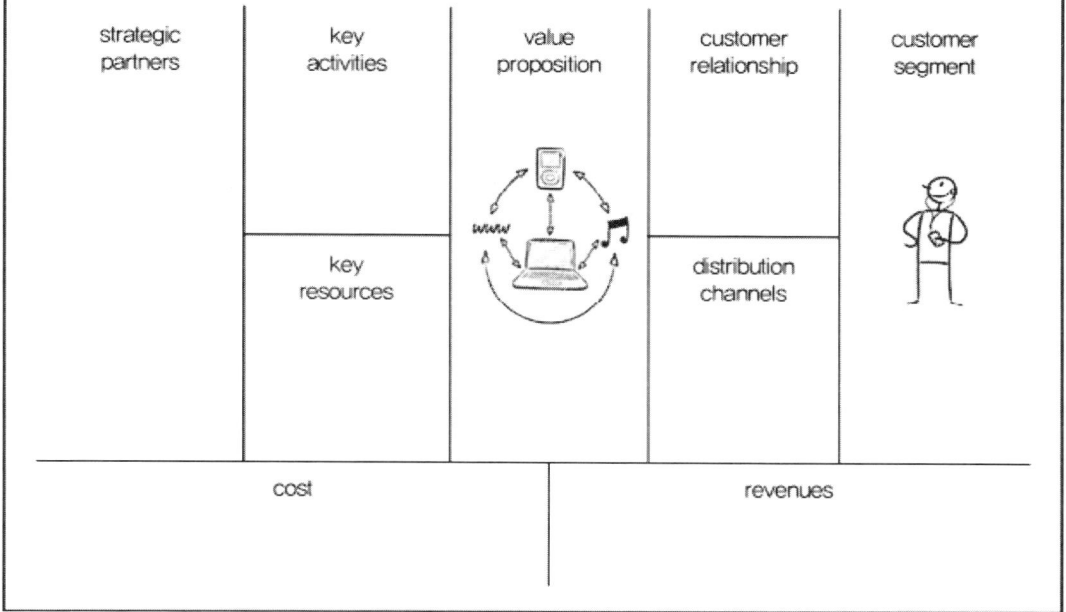

3) 유통 채널 선택

● 아이팟의 유통 채널은 retail selling, Apple 스토어를 통한 A/S 및 부가적 판매, 온라인을 통한 음원 판매 등 다양한 유통 채널을 이용하여 수익 극대화

〔그림 4-6〕 아이팟의 유통 채널 선택

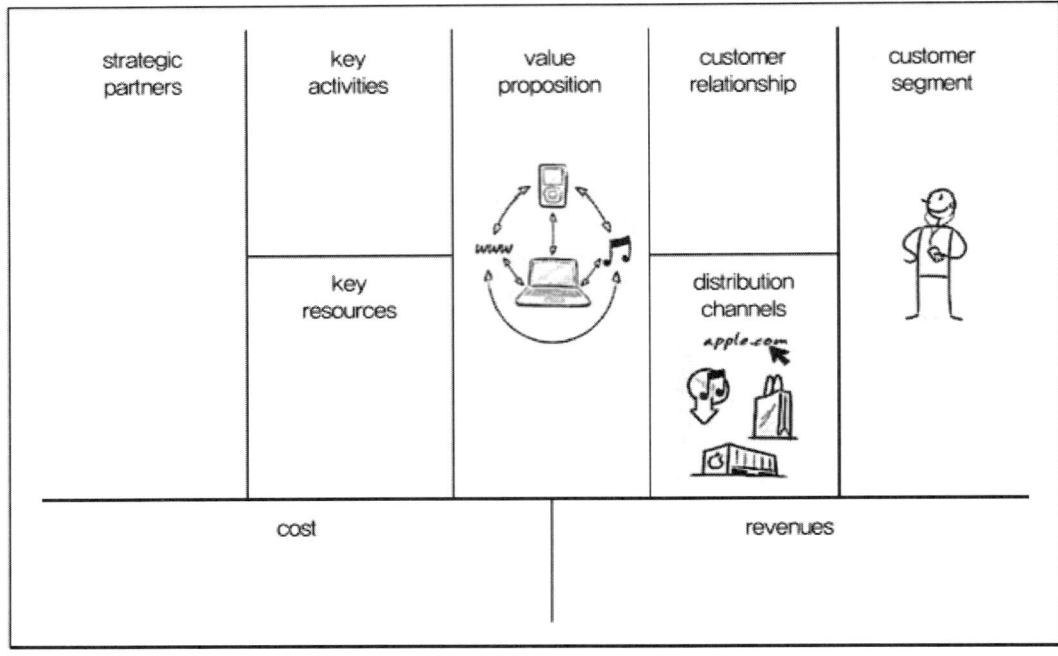

4) 고객관계 및 수익원

〔그림 4-7〕 아이팟의 고객관계 및 수익원

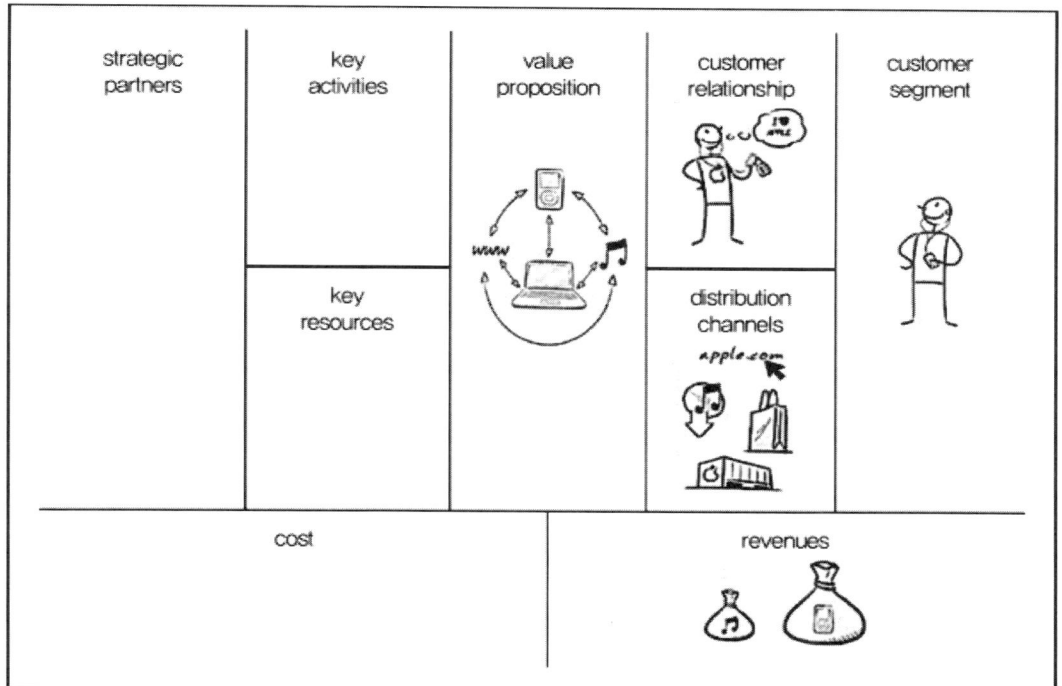

- 고객관계는 Apple에서의 경험으로 Apple에 대한 진정성을 경험하고, 이것이 높은 고객 충성도 및 재구매로 이어지게 하고 있음
- 오랜 기간 동안 다양한 제품에도 불구하고 제품의 일관성 및 제품에 대한 진정성을 경험함에 따라 고객관계의 신뢰감이 매우 높음
- 소비자들은 A/S를 받으러 왔다가 추가로 Apple 제품을 구매하여 수익이 추가로 발생하도록 유도(부가적 판매수익 발생)
- 유료 콘텐츠 지불에 대한 거부감을 제거하여 음원 유료화를 지급하는 생태계 창출

5) 핵심자원

〔그림 4-8〕 아이팟의 핵심자원

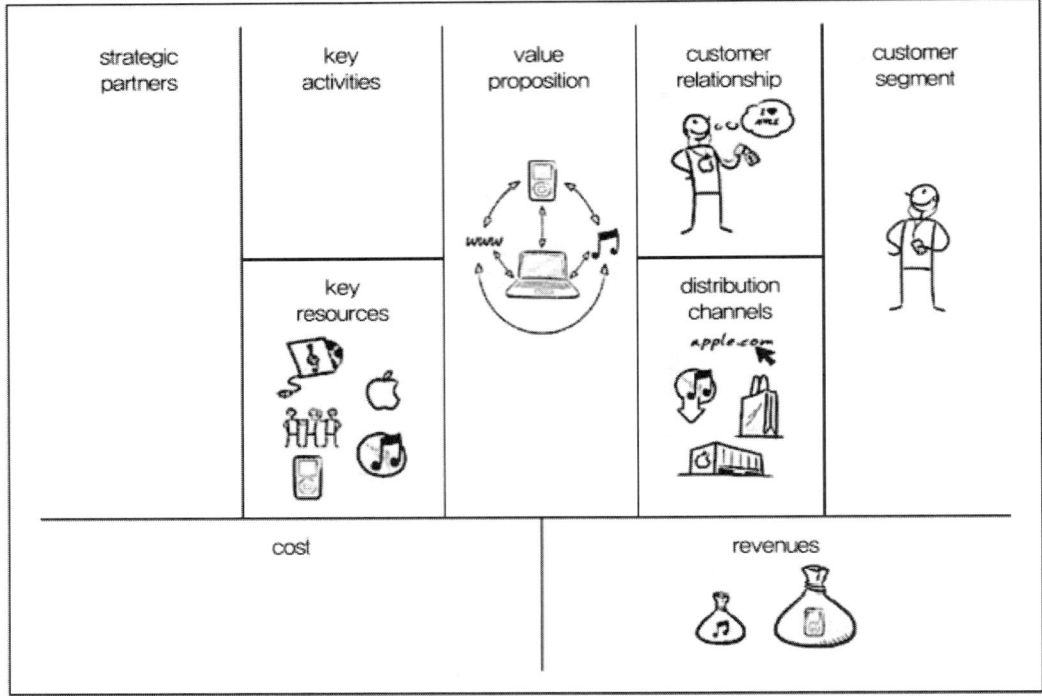

- 아이팟의 핵심자원 중 인력에 대한 부분은 좋은 인력을 적재적소에 활용
- Apple의 디자인 총괄 책임자인 조나단 아이브는 주로 욕실 인테리어 디자이너인데 스티브 잡스에 의해 발탁이 되어 Apple의 독창적인 디자인인 아이팟과 아이맥을 탄생
- Apple은 전혀 다른 분야에 있는 좋은 인력을 채용하여 Apple다운 디자이너를 위한 최적의 인재를 활용

6) 핵심활동 및 전략적 파트너십

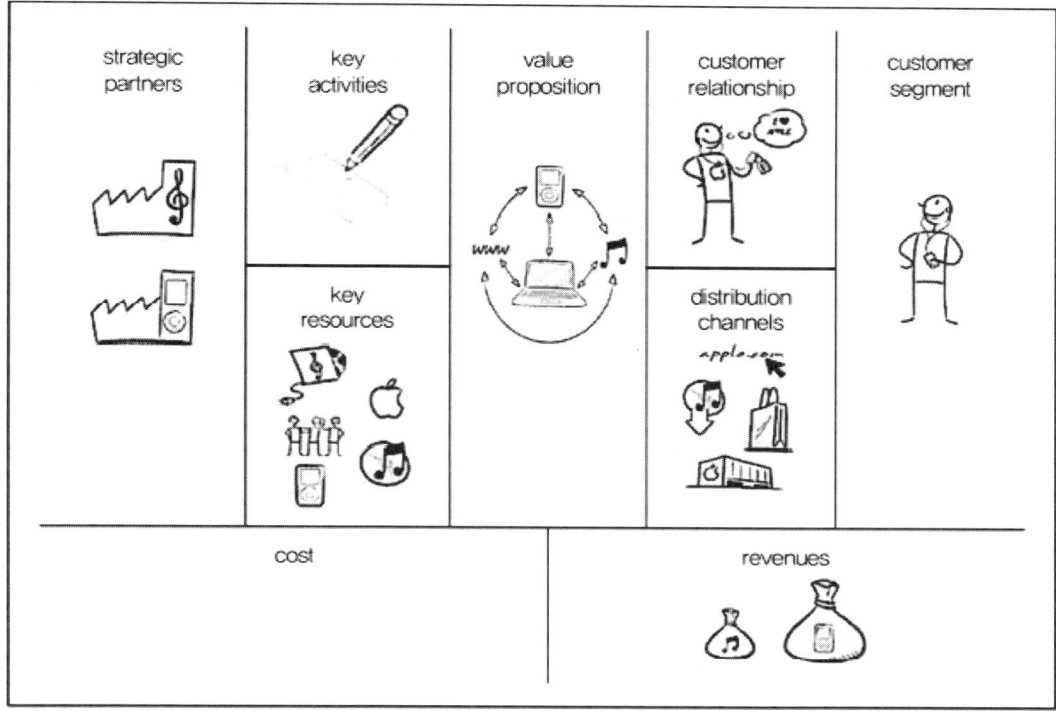

〔그림 4-9〕 아이팟의 핵심활동 및 전략적 파트너십

- 생산자 창작권을 극대화하여 소프트웨어가 하드웨어를 지배하는 수익구조 창출
- 신기술에 대한 다양한 특허출원 활동을 통해 지속적으로 혁신
- Apple은 기존 모든 이슈를 해결하려는 노력으로 Remix와 Fix 능력에 핵심활동 집중
- Google 등 전략적 파트너를 활용하며, 시장환경에 따라 신축적으로 변화하고 있음

7) 비용구조

〔그림 4-10〕 아이팟의 비용구조

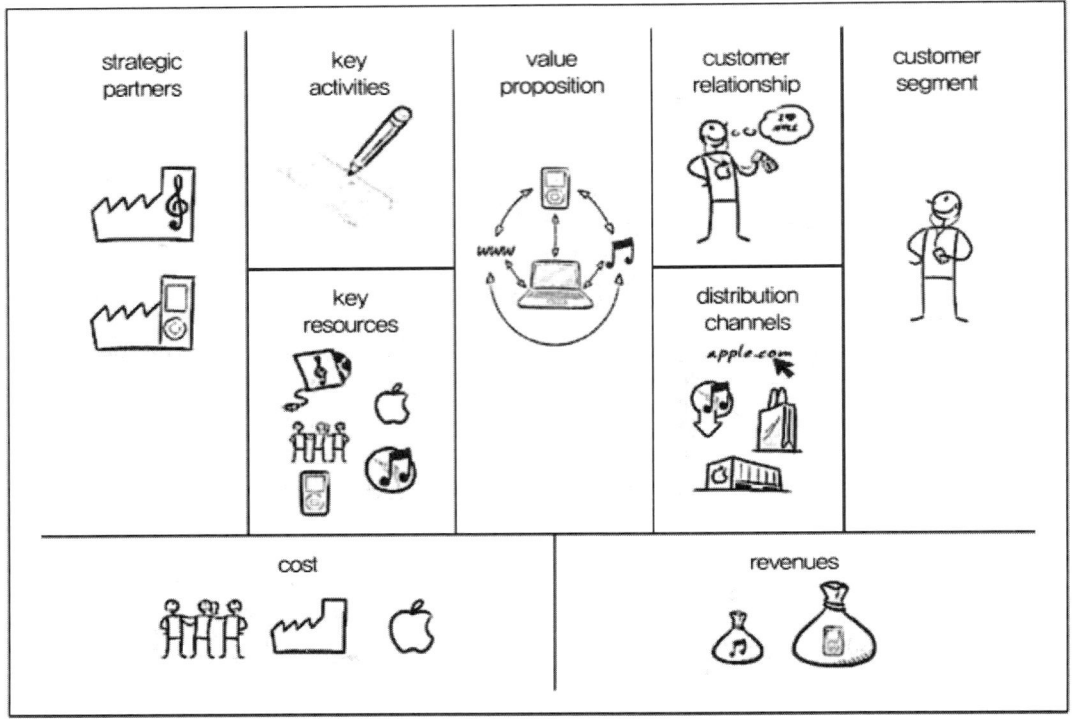

- 아이팟 기능 단순화로 생산단가 절감
  - 다양한 기능은 다수의 H/W 및 S/W 추가를 의미하여 생산비 증가
- 제품에 대한 생산공장을 중국으로 이전하여 생산 Cost Down
- 홍보 비용
  - 신규제품 발표 시 샌프란시스코의 버스 광고, 옥외 광고를 모두 구매 및 주변의 old 광고를 신규광고로 대체

Action 3   스타트업에 맞는 린 캔버스를 이해한다.

〔그림 4-11〕 린 캔버스

문제 가장 중요한 세 가지 문제	솔루션 가장 중요한 세 가지 기능	고유의 가치 제안 제품을 구입해야 하는 이유와 다른 제품과의 차이점을 설명하는 알기 쉽고 설득력 있는 단일 메시지	경쟁 우위 다른 제품이 쉽게 흉내 낼 수 없는 특징	고객군 목표 고객
	핵심 지표 측정해야 하는 핵심 활동		채널 고객 도달 경로	

비용 구조 고객 획득 비용, 유통 비용, 호스팅, 인건비 등	수익원 매출 모델, 생애 가치, 매출, 매출 총 이익

제품   시장

"린 캔버스는 사업 모델 캔버스(http://www.businessmodelgeneration.com)를 수정한 것으로 크리에이티브 커먼즈 저작자 표시-동일 조건 변경 허락 3.0 Un-ported 라이선스에 따라 사용했다."

    Ash Maurya(2012)는 Osterwalder의 비즈니스 모델 캔버스 접근법이 성공적인 기업에 초점이 맞추어진 분석으로, 스타트업에 맞는 비즈니스 모델을 제시하였다. 린 캔버스는 세분화된 고객(customer segments), 고유가치 제안(unique value Proposition), 경쟁우위(unfair advantage), 유통채널(channel), 수익흐름(revenue streams), 문제(problem), 솔루션(solution), 핵심지표(key metrics), 비용구조(cost structure)로 변형해서 제시하고 있다. 오스왈더의 비즈니스 모델 캔버스와 비교하면, 다른 요소는 경쟁우위, 문제, 솔루션이다. 시장(market)을 분석하는 요소로 세분화된 고객, 경쟁우위, 유통채널, 수익흐름을 활용하고 있으며, 제품(product)을 분석하는 요소로 문제, 솔루션, 핵심지표(측정해야 하는 주요 활동), 비용구조를 사용한다.
    린 캔버스 작성순서는 Problem을 정의한 후, Customer Segment를 결정한다. 그리고 자기만 줄 수 있는 고유가치 제안(unique value proposition)을 정의한 후 솔루션(Solution), 유통채널(channel)을 작성한다. 그리고 수익모델(revenue streams)과 비용구조(cost structure)를 작성한 후 성과를 측정 가능한 핵심활동인(Key Metrics)를 정의한다. 그리고 마지막으로 자신만이 가지고 있는 경쟁우위인 Unfair Advantage를 작성하면 하나의 비즈니스 모델이 완성된다.

〔그림 4-12〕 린 캔버스 작성순서

PROBLEM Top 3 problems 1	SOLUTION Top 3 features 4	UNIQUE VALUE PROPOSITION Single, clear, compelling message that states why you are different and worth buying 3	UNFAIR ADVANTAGE Can't be easily copied or bought 9	CUSTOMER SEGMENTS Target customers 2
	KEY METRICS Key activities you measure 8		CHANNELS Path to customers 5	
COST STRUCTURE Customer Acquisition Costs Distributing Costs Hosting Peaple, etc. 7			REVENUE STREAMS Revenue Model Lifetime Value Revenue Gross Margin 6	

   고객은 전체고객, 유효고객, 목표고객 3가지로 나누어 스타트업이 빨리 고객을 확보할 수 있게 최우선 거점고객을 선정하는 것에 초점을 맞추고 있다. 가치제안을 위해서는 고객의 문제를 정의하고 솔루션을 제시해서 고객이 제품을 사는 이유와 다른 제품과의 차이점(경쟁우위)을 알기 쉽고 명쾌하게 한 줄로 메시지를 제시한다. 경쟁우위는 기존/잠재적 경쟁자들이 따라 할 수 없는 나만의 핵심 경쟁우위를 정의한다. 그리고 창업자가 세운 가치제안에 대한 문제를 검증하기 위해 고객 인터뷰를 통해 솔루션을 제시한다. 핵심지표는 예를 들어 웹/어플리케이션 등 온라인 서비스가 중심인 경우, 고객 재방문율, 재구매율, 구매 도달률, 고객당 평균 수입 등을 핵심지표로 설정하여 해당 지표가 원하는 수준으로 나올 때까지 제품/서비스 컨셉이나 홍보 방법들을 다양하게 시도해 볼 수 있도록 한다. 마지막으로 경쟁우위가 없는 경우에는 해당 비즈니스의 수익성이 확인되면 무수한 경쟁자에 노출될 가능성이 크다.

| Action 4 | 다양한 스타트업 비즈니스 모델 유형을 이해한다. |

고객에게 제공하는 가치에서 수익을 창출하기 위해서는 비즈니스 모델을 검토하고 혁신적인 비즈니스 모델을 설계해야 한다. 비즈니스 모델은 고객에게 가치를 제공하고 그 대가로 내가 취할 수 있는 가치를 결정하는 기준과 방법이다. 되도록 고객가치 기반의 비즈니스 모델과 가격체계를 구축하기 위해 꾸준한 노력을 해야 한다. 비즈니스 모델은 사업 환경에 따라 달라지며 보편적인 비즈니스 모델은 없다. 그러나, 일반적으로 채택하는 비즈니스 모델 유형을 이해하면 본인에게 가장 적합한 모델을 선택하는데 도움이 된다. 여기서는 MIT 스타트업 바이블에서 제시하는 17가지 비즈니스 모델 유형(빌 올렛, 2014)과 최환진의 22개 비즈니스 모델 유형(이민화, 2015)을 제시한다.

1) 일시불 선지급 및 유지 보수비(one-time up-front plus maintenance)
2) 원가 기준(cost plus)
3) 투입 시간(hourly rates)
4) 사용료(subscription or leasing model)
5) 기술이전(licensing)
6) 소모품(consumables)
7) 업셀링(upselling with high-margin products)
8) 광고(advertising)
9) 정보제공(reselling the data collector temporary access to it)
10) 거래 수수료(transaction)
11) 종량제(usage-based)
12) 정액 요금제(cell phone plan)
13) 주차요금 또는 범칙금(parking meter or penalty charge)
14) 가치공유 모델

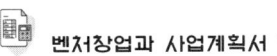 벤처창업과 사업계획서 작성방법

[MIT 스타트업 바이블]

고객은 누구인가?
1. 시장세분화
2. 거점시장 선택
3. 최종사용자 구체화
4. 총유효시장 규모 추정
5. 거점시장에 대한 페르소나 정의
9. 예비고객 조사

고객을 위해 무엇을 할 수 있는가?
6. 전체 생애주기 사용 시나리오
7. 상위 수준 제품사양 정의
8. 가치제안 정량화
10. 핵심 역량 정의
11. 경쟁적 지위 설정

고객이 제품을 어떻게 획득하는가?
12. 고객의 의사결정 단위 분석
13. 고객의 구매 과정 이해
18. 영업 프로세스 설계

수익 창출 전략은 무엇인가?
15. 비즈니스 모델 설계
16. 가격 체계 수립
17. 고객 생애 가치 예측
19. 고객 획득 비용 분석

어떤 과정을 거쳐 제품을 기획하고 설계할까?
20. 핵심 가설 확인
21. 핵심 가설 검증
22. 최소 기능 사업제품 정의
23. 최소 기능 사업제품 검증

어떻게 사업을 확장하는가?
14. 후속시장 규모 전망
24. 제품 계획 수립

제1장. 벤처경영에 대한 이해

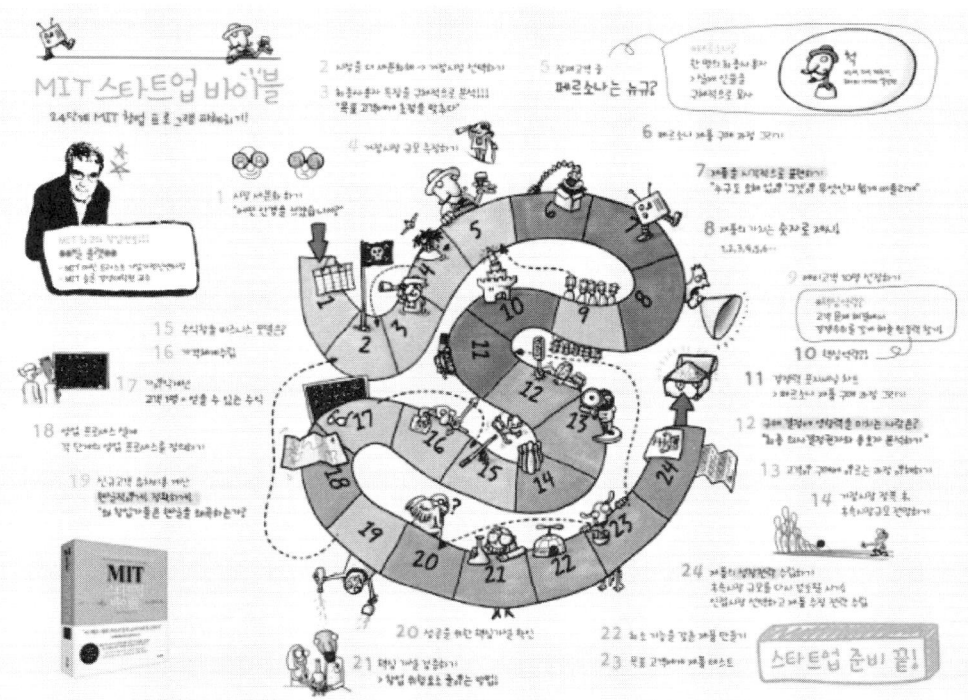

과 제	본인이 제안한 벤처 아이디어에 대해 1. 린 캔버스를 작성하시오. 2. 해당하는 비즈니스 모델 유형을 찾고 설명하시오.

에듀컨텐츠·휴피아
Educontents·Huepia

제2장. 성공하는 사업계획서 작성의 기초

5. 사업계획서 작성의 기초

6. 자금, 사업계획서로 어떻게 구할 것인가?

7. 사업계획서, 어떻게 활용할 것인가?

8. 사업계획서 작성 전에 이것만은 고려하자

9. 사업계획서, 이제 올바르게 작성하자

10. 요약 부분이 사업계획서에서 가장 중요하다

제2장. 성공하는 사업계획서 작성의 기초

5. 사업계획서 작성의 기초

사업계획서는 여러분의 사업의 미래를 대변해 주는 것이다. 즉, 사업계획서는 하고자 하는 사업이 무엇이며, 그것을 어떻게 실현시킬 것인가를 설명하는 자료이다. 따라서 사업계획서에는 모든 것이 있어야 한다.

사업계획서는 그것을 작성하는 사람과 읽는 사람들 모두에게 도움을 준다. 그리고 사업계획서는 투자가들에게는 정보를 제공해 투자를 유도하고, 협력업체들에게는 중요한 신뢰의 근거가 될 수 있으며, 능력 있는 임직원들을 고용하는 데 결정적인 역할을 한다. 또한 사업계획서를 작성하는 작성자의 입장에서 보면, 회사를 어떻게 하면 좀 더 효과적으로 관리할 수 있을지에 대해서도 도움을 준다.

사업계획서는 기본적으로 모든 중요한 문제들을 다루고 있어야 하며, 사업을 성공적으로 이끌 수 있어야 한다. 일반적으로 사업계획서는 다음의 사항들을 포함하고 있다.

① 사업의 기본 개념
② 사업전략 및 이를 추진하기 위한 구체적인 추진 계획
③ 상품이나 서비스 소개 및 그 경쟁적 우위
④ 진출 희망 시장
⑤ 경영자와 주요 관리자에 대한 배경
⑥ 소요 자금

사업계획서에는 좀 더 명확하고 쉽게 여러 종류의 정보들을 담아야 하며, 많은 예산과 재무 관련 보고서도 있어야 한다. 여기에서 표, 그래프, 도면, 사진은 일반적인 것들이며, 몇몇 계획은 실제 샘플을 포함해야 한다. 또한 이외에 무엇이 더 있어야 하는가? 아마 희망, 꿈, 열정도 있어야 할 것이다.

사업계획서는 느낌이나 희망보다는 구체적인 계획을, 그리고 열정보다는 실제 기대 이익에 대해 알려 줄 수 있어야 한다. 사업계획서를 작성하면서 이러한 사실을 마음 깊이 간직하기 바란다. 그렇게 한다면, 여러분에게는 보다 많은 기회가 생길 것이며, 이때 가장 중요한 요소는 사업계획서의 내용에 대한 신뢰성이라는 것을 항상 염두에 두어야 할 것이다.

벤처창업과 사업계획서 작성방법

Action 1 | 사업계획서는 어느 정도의 분량이어야 하나?

유용한 사업계획서는 어느 정도의 분량을 가지고 있다. 사업계획서는 봉투 뒤에 휘갈겨 쓴 편지와 같은 것에서부터 복잡한 기업의 상황을 설명한 100페이지 이상의 특별한 것일 수도 있다. 대부분 전형적인 사업계획서는 15~20페이지 정도이다. 하지만, 이러한 기준은 각각의 상황에 따라 자유롭게 조정할 수 있다.

대부분 사업계획서의 분량은 각 기업이 처한 상황에 따라 다르다. 단순한 개념의 사업계획서라면, 적은 단어로도 표현될 수 있지만, 만약 여러분이 새로운 영역에 대한 사업계획서를 제안한다면, 많은 부연 설명 자료들이 필요할 것이다.

계획의 목적 또한 사업계획서의 분량을 결정한다. 여러분이 작성한 사업계획서가 위험한 벤처사업을 시작하기 위해 엄청난 자금을 끌어들이기 위한 것이라면, 여러분은 많은 분량의 설명을 통해 투자 관련 당사자들을 이해시켜야 할 것이다. 반면에 진행 중인 사업을 관리하기 위한 내부 목적으로 만들어진 사업계획서라면, 좀 더 요약된 것이 좋을 것이다.

여러분이 이 책을 읽고 있다는 것은 사업계획서를 작성할 시점일 것이다. 자신의 사업계획서가 유용하다는 것을 여러분 주위의 많은 사람들에게 입증해야 할 경우가 많이 있을 것이다.

☎ **경쟁적 우위**
경쟁적 우위는 여러분이 맞서고 있는 회사보다 다른 서식으로 더 좋은 것을 만들어 주는 것이다. 또한 낮은 가격, 고품질, 좋은 이름에 대한 인식은 경쟁적 우위의 예이다.

☎ **사업 개념**
사업 개념(business concept)이란 새로이 하고자 하는 사업에 대한 기본적인 아이디어를 지칭하는 말이다. 예를 들어 페더럴 익스프레스(Federal Express)는 심야에 운반한다는 아이디어로 설립되었고, 아마존(Amazon.com)은 인터넷상에서 책을 판매한다는 아이디어로 설립되었다.

제2장. 성공하는 사업계획서 작성의 기초

사업, 성공하세요!

칵테일 냅킨에 쓰여진 사업계획서

사업계획서는 꼭 복잡하고 긴 서류들일 필요는 없다. 단지, 그 사업이 무엇을 할 것이고, 왜 그것이 성공할 것인지에 대한 본질을 파악할 수 있으면 되는 것이다.

가장 성공적인 창업을 위한 사업계획서 중의 하나는 칵테일 냅킨에 갈겨 쓰여진 삼각형이었다. 1971년, 허브 캘러허 (Herb Kelleher)와 롤린 킹(Rollin King)은 미국의 휴스턴과 달라스, 그리고 샌 안토니오를 연결하는 항로에 대한 그들의 생각을 공식화하고 있었다. 결국, 그 도시들을 연결하는 삼각 구도는 사우스웨스 항공사의 사업계획의 기초가 되었던 것이다.

그 두 명의 사업가들은 좀 더 구체적인 계획으로 사우스웨스트항공사의 비전을 설명했고, 그것을 통해 수백만 달러의 자금을 모았으며, 이를 바탕으로 공식적으로 출범할 수 있었다. 그런 얼마 후 사우스웨스트항공사는 텍사스를 목적지로 하는 3개 도시를 비행했고, 오늘날에는 미국 전역을 날고 있다.

사우스웨스트항공사는 매일 2천100대의 비행기로 24개 주 50개 도시를 비행하고 있으며, 38억 달러의 수입을 올리고 있다. 차별화된 저렴한 항공료와 많은 비행 횟수로 미국에서 다섯 번째로 큰 항공사가 될 수 있었다. 즉, 몇 개의 선을 원래의 삼각구도에 추가시킨다면, 이와 같은 전략의 칵테일 냅킨 지도가 만들어지는 것이다.

그렇다면, 여러분의 사업계획서에는 무엇을 적을 것인가?

벤처창업과 사업계획서 작성방법

Action 2 언제 작성할 것인가?

　사업계획서를 작성할 좋은 시기란 새로운 모험을 추구하는 시점이다. 사업계획서는 실제로 시작하거나 경영해 보지 않고서도 새로운 사업의 실행에 따른 결과와 그 가능성을 알아볼 수 있는 매우 좋은 방법이다. 또한 좋은 사업계획서는 사업 개념에 있어서의 심각한 결함을 한눈에 볼 수 있도록 도와 줄 것이고, 시장조사를 통해 격렬한 경쟁 상황을 파악할 수 있으며, 재무계획이 실제적인지 아닌지 파악할 수 있다.

　또한 자금을 조달하기 위한 방법으로 사업계획서가 필요할 수도 있다. 은행가나 벤처 투자가, 그리고 다른 금융업자들은 계획을 보지 않고서는 좀처럼 자금을 제공하지 않는다. 물론, 덜 세밀하거나 선입관이 약한 투자가들(친구나 가족)은 사업계획서를 요구하지 않을 수도 있다. 자신이 저축한 돈으로 사업 자금을 마련하더라도, 그것은 결국 사업을 위해 소비할 부분이므로 자신에게 빚을 지는 셈이 되는 것이다.

　사업계획서가 단 한 번만의 실행을 위한 것이 아니라는 사실을 깨닫는 것 또한 중요하다. 단지, 사업의 시작을 위해 자금을 모으고, 그것을 기반으로 사업을 진행하고 있다고 해서 본래 사업계획서의 임무가 끝났다고 생각해서는 안 된다. 따라서 사업계획서는 정기적으로 개정되어야 하며, 일반적으로 매년 개정하는 것이 좋다.

제2장. 성공하는 사업계획서 작성의 기초

| Action 3 | 누가 사업계획서를 필요로 하는가? |

사업계획서가 필요 없는 사람은 사업을 하려고 하지 않는 사람들뿐이다. 취미활동을 시작하려고 하거나 추가로 부업을 해보려고 하는 경우에는 사업계획서가 필요하지 않다. 그러나 자금과 에너지, 시간 등과 같은 중요한 자원을 들여 이익을 창출하기 원하는 창업자와 기존 사업자들은 사업계획서 작성에 시간을 투자해야만 한다.

> ☎ 사업계획서
> 모든 사업계획서를 만드는 전문가들은 "사업을 하는 데 있어서 반드시 사업계획서가 있어야 한다"라고 말한다. 그렇다면, 여러분은 이를 어떻게 생각하는가? 물론, 꼭 그런 것은 아니다. 쿠퍼스 앤 라이브랜드(Coopers & Lybrand)의 보고서에 따르면, 급속히 성장한 회사들의 32퍼센트는 사업계획서를 작성하지 못했다고 발표했다.

1) 창업을 준비하는 사람들

전통적으로 사업계획서를 작성하는 사람들은 새로운 사업을 시작하기 위해 자금을 찾는 창업자들이다. 많은 회사들은 사업을 시작하는 데 있어서 문서 형태의 사업계획서를 작성했는데, 이것은 투자가들에게 사업이 수행되는 데 소요되는 자금을 투자하는 것에 따른 확신을 제공하는 역할을 하기도 했다.

사업계획서에 대한 대부분의 책들은, 이제 막 사업을 시작한 경영자들을 목표로 하고 있다. 이는 사업계획서 작성에 있어서 경험이 일천한 창업자들에게 훌륭한 안내자 역할을 할 수 있을 것이다. 그러나 자금이 부족한 창업자만이 사업계획서를 필요로 한다고 생각하는 것은 잘못이다. 기존의 회사나 경영자들도 자금을 구하는 경우나 이익을 어떻게 투자할 것인가에 대해 예상해 보는 경우와 같이 그들이 처한 모든 단계에서 사업계획서는 필요하다.

2) 기업의 관리자들

만약 여러분이 대기업의 관리자 위치에 있었던 적이 있다면, 1년이나 3년 또는 5년 단위로 작성되는 예상보고서와 그에 따른 분석자료들에 대해 잘 알고 있을 것이다. 많은 대기업들은 사업계획서의 작성과 다른 계획안에 대한 조사, 그리고 다음 연도를 위한 실제적인 모든 사업계획서를 보완할 목적으로 또한 자세한 사업계획서를 작성할 목적으로 많은 스태프를 고용하고 있다.

벤처창업과 사업계획서 작성방법

사업, 성공하세요!

계획이 없으면 문제도 없다?

6명의 스탠포드 대학생들이 아키텍스트(Architext)라고 불리는 인터넷 기반의 사업을 창업하는 데 필요한 자금을 모으기 위해 벤처투자가들을 찾기 시작했을 때, 그들은 단지 인터넷에서 정보를 찾는 사람들을 지원하는 회사를 설립하겠다는 지극히 개략적인 윤곽만을 가지고 있었다.

그러나 이들 6명은 아이디어가 좋아서 실리콘밸리의 전문 벤처투자자들을 확신시킬 수 있었다. 사실, 이 사업 아이디어는 아주 그럴 듯 했는데, 창업 동업자 중 한 명인 조 크라우스(Joe Kraus)는 "작성된 사업계획서 없이도 300만 달러를 일차적으로 투자받았다." 라고 말했다.

회사명을 크라우스(Kraus)사로 출발한 이 회사는 익사이트사(Excite Inc.)로 이름을 변경하였고, 인터넷을 기반으로 창업한 회사 중에 가장 성공한 회사 중 하나가 되었다. 익사이트사는 자금을 더 조달하기 위해 1996년에 주식시장에 상장해 3천400만 달러를 벌어들였으며, 6명의 동업자들은 백만장자가 되었다.

이 사례를 통해 알 수 있는 것은, 물론 예외이지만, 회사를 창업하는 데 있어서 소요되는 자금을 조달하기 위해서 사업 아이디어가 탁월하다면, 반드시 복잡한 많은 서류와 시장분석이 필요한 것은 아니라는 것이다. 그러나 여기에서 우리가 강조하고 싶은 것은, 그래도 몇몇 사업계획서는 최소한 필요하다는 것이다.

제2장. 성공하는 사업계획서 작성의 기초

어떤 사람들은 이와 같은 다양한 회사의 보고서를 좋아한다. 또 어떤 사람들은 그것이 창업에 좋은 논쟁거리라고 생각한다. 아무튼, 신중한 자료와 통제에 대한 구체적인 방법 없이 수만 명의 직원들을 다스린다는 것은 힘든 일이다. 이렇듯 사업계획서는 대기업이 추구하는 목적을 보완해 주며, 바로 이 점이 대부분의 사업계획서가 창업주가 아닌 직원들에 의해 쓰여지는 이유이기도 하다.

3) 지원을 필요로 하는 기존 회사들

모든 사업계획서들이 다국적 기업의 경영자나 공상적인 사업가들에 의해 쓰여지는 것은 아니다. 창업을 한 지 오래된 회사나 중견기업에 의해 대부분 작성된다.

예를 들어 워커 디자인 그룹(Walker Design Group)의 창업가인 캔 워커(Ken Walker)는, 밀레니엄을 대비해 간단하고 짧은 숫자로 연결된 상표인 '01-01-00'을 만들어 제조업자에게 옷의 생산을 맡기고, 의류 소매상에게 상표를 라이센스하는 사업방식을 고안해 냈다. 이러한 생각의 주요한 핵심은 자신의 회사를 소매상인들을 위한 디자인 회사로 포지셔닝 하겠다는 의미였다.

이에 따라 워커는 자신의 관점이 우수한 것이라는 사실을 투자가나 내부 직원들에게 납득시키기 위해 판매예측을 완벽히 갖춘 사업계획서를 작성해 사용했다. 이 사업계획서는 해당 사업이 성숙기에 이르기 전에 도전한 새로운 벤처기업에게 승리할 수 있도록 도움을 주었다.

워커는 "소매의 결과는 관리 부문에 도움을 준다. 우리는 시작에서부터 끝까지 제품 라인의 거의 모든 단계를 45개 이상의 면허로 경영하고 있다."라고 말했다.

비록 자금을 투자가들에게서 많이 구할 수 있든 없든 간에, 중소기업은 성장을 위해 또는 자금을 끌어들이기 위해 사업계획서를 작성할 필요가 있다. 이미 그들은 고속으로 성장하는 기업을 운영하는 데 있어서 사업계획서가 필요하다는 것을 느꼈는지도 모른다. 또한 사업계획서는 고객과 공급자, 그리고 다른 기업 관련자들에게 사업의 전망과 목적을 전달하기 위한 소중한 도구로 사용될 수 있다.

6. 자금, 사업계획서로 어떻게 구할 것인가?

사업계획서는 자금조달을 위해 노력하는 창업가들에게 거의 필수적인 것이다. 사실 많은 창업가들은, 사업계획서는 투자자들에게 설명하는 자료와 계획에 따른 경영성과를 개관하는 것에만 적합한 것으로 생각하고 있다.

컷팅 에지 소프트웨어사(Cutting Edge Software Inc.)의 창업자이자 대표인 제프 무사(Jeff Musa)는 "우리는 자금을 구하는 것이 아니기 때문에 형식화된 사업계획서를 갖고 있지 않습니다."라고 말하고 있다. 또한 그는 "회사 경영에 있어서 소소한 결정을 하려고 할 때는 사업계획서를 참고할 필요가 없습니다. 단지, 3명이 전부인 회사에서는 원탁에 앉아 맥주를 마시면서 의사결정을 하면 됩니다."라고 말한다.

하지만, 자금을 구하는 창업가들은 사업계획서에서 다음의 몇 가지를 밝혀야 한다. 첫째, 사업계획서는 사업 자금의 잠재적인 원천이 될 수 있기 때문에 창업가들은 이것을 염두에 두어야 한다. 둘째, 투자가들이 자금을 제공하는 것이므로 실수 없이 잘 계산해야 한다.

현실적으로, 사업계획서는 자금조달을 위한 기본 요건이다. 그러나 자금조달을 위해서는 반드시 사업계획서를 가지고 있어야 한다고 말하는 것은 지나치게 극단적인 표현이다. 물론, 예외는 있다. 그러나 좋은 사업계획서는 사업계획서가 없는 것보다 자금을 조달하고자 하는 여러분을 빠르고 쉽게 그리고 더 완벽하게 자금을 마련하도록 도와준다는 것은 분명하다.

Action 1 벤처투자가

벤처투자가들은 많은 창업가들에게 가장 매력적이며 호소력 있는 자금 관련 사업계획서를 원한다. 벤처투자가들은 창업의 초기 단계에 있는 위험이 높은 기업들을 후원한다. 또한 많은 성공한 기업들은 그들의 자금투자가 있었기 때문이라는 사실을 잘 알고 있다. 창업가들이 사업계획서를 작성하는 것은 결국 벤처 자금을 조달받기 위해서이다. 따라서 벤처투자가들은 사업의 성공과 밀접한 관계를 가지고 있다.

그들은 현재 자신의 위치에서 두터운 신뢰와 엄청난 자금을 제공할 수 있다. 벤처 자금을 얻을 수 있다는 것은, 그들의 눈에 사업의 빠른 성장과 이익이 잠재되어 있다는 것을 의미하는 것이다. 벤처투자가들은 이제 막 창업하는 회사에 자금을 빌려주기도 하며, 투자해 주식을 소유하기도 한다. 상황에 따라서 어떤 때의 대출 이자는 20%

벤처창업과 사업계획서 작성방법

까지도 가고, 또 어떤 때는 아주 싼 자금을 제공하기도 한다. 이것은 비싼 이자를 지불하지 않아도 된다는 의미이며, 그대신 벤처투자가들을 위한 일정 지분의 몫과 교환해야 한다는 의미이기도 하다.

  벤처투자가들은 많은 창업가들에게 가장 매력적이며 호소력 있는 자금 관련 사업계획서를 원한다. 벤처투자가들은 창업의 초기 단계에 있는 위험이 높은 기업들을 후원한다. 또한 많은 성공한 기업들은 그들의 자금투자가 있었기 때문이라는 사실을 잘 알고 있다.

  창업가들이 사업계획서를 작성하는 것은 결국 벤처 자금을 조달받기 위해서이다. 따라서 벤처투자가들은 사업의 성공과 밀접한 관계를 가지고 있다.

  그들은 현재 자신의 위치에서 두터운 신뢰와 엄청난 자금을 제공할 수 있다. 벤처자금을 얻을 수 있다는 것은, 그들의 눈에 사업의 빠른 성장과 이익이 잠재되어 있다는 것을 의미하는 것이다. 벤처투자가들은 이제 막 창업하는 회사에 자금을 빌려주기도 하며, 투자해 주식을 소유하기도 한다. 상황에 따라서 어떤 때의 대출 이자는 20%까지도 가고, 또 어떤 때는 아주 싼 자금을 제공하기도 한다. 이것은 비싼 이자를 지불하지 않아도 된다는 의미이며, 그대신 벤처투자가들을 위한 일정 지분의 몫과 교환해야 한다는 의미이기도 하다.

1) 벤처투자가들이 원하는 것은 무엇인가?

  벤처투자가들은 대부분 자신들이 투자한 자금의 회수와 높은 투자 수익을 창출하는 것을 가장 중시하고 있다.

  벤처투자가들은 향후 몇 년 이내에 주식시장에 상장하거나 대기업에 매각될 가능성이 높은 회사에 대해서만 투자한다. 그런 다음 벤처투자가들은 투자한 회사의 부분 소유주로서 그 회사의 매출이 실현될 때 수익을 얻는다. 물론, 투자한 회사에게서 기대했던 매출이 실현되지 않거나 부도가 나면, 그들이 투자한 자금을 회수할 수 없게 된다. 따라서 벤처투자가들이 투자하고 싶어하는 회사는 다음과 같다.

1. 빠르고 꾸준한 매출 증가
2. 혁신적인 신기술이나 성장 일로에 있는 새로운 기술의 소유
3. 유능하고 믿을 만한 경영진
4. 향후 주식의 상장이나 대기업에 매각될 가능성이 높은 회사

2) 투자수익률

  대부분의 자본가들과 마찬가지로 벤처투자가들 역시 투자한 자금에 대해 수익을 내고 싶어한다. 그러나 벤처투자가들이 요구하는 투자수익은 다른 투자가들에 비해 높은 편이다. 일반적으로 벤처투자가들이 요구하는 투자수익률은 연간 30~50%이다.

예를 들어 벤처투자가가 어떤 사업에 10억 원을 투자한다고 하자, 벤처투자가가 예상하는 투자자금의 회수 시점이 3년 후이고, 매년 수익률이 35%라고 하면 3년 후에 이 벤처투자가는 자신이 소유하고 있는 그 회사의 지분을 25억 원에 팔 수 있어야 한다.

이와 같은 연간 30~50%의 투자수익률은 국채에 투자해서 얻을 수 있는 평균 수익률 6%나 주식에 투자해서 얻을 수 있는 평균수익률 10%보다 훨씬 더 높다. 하지만, 벤처투자가들은 다른 투자가들에 비해 위험 부담이 높은 초기 창업회사에 투자하기 때문에 그 위험에 대응하는 높은 이익을 기대하는 것이다.

☎ 회수율
회수율은 회사에 투자된 투자자의 자금을 통한 이익이나 수입이다. 이것은 대개 1년 단위의 퍼센트로 나타낸다.

☎ 투자수익률
투자가는 모든 사항을 파악한 후에 투자를 검토한다. 주식 중개자와 같이 재정적 문제에 따른 책임을 져야 할 경우 이는 법적인 의미를 가진다. 일반적으로 여기에는 감사 받은 재정 상태 요청서와 같은 요구 사항 등이 포함된다.

3) 투자자금 회수

벤처투자가들이 투자할 때 주요 관심사항 중 하나는 투자자본을 언제 어떻게 회수할 수 있는가에 대한 것이다.

일반적인 회수방법으로는 투자 대상 회사의 주식을 모두 또는 부분적으로 상장시키거나 다른 기업에 매각시킨다. 따라서 그 회사가 5년 내에 상장되거나 다른 기업에 인수될 가능성이 없다면, 벤처투자가들은 그 회사에 결코 투자하지 않을 것이다.

4) 기업 공개

최근에 몇몇 운 좋은 회사들은 초기의 자금으로 회사를 주식시장에 상장할 수 있었다. 주식의 상장을 통해 야후(Yahoo)의 공동창업자 제리 양(Jerry Yang)과 데이비드 필로(David Filo), 그리고 네스케이프사(Nestcape Communications)의 마크 앤드레센(Marc Andreessen)과 같은 억만장자가 나타날 수 있었다. 다소 차이는 있지만, 주식의 상장은 벤처 투자가들에게 초기의 자금을 제공해준 대가로 엄청난 부를 되돌려 준다는 의미를 갖는 것이다.

회사의 최초 주식을 공모하기 위해서는 따라야 하는 규정사항도 많고, 준비시간도 많이 소요된다. 따라서 시급히 필요한 자금을 주식시장의 상장을 통해 조달한다는 것은 사실상 불가능하다.

또한 기업 공개는 자금을 마련하는 방법 중 가장 비싼 방법이다. 비용 측면에 있어서 여러분은 기업 공개를 위해 관리 부문을 신설해야만 한다. 적절한 기업 공개를 위해 회계사와 변호사 등, 6명 정도의 인원이 참여해 갖가지 계산서를 작성해야 하는 경우도 있다. 이런 이유로 기업 공개 방식은 자본금과 같이 최소한 수백만 달러의 자금을 모으고자 할 경우에 이용되는 방법이다. 따라서 벤처투자가들은 투자 대상 기업의 기업 공개에 대해 모든 요구조건을 면밀히 점검한다.

5) 다른 기업에 매각

　기업을 공개하는 데 투자되는 시간과 비용의 막대함 때문에 벤처투자가들이 일반적으로 선호하는 회수방법은, 다른 기업에 그들의 지분을 매각하는 것이다. 지분 매각은 인수할 의향을 가진 적당한 파트너만 찾는다면, 기업 공개 방식보다 더 쉽고, 빠르며, 적은 비용으로 이루어질 수 있다.

　벤처투자가들이 여러분의 회사가 인수 대상이 될 수 있는지에 대해 판단할 때에는, 회사가 혁신적인 신기술을 갖고 있거나 다른 회사들이 탐내는 유통망이나 상품 포트폴리오를 갖고 있는지 검토한다.

　또한 그들은 여러분 회사와 같은 업종에 있는 다른 회사에게 적극적인 인수전략이 있는지도 알고 싶어할 것이다. 예를 들어 세계에서 가장 큰 소프트웨어 회사인 마이크로소프트(Microsoft) 사는 자신이 원하는 유능한 인력이나 특별한 기술을 보유한 소규모 소프트웨어 회사를 자주 인수하는 것으로 알려져 있다.

　따라서 벤처투자가가 소프트웨어 회사에 투자할 것인지에 대해 검토하고 있다면, 마이크로소프트사가 이 회사를 인수할 의향이 있는지 파악해 본다.

6) 경영권

　벤처투자가들은, 투자하는 회사에 이사회의 구성원으로 어느 정도의 경영권을 갖고 싶어한다. 흔히 이들은 적극적으로 회사 경영에 참여한다. 그리고 많은 벤처투자가들은 투자한 회사의 지분을 소유할 수 없거나 경영권이 주어지지 않으면 투자하기를 꺼려한다.

　벤처투자가들이 경영에 깊숙히 개입하려고 하면서부터 기존 창업가들은 경영권이나 영향력을 잃을 수도 있다. 이것은 외부에서 보면 여러 해 동안 발판을 마련하기 위해 열심히 노력한 창업가들에게 불행한 일처럼 보인다.

7) 벤처투자를 받을 수 있는 상황

　벤처 자금은 창업가들에게 있어서 꿈과 같은 것이다. 벤처투자는 어떤 상황에 있는 회사든지 자금을 조달할 수 있는 방법이다. 창업 초기의 회사일 수도 있고, 잠시 위기에 처한 회사일 수도 있다.

　벤처투자가들이 투자하는 여러 유형에 대해 그 특징을 요약하면 다음과 같다.

■ 출발 자금(Seed money)

　시드 머니란 사업의 구상이나 아이디어를 비즈니스로 현실화시키기 위하여 첫 번째 단계에서 필요한 자금을 말한다. 이 단계에서는 아이디어가 아주 혁신적이거나 성공 가능성이 매우 높은 것이 아니면, 벤처투자가들로부터 자금을 지원받기란 힘들다.

　이 단계의 주된 투자가들은 가족이나 친구들이다. 벤처투자가들이 투자한다고 해도

이 단계에서는 대부분의 투자가 융자 형태로 이루어지지 투자 형태로는 잘 이루어지지 않는다.

시드 머니는 주로 사업 아이디어가 상업화될 수 있다는 것을 입증하기 위한 소규모 자금을 의미한다. 예를 들어 신제품 샘플을 몇 개 만들고, 시험해 보는 데 소요되는 자금을 말한다.

■ 창업 자금

창업 자금은 증명된 사업 아이디어를 가지고 막 창업을 한 회사에게 투자되는 자금을 말한다. 예를 들어 새로 창업한 제조회사가 생산설비, 마케팅 구축과 매출을 실현시키기 위해 투자하는 자금을 말한다.

벤처투자가들은 종종 이 단계에 있는 회사들에 대해 관심이 많다. 시드 머니를 필요로 하는 창업자보다 투자에 따른 위험 부담이 낮고, 벤처투자가들이 바라는 높은 수익률을 가져다줄 수 있기 때문이다.

■ 지속적인 자금 지원

벤처투자가들은 각 단계에 따라 지속적으로 자금을 지원하기도 한다. 첫 번째 단계에서의 자금 지원은 대개 전체 생산설비의 구축과 시장개발에 쓰여진다. 두 번째 단계에서 투자되는 자금은, 운영하는 회사의 사업 확충과 생산설비의 추가, 그리고 영업을 확장시키는 데 쓰여진다.

세 번째 단계는 이미 수익이 발생되고 있으며, 경쟁력이 있는 회사가 크고 중요한 확장계획에 필요한 자금을 조달하는 단계이다. 마지막 단계는 회사가 주식시장에 상장하기 바로 직전에 기업공시 준비기간 중에 회사의 성장률을 유지하기 위하여 자금을 조달하는 경우를 말한다.

때때로 벤처투자가들은 곤경에 처한 회사에도 투자한다. 이러한 우회투자(turnaround investment)는 창업보다 더 위험할 수 있다. 따라서 창업에 들어간 것보다 더 많은 비용이 들 수 있다.

회사가 어려워지면, 벤처투자가들은 거의 모든 것들을 회수하려고 한다. 그중 어떤 것은 증권거래소의 법적인 요청이나 복잡한 고용 절차를 필요로 하지 않는다. 이는 벤처투자가들의 자금의 근원은 월스트리트의 유명한 증권사에서부터 큰 돈을 벌기 원하는 개인연금 투자가에 이르기까지 매우 다양하기 때문이다.

벤처투자는 모든 회사들이 받기에는 적합하지 않지만, 창업가들에게는 자금조달에 필요한 아주 중요한 자금의 원천이다. 따라서 사업계획서를 작성하는 경우에는, 벤처투자가들의 특성과 그들이 요구하는 정보가 무엇인지 고려해 보는 것이 바람직하다.

Action 2 | 은행

 벤처투자가들로부터 자금을 받는 것이 더 화려해 보일 수는 있겠지만, 실제로 성공한 많은 기업들은 초기에 필요한 자금을 은행으로부터 빌려쓴 경우가 더 많다. 은행들은 작은 규모의 자금을 시장이자율에 맞추어 벤처투자가들보다 훨씬 낮은 자금 비용으로 돈을 빌려준다.

 그리고 은행들은 경영권이나 지분에도 관심이 없다. 은행의 주된 관심사는 융자를 해준 회사가 정기적으로 이자를 내고, 원금을 갚을 능력이 있는지에 대해서만 관심을 갖는다. 꼬박꼬박 이자를 내고 상환 스케줄만 잘 맞추면, 은행은 회사에 대해 간섭을 하지 않는다. 그러나 이자를 제때 내지 않거나 원금을 정해진 날에 불입 하지 않으면, 담보로 잡은 회사 자산을 강제로 매각할 수 있다.

 은행대출의 장점 중에 하나는 회사의 운영이 어떻게 되든지 경영에 개입하지 않는다는 점이다. 대부분의 경우 대출기간이 장기화되어도 여러분이 바라는 대로 기업을 이끌 수 있다. 그러나 대출서류를 작성하는 것에 따르는 여러 가지 복잡한 많은 일이 있다는 것을 명심해야 한다.

 대출서류에 서명하기 위해서는 온갖 종류의 서류가 필요할 지도 모른다. 또한 회사의 경영 자금을 최소화시키려고 할 것이고, 은행의 동의 없이 리스 계약이나 구입 등을 막는 서류도 있을 수 있다.

 사실, 은행대출의 문제점은 서명해야 할 서류가 너무 많다는 것이다. 하지만, 대출 담당자는 모든 서류에 서명이 되지 않는 한, 여러분에게 지불을 미룰 것이다.

 또한 은행은 유사시 모든 대출을 회수할 수 있도록 담보를 잡을 것이고, 여러분이 파산을 선언한다면, 자신을 보호할 수 있는 장치를 만들도록 강요할 수도 있다.

1) 은행이 원하는 사항들

 은행도 벤처투자가들과 같이 자기들이 자금을 빌려줄 회사에 대해 여러 가지 사항을 알고 싶어한다. 왜 그 회사가 자금이 필요한지에 대한 일목요연한 설명과 자금의 사용처, 다른 리스나 대출이 있는지의 여부를 확인한다.

 때로는 은행의 대출 융자신청서가 벤처투자가들에게 제시하는 사업계획서만큼 길고 복잡할 수 있다. 은행은 사업계획서에 적혀있는 너무 낙관적인 재무 추정치에 대해 부정적인 판단을 할 수도 있다. 은행이 더 관심을 갖는 것은, 이와 같은 보기 좋은 재무 추정치보다 회사가 최악의 상황에 처했을 때 어떻게, 어느 정도의 대출 원금을 상환할 수 있는지의 능력이다.

벤처창업과 사업계획서 작성방법

■ 현금흐름

은행 관계자들에게 가장 설득력 있게 보여 줄 수 있는 것 중에 하나는, 분명하고 잘 정리된 현금흐름 관련 서류이다. 이것은 적절한 대출원금 상환계획과 이자지급 방법보다 더 나을 수 있다. 여기에서는 기본적으로 어디에서 대출이 발생하고, 언제 어떻게 상환했는지를 볼 수 있어야 한다.

아무튼, 미래 현금흐름표 계획과 그에 따른 세밀한 작성이 중요하다. 대부분의 은행들은 지난 3년 동안이나 그 이상의 대차대조표와 손익계산서뿐만 아니라 현금흐름표까지도 알고 싶어한다. 물론, 같은 기간 동안에 낸 세금 관련 서류도 잊지 말아야한다.

■ 담보물

융자를 받고자 하는 창업 초기의 회사가 거래가 없었던 은행으로부터 대출을 받고자 하는 경우 담보물 없이 대출을 받기란 쉽지 않다. 담보는 은행의 기준으로 평가되는데, 최악의 경우 사업이 창출해 내는 이익만으로는 원금을 상환할 수 없을 때, 은행이 원금의 일부나 전부를 회수하기 위해 매각할 수 있는 자산을 말한다.

담보가 될 수 있는 것들로는 회사의 기계나 설비, 재고, 회사 소유자의 부동산 등이 될 수 있다. 은행원들은 대출을 해주는 것이 직업이므로 당연히 담보에 대해 교육을 받는다. 은행 담당자와의 만남에서 주도권을 잡기 위해서는, 은행 측이 요구하기 전에 어떤 자산들이 담보로 쓰일 수 있는지 먼저 제시하는 자세가 중요하다.

■ 경영진의 능력

오늘날, 채무자의 성격뿐만 아니라 그 자신이 처해 있는 재무상황도 대출을 결정하는 평가항목으로 고려되고 있다. 사실, 채무자에 대한 신용 관련 기록과 자금관리 능력은 대출의 적합성 여부를 평가하는 데 있어서 많은 영향을 미치고 있는 것이 사실이다.

만약 경영진이 과거에 다른 사업을 성공적으로 경영한 경험이 있다는 것을 보여 줄 수 있다면, 대출을 받는 것은 훨씬 수월해질 것이다.

■ 은행에서 대출을 받을 수 있는 적절한 시기

은행에서 대출을 받기에 가장 적합한 회사는 창업한 지 일정 기간이 지났고, 적절한 현금흐름을 창출할 수 있으며, 담보로 잡을만한 가치가 있는 자산을 보유한 회사이다.

은행은 창업을 준비 중인 예비창업자나 이제 막 창업한 회사에게 자금을 빌려주는 것을 꺼려한다. 은행이 대출해 준 회사로부터 바라는 것은 벤처투자가들처럼 높은 수익률이 아니라 이자수익이기 때문에 보수적일 수밖에 없다.

따라서 은행은 시급히 자금이 필요하지 않은 회사에게 자금을 빌려준다. 은행은 대

제2장. 성공하는 사업계획서 작성의 기초

출을 하는 곳이지 투자하는 곳이 아니라는 점을 명심해야 한다.

따라서 자금조달 전략을 수립할 때는 은행의 이러한 특성을 염두해 두는 것이 좋다. 회사의 상태가 좋을 때 꼭 자금이 시급히 필요하지 않더라도 미리 은행으로부터 대출을 받아 놓는 것이, 낮은 이자율로 쉽게 대출을 받을 수 있는 방법이다.

Action 3 | 자금을 유치할 수 있는 다른 방법들

벤처투자와 은행융자만이 자금을 유치할 수 있는 유일한 방법은 아니다.

1) 회사채 발행

회사채는 은행융자와는 달리 여러 사람으로부터 한 번에 원하는 자금을 구할 수 있다는 장점이 있다. 예를 들어 조달하고자 하는 액수가 1억 원이라면, 액면가가 100만 원인 회사채 100개를 발행해 채권시장에 팔면 된다. 이때 회사채를 사는 사람은 투자기관이 될 수도 있고, 여러분의 친구가 될 수도 있다.

회사채에는 여러 종류가 있지만, 주로 일정한 기간 동안 주기적으로 회사채 액면에 따른 이자를, 회사채를 산 투자가들에게 지급하고, 평균적으로 발행 5년 후에 회사채 발행을 통해 빌린 원금을 회사채 소유주들에게 상환한다.

회사채의 장점은 회사채를 발행하는 회사가 이자율과 대출조건을 정할 수 있다는 점이다. 한편, 단점으로는 주식발행과 같이 채권시장의 규정에 따라야 한다는 점이다. 따라서 일반적으로 중소기업보다는 대기업이 회사채 발행을 주로 한다.

2) 신용거래

이것은 일종의 외상이라고 생각하면 된다. 공급자로부터 물품을 받은 후 즉시 그 물품대금을 지불하기보다 몇 달 후에 그 물품의 판매로 매출이 발생 되어 돈이 들어오면, 그 돈으로 밀린 물품대금을 공급자에게 지불하는 사업상 관례이다.

만약 당신의 회사가 공급자로부터 신용거래를 받지 못한다면, 받은 물품에 대한 대금을 당장 지불하기 위해 자금을 유치해야 할 것이다.

벤처창업과 사업계획서 작성방법

Action 4 기타 투자가들

자금을 구하려고 할 때, 자금을 대줄 수 있는 투자가들이 많이 부족하다는 것을 느낄 것이다. 그러나 실제로 더욱 힘든 점은 잠재적으로 쓰일 자금에 대한 충분한 대책이 없다는 점이다. 가족과 같이 가까운 투자가들을 찾거나 다른 측면에서 좀 더 먼 투자가를 구해야 할지도 모른다.

투자가들은 여러 측면에서 예리하고 다양할 뿐만 아니라 여러가지 필요한 것들과 요구사항을 내놓는다. 광범위하게 많는 곳에 제안을 한다면 필요한 사업 자금을 조달할 수 있는 누군가를 발견할 가능성은 그만큼 높아진다.

1) 가족과 친구들

가족이나 친구들로부터 초기에 필요한 투자자금을 얻을 수 있는 확률이 가장 높다. 지금 성공한 기업 중에는 가족이나 친구로부터 차입한 자금을 토대로 큰 회사들도 많다. 예를 들어 피자헛의 창업자 프랭크와 댄 카니는 피자체인을 시작하기 위해 돌아가신 아버지가 남긴 보험 펀드에서 600달러를 빌려 썼다.

사업을 가족이나 친구로부터 자금을 조달받아 회사를 키우고자 할 때는 사업계획서 없이 그냥 악수 하나로 모든 것을 해결하고 싶은 충동이 있게 마련이다. 그러나 장기적으로 볼 때 미래에 발생할 수도 있는 불화나 오해를 최소화하기 위해 가족이나 친구에게 사업계획서를 주고 잘 설명해 주는 것이 중요하다. 또한 사업계획서는 차입한 자금을 최대한 효율적이고, 계획적으로 사용하도록 하는 기능을 가진다.

2) 엔젤투자가

새로운 회사에 투자할 투자자를 찾기 어렵거나 은행으로부터 대출을 받을 수 없는 경우에는, 엔젤투자가에게 접근하는 방법도 있다. 엔젤투자가들은 부유한 개인들이 자신의 재산을 직접 벤처 회사에 투자한다. 일반적으로 엔젤투자가들은 전문직에 종사하는 부유한 개인(의사, 변호사 등)이나 성공적인 중소기업체 사장들이 많다.

자신의 재산을 투자하는 이 엔젤투자가들은, 벤처투자가나 은행과 같은 기관투자가들보다 위험성이 더 큰 사업에 투자하곤 한다. 또한 벤처투자가 같이 까다롭게 사업계획서와 많은 자료를 요구하지도 않는다. 대체로 회사에 투자할 엔젤투자가들은 회사와 직·간접적으로 연관되어 있는 사람일 가능성이 높다.

그 이유는 첫째, 엔젤투자가들은 자기들의 존재와 투자에 따른 요구를 기관투자가들처럼 선전하지 않는다. 둘째, 엔젤투자가들은 돈을 벌겠다는 목적보다는 당신을 개인적으로 도와주려는 목적 때문에 투자하는 경향이 더 크다. 엔젤투자가들이 당신의 회사에 투자할 때는 당신을 믿고 좋아하기 때문에 투자하는 경우가 많다. 따라서 기관투자가나 은행으로부터 계속 거절을 당해도 너무 상심할 필요는 없다.

만약 좋고 괜찮은 조건인데도 불구하고, 벤처투자가로부터 자금을 끌어들이는 것에 문제가 있다면, 투자 세계에 엔젤의 존재가 있다는 것에 대해 알게 되어 기쁠 것이다.

엔젤들은 다른 사람들이 투자한 명성 있는 사업가나 전문적인 경영자들에게 투자하는 것이 아니라 개인에게 투자하는 사람들을 말하기 때문이다. 대부분의 엔젤들은 의사나 변호사와 같은 여유있는 전문가들이며, 소규모 기업을 자신의 노력으로 성공을 이룬 기업가들과 그밖에 벤처들에게 자금을 투자하는 것에 관심이 많은 사람들이다.

엔젤들은 자신의 돈을 투자하기 때문에 상당한 분별력을 갖고 있으며, 그들을 만족시키는 것에 어려움이 있을 것이라고 생각할지도 모른다. 그러나 엔젤을 대할 때는 진실이 최고다. 그들은 냉철한 전문적인 투자가들보다 더 입증되지 않은 계획과 위험을 기꺼이 받아들일지도 모른다. 사실, 엔젤들은 불확실한 사업을 후원하는 것으로 잘 알려져 있기 때문에 엔젤들의 투자는 실패하기 쉽다고 일부 전문가들은 생각한다.

엔젤들은 육감에 의한 사업계획서에 더 관심을 갖고 있다. 그들은 대개 투자가들이 요구하는 서류조차 요청하지 않는다. 물론, 이것이 그들은 사업에 대해 충분히 생각해 보지 않는다거나 그들의 의사결정 자체에 어떤 치명적인 잘못이 있다는 것을 의미하지는 않는다.

엔젤의 일반적인 특징은 그들이 보통 친구, 아는 사람, 동료, 친척이라는 점이다. 또는 대개 몇몇 비공식적인 관계를 갖고 있은 사람들이다. 이러한 이유 중에 하나는, 엔젤들이 그들의 존재를 일반적으로 신문 광고나 대출을 유혹하는 고속도로 광고 게시판 등에 드러내지 않는다는 점이며, 재무보다 사람에게 더 많은 관심을 갖고 있기 때문이다.

만약 다른 곳에서 자금을 조달하지 못하더라도 사업계획서를 갖고 있다면, 그것은 엔젤들에게 호소할 수 있는 적절한 도구가 될 것이다. 즉, 20개 은행에서 실패하더라도 21번째에는 가능성이 있을 수 있는 것이다. 은행권의 대출 담당자들은 비교적 같은 훈련을 받기 때문에 그들이 요청하는 형식과 서류들은 비슷하다. 따라서 결과 역시 비슷할 것이다.

그러나 대부분의 엔젤들은 은행의 대출 담당자들처럼 사업계획서를 평가하는 훈련을 받지 않는다. 따라서 20명의 엔젤이 거절해도 그것이 끝을 의미하는 것은 아니다. 끝까지 엔젤 후원자를 찾을 수 있는 기회가 있다.

만약 자금을 구하는 것이 아니라면, 여러분도 엔젤 투자가가 될 수 있다. 제도권 안에 있는 벤처투자가들은 막대한 자금을 몇몇 다른 그룹과 공동으로 출자하기도 한다. 이때 벤처투자가들은 입증되지 않은 하나의 사업에 100만 달러를 투자하기보다는, 9개의 다른 보다 안정된 회사에 투자한다는 것은 잘 알려져 있는 사실이다.

여러분에게 엔젤의 가능성은 무한하다. 물론, 사업 초기에 수만 달러 이상을 제공할 수 있는 엔젤은 드물다. 하지만 이때 더 많은 자금이 필요로 한다면, 한 명의 엔젤로부터 구하기보다는 더 많은 엔젤을 찾을 필요가 있다.

7. 사업계획서, 어떻게 활용할 것인가?

   사업계획서를 작성하는 도중에 자신이 구상했던 사업이 어떻게 하더라도 생각만큼 쉽지 않으며, 수익률이 낮다는 것을 깨닫게 될 때가 있다. 그렇더라도 너무 실망할 필요는 없다.
   사업계획서를 작성하면서 깨달은 사업상의 장애요소를 보지 못하고 섣불리 자금을 조달해 시작한다면, 소중한 투자가의 자금과 당신의 시간을 낭비할 수도 있었기 때문이다.
   사업계획서는 사업을 실제로 해보지 않고, 사업의 실현 가능성을 판단할 수 있게 해주는 중요한 도구이다. 이렇게 중요한 사업계획서의 용도를 잘 알고, 활용하는 것이 성공의 지름길이다.

Action 1   사업계획서로 성과를 평가하자

   사업계획서로 자신의 실적을 예상 목표와 비교해 보면, 좋은 몇 가지 장점이 있다. 당장 어려운 상황에 처해 있지 않더라도 자본이 사업계획서를 작성할 때 예상했던 것보다 더 빨리 줄어들고 있다면, 위험이 닥치기 전에 준비할 수 있다. 그리고 실적과 예상목표를 비교함으로써 사업의 성공 여부에 큰 영향을 주는 요소들이 무엇인지 알아낼 수 있다.

[문제점을 조기에 발견한 사례]

   이 씨의 사업은 요즈음 그다지 눈에 띄는 문제점은 없다. 그러나 이 씨가 최근 실적을 사업계획서상에 있는 예상치와 비교해보자, 속도는 느리지만 수익률이 계속 줄어드는 현상을 볼 수 있었다. 이 시점에서 이 씨는 계속해서 줄어드는 수익률을 타개하기 위해 마진이 낮은 상품을 없애고, 고마진의 신상품을 추가하기로 결정했다.
   이런 식으로 변화하는 환경에 맞추어 빠르게 대처하는 것은, 사업계획서상에 설정되어 있는 목표치와 실적을 정기적으로 비교해 봄으로써 너무 늦지 않게 대처할 수 있다. 따라서 사업계획서 없이 사업가들이 자칫 잘 보이지 않는 위험요소들을 조기에 발견하기란 어려운 일이다.

벤처창업과 사업계획서 작성방법

| Action 2 | 사업에 있어서 중요한 요소를 발견한 사례 |

사업계획서는 보다 많은 이익을 창출할 수 있는 기회를 제시해주기도 한다. 김 양은 혼자서 사업을 하는 전문 프리랜서이다. 창업 당시 김 양은 사업계획서를 작성하였다. 김양의 사업은 전문서비스업이기 때문에 사업계획서에는 계약 건수가 올라도 영업비용은 큰 변동이 없을 것이라는 전제 아래 작성되었다. 따라서 추정 손익계산서에는 계약수가 늘어나면, 그만큼 수익이 높아지는 것으로 되어 있었다.

그러나 김 양은 요즈음 자신의 실적을 면밀히 관찰한 결과 자신이 예상했던 것과는 다른 현상이 일어나고 있다는 것을 깨달았다. 최근 계약수주 건수는 꾸준히 늘고 있었지만, 수익은 그만큼 증가하지 않는다는 것이었다.

김 양은 고민 끝에 그 원인을 찾아낼 수 있었다. 그것은 사업계획서상에 자신이 생각하지 못했던 영업비용 중 하나가 비재무적 요소인 자신의 시간이었다. 계약의 규모가 크든 작든 간에 자신이 해야 하는 일의 분량과 소요비용은 비슷했다. 따라서 작은 계약에 시간을 들이면 들일수록 큰 계약에서 얻을 수 있는 추가적인 이익 창출의 기회를 놓치고 있는 것이었다.

김 양은 이 사실을 확인한 후에 전략을 수정하였다. 작은 규모의 계약을 하는 고객보다는, 큰 규모의 계약을 할 수 있는 고객에게 자신의 마케팅을 적극적으로 투자한 것이다. 이렇게 전략을 바꿈으로써 수주 건수는 1년 동안 100건에서 75건으로 줄었지만, 매출액과 수익은 이전보다 훨씬 신장했다.

| Action 3 | 유능한 인재나 사업 파트너의 영입 |

성공적인 사업으로 이끌기 위해서는 자본 못지 않게 유능한 인력의 확보 역시 매우 중요한 요소 중의 하나이다. 사업계획서는 유능한 인력과 함께 일할 수 있도록 설득하는 데에도 크게 작용할 수 있다.

1) 잠재적인 사업 파트너

사업 파트너는 투자가들과 비슷하다. 아무런 구체적인 계획 없이 사업 파트너에 접근한다면, 상대는 꺼려할 가능성이 매우 높다. 이들은 사업 아이디어가 무엇인지, 진출하고자 하는 시장과 산업은 무엇이고, 그 특성은 무엇인지, 시장을 점유하기 위한 어떤 전략을 가지고 있는지, 회사 구성원은 어떤 사람들인지, 회사의 재무실적은 어떤 상황이고, 언제 얼마만큼의 자금을 조달해야 하는지 등 여러 가지 사항을 알고 싶어할 것이다.

사업계획서가 잘 작성되어 있다면, 이러한 사항은 사업계획서상에서 쉽게 파악할 수 있다. 따라서 매우 뛰어나고, 유능하며, 요구조건이 많은, 잠재적인 사업 파트너에게 이와 같은 사항들이 심층적으로 정리된 사업계획서를 제시한다면, 참여를 주저하지 않을 것이다.

2) 잠재적인 임직원

회사의 발전을 위해 영입하거나 채용하고 싶은 유능한 인재들도 비록 자금을 투자하지 않지만, 자신들의 소중한 시간을 투자하는 것이기 때문에 그 사업에 대해 많은 것을 알 권리가 있다.

사업주들은 대부분 꼼꼼하고, 주어진 문제를 잘 판단하며, 좋은 해결책을 제안할 수 있는 역량을 지닌 임직원을 채용하고 싶어한다. 이런 인재들은 제안받은 회사에 입사하겠다는 결정을 내리기 전에 사업계획서를 보고 싶어한다. 그렇다고 해서 채용하고자 하는 모든 사람들에게 사업계획서를 보여 줄 필요는 없다.

사업을 추진하기 위해 꼭 영입하지 않으면 안 된다고 생각하는 과학자나 인맥이 우수한 세일즈 매니저 등과 같이 일반적으로 영입하기 어려운 유능한 인재들은 종종 사업계획서를 요구하기도 한다.

3) 거래처

주요 거래처들도 당신과 큰 계약을 맺기 전에 사업계획서를 요구하는 경우가 있다. 공급자들이 가장 중요하게 생각하는 점은, 과연 발주받은 물건을 납품했을 때 그 회사가 대금을 결재해 줄 수 있는 능력이 있는가 하는 점이다. 공급자는 주문받은 물품을 외상으로 공급해 주고, 일정기간 내에 그 대금을 받을 것으로 믿고 계약을 맺는 것이다.

또한 공급자들은 대부분 동일한 회사와 전략적인 관계를 유지하면서 계속 함께하는 것을 선호한다. 지속적으로 거래를 한 회사와는 서로의 신뢰성 때문에 사업을 하기가 쉽고 위험 부담도 적기 때문이다. 따라서 계약을 맺기 전에 공급자들은 발주처와 장기적으로 좋은 사업관계를 유지할 수 있는지 판단하기 위해 사업계획서를 요구하기도 한다.

공급자들은 그동안 쌓아온 그들만의 경험을 통해 어떤 특징을 지닌 회사와 거래하기를 원하기도 한다. 따라서 그들은 제시된 사업계획서를 보고, 그들이 찾는 비즈니스 거래 파트너의 특징이 있는지의 여부를 판단할 수 있다.

4) 고객

고객 역시 공급자와 마찬가지로 자신이 거래하는 회사와 장기적으로 전략적인 관계를 유지하기를 희망한다. 많은 거래처를 상대하기보다는 자신과 전략적으로 잘 맞고 신뢰할 수 있는 소수의 거래처만 상대하는 것이, 고객의 입장에서 보면 더 효율적이기 때문이다.

따라서 큰 거래처와 한번 좋은 관계를 맺으면, 한 고객으로부터 계속적이며 장기적으로 주문을 받을 수 있다. 이런 이유 때문에 고객은 사업계획서에서 회사의 전략과 비전에 대해 특별한 신경을 쓴다.

제2장. 성공하는 사업계획서 작성의 기초

| Action 4 | 사업계획서가 해줄 수 없는 것들 |

1) 미래에 대한 정확한 예측

사업계획서상에 정리된 재무 추정치는, 가정한 시나리오 아래에서 논리적으로 가능한 결과이지, 미래를 정확히 예측한 것이라고 생각하면 안 된다. 그것은 가정한 시나리오가 미래에 일어날 수 있는 확률이 높다는 것이지, 꼭 똑같이 일어난다는 보장이 없기 때문이다.

사업을 운영하면서 추정치에 너무 연연하기보다는, 변화하는 주변 상황을 항상 주시하고 이해하는 것이 더 중요하다. 사업계획서를 작성할 때 예상하지 못했던 일이 일어나면, 이 일이 사업에 어떤 영향을 줄 것인지 잘 생각한 후 기존의 사업계획서를 수정하고, 그에 맞는 해결방안을 마련하는 것이 바람직하다.

2) 자금 유치의 보장

투자가들이 자금을 제공하지 않는 이유는 여러 가지가 있을 수 있다. 투자가들이 투자할 돈이 소진된 경우도 있을 수 있고, 이미 비슷한 회사에 투자했기 때문에 새로운 부류의 회사를 찾을 수도 있으며, 그냥 기분이 좋지 않아 오늘은 투자하지 않을 수도 있다.

분명한 것은 사업계획서의 질과 자금 유치에 대한 보장과는 직접적인 관련이 없다는 것이다. 물론, 투자가들은 잘 작성된 사업계획서를 가지고 있는 회사를 선호한다. 그러나 그것이 투자가들의 투자를 보장해 주지는 않는다. 즉, 투자가들이 통장에 자금을 입금시킨 것을 확인하기 전까지는, 원하는 자금을 투자받을 수 있다는 보장은 아무도 해줄 수 없는 것이다.

3) 필요한 모든 자금의 조달

투자할 투자가를 찾는다고 해도 사업계획서상에 나와 있는 희망 자금을 제시하는 조건에 다 받기는 어려울 것이다. 즉, 사업계획서는 자금을 유치하는 과정 중에 쓰이는 일종의 협상도구인 셈이다.

협상과정 중에 사업가와 투자가는 서로의 조건을 내걸면서 차차 상대방에게 맞추어 가며 각자의 조건을 수정할 것이다. 물론, 서로의 조건에 대해 대립이 심할 경우에는 협상이 끝날 수도 있다.

사업계획서상에 제시된 투자 희망 유치액은 투자가에게 제시한 최초의 협상안이라고 생각하면 된다. 투자가는 당연히 협상 과정 중에 어떻게 하든지 금액을 낮추려고 할 것이다. 협상이 깨지기를 원하지 않는다면, 상대방에 맞추어 자신의 협상액을 조정하지

벤처창업과 사업계획서 작성방법

않으면 안 된다. 그렇다고 해서 사업계획서에 원하는 금액을 너무 부풀려 제시하면, 투자가로부터 신뢰를 잃게 된다. 가장 바람직한 것은 원하는 만큼 받지 못할 것이라는 점을 감안하여 원하는 자금 규모보다 조금 높게 사업계획서를 작성하는 것이다.

4) 잠재적인 투자가 속이기

투자가들은 1년에 자신이 분석하는 사업계획서가 몇 백개 이상되기 때문에 어떤 사업계획서가 과장되었는지, 그리고 투자가를 속이려고 하는지 바로 알아낼 수 있다. 투자가들로부터 인정을 받으려면 솔직하고, 신뢰성 있는 사업계획서를 작성해야 한다.

사업계획서에 강점만 너무 장황하게 쓰는 것보다는, 약점도 인정하고 기술하는 것이 바람직하다. 중요한 것은 그 약점을 어떻게 극복할 것인지에 대해 해결방안도 함께 제시해서 작성한다면, 아주 좋은 평가를 받을 수 있다

Action 5   사업계획서 작성의 위험

사업계획서를 작성한다는 것은 사업에 있어서 피할 수 없는 위험이 있다는 것을 인정하는 셈이다. 사업계획서의 주요한 목적중 하나는 그러한 위험을 피할 수 있도록 돕는 데 있다. 또한 사업계획서를 만드는 행위 자체가 바로 일정 부분의 위험을 만드는 작업이기도 하다.

사업계획서를 작성함으로써 당면하게 되는 위험은, 회사의 기밀자료가 노출될 수 있다는 점이다. 사업계획서를 작성하면서 자신의 미래에 대한 판단과 그것을 실현하고자 하는 사업을 너무 과신한다면 잘못될 수도 있다. 또한 의도적으로 낙관적인 견해나 과장, 거짓으로 가득찬 사업계획서는 자신의 대외적인 평판에 결정적인 해를 끼치는 결과를 가져올 수도 있다.

자금을 조달하기 위해 작성된 사업계획서가 법에 저촉될 경우에는, 정부로부터 강경한 조치가 취해질지도 모른다. 만약 사업계획서 작성에 너무 많은 노력을 들인다면, 실제로 그 사업을 추진하는 데 있어서 필요한 힘과 시간을 가지지 못하는 결과를 초래하게 된다.

또한 사업계획서에 자세한 사항을 너무 많이 포함시킨다면, 사업계획서의 효과를 심각하게 상쇄시킬 수도 있는 것이다.

그렇다면, 이와 같은 모든 위험들을 고려하면서, 사업계획서를 작성하는 것은 괜찮은가? 이것은 천연두에 대해 어린아이들에게 저항력을 키우는 백신과 비슷하다. 몇 명의 아이들은 백신 때문에 아플 것이다. 그러나 백신을 맞지 않으면, 천연두의 고통에 시달릴 수밖에 없는 것이다.

제2장. 성공하는 사업계획서 작성의 기초

 몇몇 부모는 백신의 위험에 대해 더 많이 생각하고, 아이들에게 주사를 놓지 않는다. 하지만, 대부분의 부모는 아이들에게 주사를 접종하며, 전체적으로 그 결과는 좋다. 사업계획서의 위험에 대해 알고 있는 여러분은 과연 접종을 할 수 있겠는가? 선택은 여러분에게 달려 있다.

1) 너무 상세할 때

 우선, 위험이 적은 것에서부터 시작하자. 사업계획서를 너무 자세하게 작성하다 보면, 엉뚱하고 모호한 설명으로 사업계획서를 읽는 사람들에게 실제로 부담을 줄 수 있다. 사업계획서를 예술 작품으로 생각해서는 안 된다. 그것은 단지 계획이며 사업이다. 따라서 가능하다면 읽기 쉬워야 한다. 즉, 기술적인 절제가 있어야 한다.

 사업계획서는 사업에 대해 전문가가 아닌 일반 사람에게 익숙한 용어로 설명해야 한다. 여러분의 전문가적인 기술로 독자들을 위압하려고 하는 실수는 절대로 하지 않는 것이 좋다. 사업계획서는 작성한 사람보다 그것을 읽는 사람들이, 그 해당 사업을 더 쉽게 이해할 수 있도록 하는 배려가 필요하며, 이것은 사업을 알릴 수 있는 좋은 기회가 되는 것이다. 사업계획서에서 잘난 척을 할 때, 여러분의 사업계획서는 어려움에 봉착하게 될 것이다.

 길고 자세한 내용의 사업계획서가 언제나 짧고 간결한 것보다 낫다고 믿기 쉽다. 그러나 작성된 사업계획서를 받는 재무 담당자들이나 관련된 사람들은 매우 바쁜 사람들이다. 그들은 두툼한 사업계획서를 자세히 살펴볼 시간이 없으며, 대충 보기가 쉽다. 따라서 사업계획서는 20페이지 분량으로 확실하고, 중요한 자료만 담는 것이 바람직하다.

2) 너무 많은 시간을 들일 때

 사람들은 이것을 '분석 마비'라고 부른다. 사업계획서 작성에 너무 많은 시간을 투자할 경우 결국에는 아무것도 이룰 수 없다는 것은 일종의 신드롬이다. 그러나 이 점은 많은 사업가에게 있어서는 중요하지 않다. 대부분의 사업가들은 계획을 수립하는 것에 너무 많이 투자하는 것을 싫어한다. 이것은 실제로 할 수 있는 사업에 대한 기회를 빼앗을 수도 있고, 단지 계획은 계획일 뿐이라고 생각하기 때문이다.

 사업계획서는 그 자체로 하나의 업무를 수행하는 것이다. 따라서 사업계획서에 너무 많은 시간을 투자하는 것은 주의해야 할 사항이다. 또한 일단 시작한 후에는 사업계획서를 계속 수정하고 발전시켜 나가야 한다.

 이렇게 관리자들이 가지고 있는 자세한 것들에 대한 걱정거리로 상황은 더욱 어려워질 수도 있다. 대기업에서는 1년 내내 사업계획서에만 전념하는 많은 직원들이 있다. 따라서 소규모 사업가는 더 선택적이어야 한다.

 또한 좀 더 많은 정보를 얻고, 계획을 수정하기 위해 중요한 모임을 연기했다면, 사업계획서는 지나치게 중요한 존재가 되어 버렸다는 점을 주의해야 한다.

잘못된 사업계획서로 열정적으로 계획을 설명하기에는 어려운 것이다. 그와 같은 판단은 항상 제멋대로인 법이다. 따라서 계획의 덫에 빠진다면, 적어도 실행에 앞서 문제를 인지할 기회를 분명히 가져야 한다.

3) 사업계획서는 예언서가 아니다.

사업계획서에는 많은 것을 담을 수 있으며, 실제로 심각하게 그것을 이룰 수 있는지 잘 생각해 보아야 한다. 그러나 사업계획서에 포함된 계획이나 예측, 자금 등을 맹목적으로 믿는 것은 잘못이다. 주의깊게 자료를 모으고 제품을 분석해야지, 사업계획서가 미래를 예언해 주는 점쟁이의 수정 구슬은 아닌 것이다. 즉, 계획은 계획이며, 설명되어 있는 것들이 실행되지 않을 수도 있다.

사업계획서를 너무 맹신하는 것에 따른 위험은 무엇인가? 물론, 여러 가지가 있다. 여러분이 작성한 사업계획서가 모든 면에서 자세하며 맞다고 가정하더라도, 아마도 깊은 필연적인 변화로 인해 무엇인가 실수할 수도 있는 것이다. 또한 확고한 관점을 갖고 있다고 하더라도, 성공적인 계획을 확실하게 할 수 있는 유동적인 요소나 임시 자금 등을 만들지 못할 수도 있다.

따라서 신중하게 계획하고 실천해야 한다. 그렇다고 너무 신중해서도 안 된다. 언제나 잘못되면 어떻게 할 것인지 스스로 자문해야 한다. 주의 깊게 계획의 어느 지점에서 행동해야 할 것인지 잘 살펴보고, 변화를 주도하며, 유연성 있게 대처할 수 있는 준비를 해야 한다.

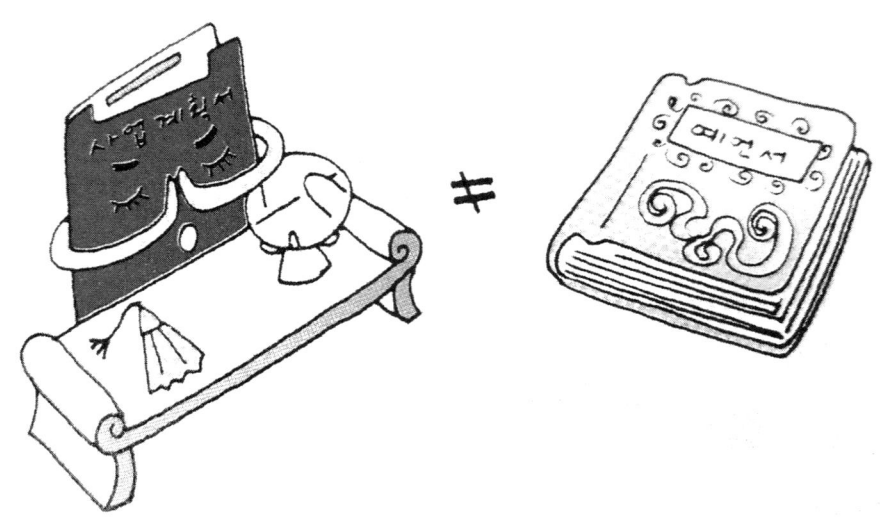

제2장. 성공하는 사업계획서 작성의 기초

4) 자신을 정확히 표현하는 것

실패를 전제로 한 사업계획서는 없는 법이다. 그러나 실패할 가능성이 있는 사업계획서는 지적할 수 있다. 사업계획서를 작성하는 데 있어서 많은 성공을 기대하는 것은 당연하지만, 특히 판매를 통한 수익이나 가격정책에 대한 지나친 낙관을 제시하는 것은 주의해야 한다.

기대한 결과를 얻을 때까지 많은 것을 고려해야 한다. 그리고 여기저기 조그만 것을 고치려고 한다면, 그렇게 해도 된다. 그런 다음, 이 부분에서는 1%의 매출이 증가하고, 저 부분에서는 2%의 비용을 줄였으며, 결국 몇 퍼센트의 창업 관련 자금을 줄였다고 말하는 것은 좋은 것이다.

약간의 변화로도 사업계획서의 총계에 큰 차이가 날 수 있으며, 성공할 수 있는 사업계획서를 만들 수 있다. 그러나 유혹에 빠지지 마라. 여러분 자신을 포함해 친구나 가족 또는 여러분을 아끼는 투자가들에게 자금을 요청해야 할지도 모른다. 투자가가 스스로 느끼고 판단하는 것은 어쩔 수 없지만, 자신의 잘못된 설명으로 그들을 잘못 이끈다면, 그 부분에 대해서는 분명히 사과해야 한다.

여러분의 장밋빛 사업계획서를 잘 살펴보아야 한다. 이때 재화와 용역에 있어서 불충분한 창업 자금이나 비현실적인 고속 성장 등을 기대했다는 것을 알게 된다면, 사업의 실패를 예상할 수 있을 것이다. 여러분의 지나친 열정을 가라앉혀야 한다. 사업계획서를 통해 사업에 대한 구상이 적절치 않았다는 것을 알게 되면, 바로 자신이 저지른 잘못을 알게 되는 것이다. 이때 잘못된 계획을 억지로 맞추려고 하는 실수는 저지르지 말아야 한다.

Action 6 사업계획서 활용 방법

여러 가지 면에서 사업계획서를 작성하는 것은 그 자체가 마지막 일이다. 그 과정을 통해 여러분은 생각하지 못한 사업의 많은 부분에 대해 알게 될 것이다. 사업계획서를 작성하면서 미래의 문제가 되는 지점에 가보는 기회를 가져 볼 수도 있다. 또한 조직을 무난히 경영하는 데 도움을 받기도 할 것이다.

필자는 훌륭한 사업계획서의 장점을 지키기 위해서 때로는 무시를 당한 적도 있었다. 하지만, 여러분에게는 그러한 일이 없기를 바란다.

물론, 여러분은 자금을 마련하기 위해 사업계획서를 이용할 것이다. 또한 훌륭한 사업계획서는 재화와 용역을 잘 판매할 수 있도록 도울 것이며, 전반적인 회사 발전에 기여할 것이다. 그리고 사업계획서는 회사의 미래와 목표, 목적을 다른 관리자나 직원들과 공유할 수 있도록 연결하는 중요한 매개체 역할을 할 수 있다.

1) 자금을 구하는 방법

사업계획서가 자금을 구하는 데 도움을 줄 수 있다고 말했지만, 사업계획서를 어떻게 활용해야 하는가? 우선 사업계획서를 준비해야 한다. 은행가나 투자가가 사업계획서를 요청할 때까지 기다렸다가 작성할 수는 있다. 그러나 이렇게 하는 것은 너무 늦다. 직접 뛰어다니면서 능동적으로 제출할 수 있어야 한다. 따라서 가장 중요한 점은 미리 준비하는 것이다.

희망을 담은 사업계획서를 실행하는 데 있어서, 누군가 창업자금을 원하는지 물었을 때, 사업계획서에 담고 있는 내용이 성공적인 전략이 아니면 안 될 것이다. 따라서 여러분은 사업계획서를 보고자 하는 사람들 - 잠재적인 투자가, 고객, 공급자나 파트너 혹은 다른 부분에 흥미가 있는 사람들 - 에게 그것을 제출하고 싶을 것이다.

사업계획서는 광고나 관련 팸플릿과 같은 것이다. 직접적인 시장가격과 같은 부분은 사업계획서에서 조정할 수 있다. 또 다른 방법으로, 관련 리스트를 작성하거나 아니면 사람들에게 사업계획서를 제출하고 원하는 사람들의 주소록을 작성할 수도 있다. 무역이나 산업 관련 잡지 및 전화번호부와 같은 곳을 검토한 후, 그곳과 접촉하기 위해 개인 사업내역을 보내라. 그다음에 연결할 수 있는 매체를 통해 접촉하면 된다.

그러나 너무 멀리까지 사업계획서를 광고할 필요는 없다. 대부분의 투자가나 은행가들은 솔직하고 신중하다. 하지만, 경쟁자와 같이 일하는 것에 대해서는 결코 잘 알고 있지 못하다. 여러분이 사업계획서를 보내는 것에 대해 어떤 의문이 생긴다면, 바로 그들의 의견을 들어보는 것이 좋다. 또한 이익과 관련된 어떤 갈등이 있는지 파트너에게 물어보는 것도 좋다.

2) 사업계획서를 팔려면

사업계획서를 판매하려고 할 때, 구매자가 될 수 있는 고객들에게 여러분 회사의 적합성을 알리기 위해 사업계획서를 활용해야 한다. 또한 이에 따른 알맞은 접근을 시도해야 한다. 비록 벤처투자가들일지라도, 여러분에게 투자가가 될 수 있는 모든 가능성을 가진 고객들에게 두꺼운 사업계획서를 보내는 것은 적절치 못한 것이다.

일반적으로 사업계획서는 공급자로 선정된 마지막 단계에서 요구된다. 최근에 사업계획서를 제출하는 시기와 조건은, 투자자인 고객의 입장에서 결정이 이루어질 수 있도록 하고 있다. 추가로 이익이 더해진다면, 초기 단계에서의 구매자 선택 업무는 사업계획서를 다시 작업할 수 있는 기회를 주는 셈이다. 필요하다면, 여러분이 알고 있는 부분을 강조하는 것은, 잠재 고객에게 더욱 더 중요할 수 있다.

3) 관리에의 활용

개방된 관리이론의 보급은 직원들이 전보다 더 회사의 사업계획서에 관심을 가진다는 것을 의미한다. 일반적으로 이것은 좋은 현상이라고 말할 수 있다. 직원들이 관리의 핵심 정보를 결정에 활용할 때, 그들은 관리에 대해 더 잘 이해하고, 더 나은 결정을 할 수 있으며, 효과적으로 이익을 창출할 수 있다.

많은 회사들은 직원들에게 매년 그들의 사업계획서를 제시한 후 보완하는 회의를 갖는다. 또한 조직 문화의 한 부분으로서 사업계획서에 새로운 정보를 제공한다. 그리고 업무나 자세한 자금목표까지 얼마나 발전할 수 있는지에 대해 게시판이나 사보 등의 매체를 이용해 사업계획서의 작은 부분을 공개하기도 한다.

하지만, 직원을 관리하고 정보를 제공하는 것에 이용되는 사업계획서의 약점 중 하나는 누구나 이것을 이해할 수 없다는 점이다. 몇몇 회사들은 직원들에게 회사의 사업계획서를 보여 주기 전에 재무 보고서를 어떻게 읽어야 하는지 등에 대한 기본적인 교육을 실시한다. 종종 CEO에 의해 이러한 교육이 이루어지기도 하며, 적절한 시간을 사업계획서에 대해 이야기하며 보낼 수도 있다. 직원들과 자세한 사업계획서를 공유하는 것에 대해 걱정할 필요는 없다. 그들은 여러분이 생각하는 것보다 더 잘 이해하고, 공감을 표현할 것이다.

4) 지속적인 사업계획서의 수정

사업계획서를 작성하는 것은, 실전에 대한 능력을 향상시킬 수 있는 방법 중 하나이다. 처음 한두 번 작성할 때는 스스로 확신도 없고, 여러분이 하는 것에 대한 가치가 무엇인지조차도 모르는 경우가 많다.

여러분의 경력 중에서 몇 번 벤처를 시작해 본 경험이 있다면, 사업계획서를 작성하는 것은 점점 더 자연스러워질 것이며, 늘 마지막에 작성한 것이 더 나은 결과물일 것이다. 더 좋은 사업계획서를 작성할 수 있다는 것은, 전에 했던 그 어떤 것보다 더 나은 사업 능력과 동기 부여, 가능성 등을 향상시킬 것이다.

단지, 꾸준한 창업가들만이 일반적으로 사업계획서로부터 혜택을 본다는 것에 대해서는 이론의 여지가 없다. 하나의 회사를 이제 막 시작하거나 전혀 해본 경험이 없다면, 여러분은 사업계획서를 수정하고 보완하면서 그에 필요한 능력을 지속적으로 발전시켜야 한다.

사업계획서를 보완하는 것이 처음부터 작성하는 것보다는 쉽다. 그 이유는 어떤 사업을 할 것인지에 대한 기본 개념을 잡는 것 대신에, 단지 기존의 사업계획서 중에 변경할 것만을 정하기만 하면 되기 때문이다. 즉, 현재 필요한 시장조사를 어디에서 어떻게 할 것인지 고민하는 것 대신에 보완할 기본 자료를 잘 파악하기만 하면 되는 것이다. 일반적으로 기존의 사업계획서 중에서 자금을 다룬 형식이나 관리 분석표 및 사업계획서의 내용 중 변하지 않는 부분은 다시 사용할 수 있다.

중요한 것은 보완된 사업계획서가 기술적인 것만이 아닌, 최근의 매출 수치에 따른 한계에 대한 나름대로의 대책을 가지고 있어야 한다는 점이다. 또한 이전의 사업계획서를 계속 유지하더라도 그 핵심을 발전시키기 위한 시간을 가져야 한다. 기대 이상의 높은 이익이 창출되기를 바라는가? 그렇다면, 어떻게 하면 현금을 창출할 수 있는지에 대한 방법을 담은 사업계획서를 작성해야 한다.

여러분의 새로운 점포의 성과가 다른 사람들의 가게처럼 기대 이하인가? 그렇다면, 왜 그런 결과가 나왔는지 충분히 고민할 수 있는 시간이 필요하다. 혹시 여러분이 생각했던 것보다 새로운 제품과 다른 제품 간의 경쟁이 치열해지고 있는 것은 아닌가? 그렇다면, 여러분의 생각보다 제품이 경쟁사에 비해 더 취약한 것인지, 어떤지 제품을 잘 관찰해 보아야 한다.

대기업에서는 견고한 사업계획서가 해마다 혹은 반년마다 또는 분기마다 수정되는 것이 관례이고, 관리자들은 적어도 그들 시간의 일정 부분을 새로운 사업계획서나 수정된 사업계획서를 검토하는 데 할애하고 있다. 또한 사업계획서의 형태 안에서 관리자들에게 보고되는 모든 정보는, 기업의 고위직들에게 지속적으로 제공되고 있다.

여기에서 모든 사람들이 과거의 실적으로 판단하는 것은 사실이다. 그리고 그 판단을 위한 최고의 방법은, 여러분이 만족할 만한 성과를 올린 최근 1년간의 자료이다.

제2장. 성공하는 사업계획서 작성의 기초

사업, 성공하세요!

사업계획서를 갱신하기 위해 파악해야 할 리스트

아래와 같이 사업계획서를 수정해야 할 몇 가지 이유가 있다. 여러분의 기업에도 이것이 적용된다면, 바로 지금이 사업계획서를 수정해야 할 시기이다.

■ 새로운 재무년도가 시작된다. 만약 여러분이 속해 있는 분야가 빠르게 변한다면, 해마다 혹은 분기마다 또는 매월 수정해야 한다.

■ 자금이나 추가 자금이 필요하다. 채무자나 다른 자금 담당자들이 자금을 만들기 위해 사업계획서를 보완한다.

■ 중요한 시장과 고객 취향의 변화, 그리고 고객 사이의 통합적인 브랜드에 대한 일반적인 기호가 변하고 있다면, 사업계획서의 보완이 필요하다.

■ 회사가 발전해 새로운 제품이나 기술을 개발하고, 향상된 서비스나 품질을 제공한다. 이때 역시 사업계획서를 보완할 시기이다.

■ 관리 방침이 바뀌었다. 새로운 관리자는 새로운 정보를 가지고 있기 때문이다.

■ 회사가 막 발전하려고 한다. 직원이 100명에 이르거나 매출이 10억 원 정도에 이른다면 사업계획서를 보완해야 한다.

■ 과거의 사업계획서는 현재를 반영하지 못한다. 어쩌면 작년과 같은 좋은 결과를 얻지 못할 수도 있다. 또는 여러분의 기대치보다 더 빨리 변했는지도 모른다. 이때 사업계획서가 적절하지 않다면, 다시 작성해야 한다.

에듀컨텐츠 휴피아
CH Educontents·Huepia

제2장. 성공하는 사업계획서 작성의 기초

8. 사업계획서 작성 전에 이것만은 고려하자

사업계획서를 작성하기로 결정했다면, 이제 시작할 시간이다. 축하한다. 여러분은 이제 막 벤처사업에 성공할 수 있는 기회를 잡을 수 있는 가능성을 높인 것이다. 사업계획서를 작성하기에 앞서 여러분에게는 기본적인 설계가 필요하다.

기본적인 설계를 해야 하는 이유는, 사업계획서에 나와 있는 내용에 대해 여러분이 책임을 져야 하기 때문이다. 사업계획서를 자금을 조달하는 데 사용해야 할 경우에는 더욱 그렇다.

가령, 여러분이 2년 안에 네 개의 영업점을 개업할 것이라고 사업계획서에 작성했다고 하자. 그러나 외부의 환경 변화로 인해 계획했던 것과 달리 두 개의 영업점을 개업하게 되었다. 그 결과 기존의 사업계획서에 따라 투자를 했던 투자가들은 여러분에 대한 신뢰성을 잃게 된다. 그러므로 사업계획서에 명시하는 것들에 대해서는 매우 신중해야 한다.

사업계획서 자체는 매우 복잡한 문서이다. 다양한 사업 전략을 구상하면서 사업에 대한 중요한 결정을 많이 내려야 하기 때문이다. 그러나 튼튼한 지도가 완벽하게 설계된다면, 실질적인 사업계획서를 작성하는 데 있어서 소요되는 시간을 최소화할 수 있고, 사업을 운영하는 시간을 최대화할 수 있다.

요컨대, 사업을 설계해 보는 것은 여러분의 책임감 정도와 시간 낭비를 조절할 수 있도록 도와줄 것이다. 사업계획서를 설계하기 위해서는, 우선적으로 이 사업에서의 목표와 목적이 무엇인지 결정해야 한다. 그리고 다음으로 어떠한 중요한 요소들이 사업계획서에 포함되어야 하는지 알아야 한다.

Action 1 | 정확한 목표와 목적을 달성하자

눈을 감고, 지금부터 5년 뒤를 생각해 보자. 여러분은 무엇이 되길 원하는가? 탄탄한 중소기업의 경영자가 되어 있을 것인가? 아니면 급속도로 성장하는 대기업의 경영자가 되어 있을 것인가? 혹은 일찌감치 기업을 팔아 남은 돈으로 여생을 즐기고 있을 것인가?

이러한 질문에 대한 적절한 해답은 성공적인 사업계획서의 작성에 있어서 중요한 부분이다. 뚜렷한 목적과 목표가 없다면, 사업계획서를 작성할 때 일관성을 잃게 되어 모순되는 내용이 포함될 수도 있기 때문이다.

예를 들어 사업계획서의 한 부분에서는 사업이 매우 번창할 것이라는 전략을 세웠고, 또 다른 부분에서는 느리지만, 꾸준히 확장하는 전략을 추구할 것이라고 썼다고 치자. 앞뒤가 안 맞는 이러한 사업계획서는, 그것을 읽는 독자들에게 신뢰성을 잃게 만들 수도 있다. 만약 사업계획서를 작성하기 전에 우선적으로 여러분의 확고한 목적과 목표가 무엇인지 결정한다면, 내용에 있어서 이러한 모순을 피할 수 있을 것이다.

여러분이 추구하고자 하는 5년 뒤의 정확한 목적과 목표를 말로 표현하기 힘들다면, 이러한 방법을 써 봐도 좋다. 여러분이 타임머신을 타고 5년 후의 미래에 가 있다고 생각하고, 현재의 자신에게 편지를 써보라. 편지에 지금 내가 어떠한 삶을 살고 있고, 성취한 일들은 무엇이며, 이 시점에 오기까지 지난 5년 동안 무엇을 했는지 써보자.

그렇게 다 쓴 편지에는 여러분이 진정 원하는 것은 크고 빠르게 성장하는 회사가 아니라 작지만 기반이 탄탄을 사업을 원한다는 내용이 적혀 있는 놀라운 사실을 발견할 수도 있을 것이다. 또한 이 과정에서 새로운 것을 배우지 못한다고 하더라도 여러분의 목적과 목표를 정확히 세우는 것만으로도 사업을 계획하는 데 큰 도움이 될 수 있을 것이다.

제2장. 성공하는 사업계획서 작성의 기초

사업, 성공하세요!

목적과 목표를 결정하기 위한 체크 리스트

목적과 목표를 결정하는 데 어려움이 있다면, 여기에 도움이 될 만한 질문들이 있다.

1. 이 사업에서 성공하기 위해 나는 얼마나 확고하게 마음가짐을 가지고 있는가?
2. 이 사업의 성공을 위해 돈을 기꺼이 투자하고, 장기간 임금 없이 일하면서 내 자신과 가족의 시간을 희생할 수 있는가?
3. 이 사업이 성공하지 못하면, 내게 어떠한 일이 일어날 것인가?
4. 사업이 성공한다면 회사 규모(직원 수)는 어느 정도일까?
5. 1년 후에 사업 매출은 어느 정도일까? 5년 후에는 어느 정도일까?
6. 1년 후에 시장점유율은 얼마나 될 것인가? 5년 후에는 얼마나 될 것인가?
7. 특정 상품이나 서비스를 집중적으로 판매할 것인가? 아니면 다양한 상품과 서비스를 포괄적으로 판매할 것인가?
8. 지리적으로 확장할 계획은?(지역, 전국, 국제)
9. 나는 실무적인 일에 적극적으로 관여하는 경영자가 될 것인가, 아니면 실무자에게 많은 책임을 주고 일을 분담하는 경영자가 될 것인가?
10. 일을 분배하거나 분담할 경우 내가 담당하는 업무는 무엇인가?(판매, 기술 아니면 다른 무엇?)
11. 다른 사람이 내가 하는 일에 관여하는 것에 대해 어떻게 생각하는가? 회사 경영에 관여할 사업 동반자나 투자가들과 같이 일할 수 있는가?
12. 회사를 독립적이고 개인적인 소유로 남길 것인가, 아니면 주식회사로 전환해 공기업으로 남길 것인가?

Action 2   자금조달 루트를 세우자

많은 돈을 벌기 위해 반드시 처음부터 많은 돈이 필요한 것은 아니지만, 얼마만큼의 자금은 필요하다. 사업을 빠르게 성장시키려면 더욱 그렇다. 기업가들은 종종 사업의 매출 성장이 모든 것을 다 해결해 줄 것이라고 믿는 경향이 있다. 또한 그들은 매출 성장을 통해 사업 이익이 성장하면서 자체적으로 자금을 모을 수 있다고 믿고 있다. 그러나 이런 경우는 드물다.

예를 들어 대부분의 고객이 여러분에게 돈을 지불하기 전에 여러분은 공급자에게 대금을 지불해야 한다. 이런 현금흐름의 갭(gap) 때문에 빠르게 성장하고 있는 많은 회사들은, 성장에 필요한 자금을 은행이나 자산의 처분을 통해 얻을 수밖에 없다.

어떤 경우에는, 이러한 회사의 현금흐름의 갭이 커 매우 심각한 상황이 발생할 수도 있다. 예를 들어 제약회사들은 수년 동안 새로운 약품의 개발과 출시를 위해 수천만 또는 수백만 달러의 비용을 쓴다. 이러한 회사들은 준비한 제품이 시장에서 제 모습을 갖추어 수익을 올리기 전까지 회사를 운영하는 데 자금 부족현상을 겪을 수밖에 없다. 이를 막기 위해서는 대출을 받거나 자금을 조달할 수 있어야 한다.

기본적으로 사업을 꾸려나가는 데 있어서 필요한 자금은 어느 정도가 될 것이며, 이것을 어떻게 조달할 것인지를 사전에 생각해두는 것이 중요하다.

자금을 조달하는 방법은 둘째 마당에서 언급했듯이 여러 가지가 있고, 저마다의 특성이 있다. 무작정 가장 쉽고 앞에 놓여진 방법을 택하기보다는, 다음 사항을 잘 고려해 보고, 여러분이 가장 적합하다고 생각하는 방법을 선택하는 것이 좋다. 자금을 조달하는 방법의 특성은 크게 다음의 세 가지로 나눌 수 있다.

첫째, 자금을 조달하는 방법에 따라 여러분이 포기해야 하는 경영권의 정도가 달라진다. 벤처투자가들은 종종 회사 이사회의 한 구성원으로 참여하고 싶어하는데, 이럴 경우 이들은 중요한 경영 관련 결정에 관여할 수 있다. 또한 엔젤투자가로 알려진 부유한 개인투자가들 역시 개인적인 취향에 따라 벤처투자가처럼 이사회에 참석하면서 경영에 관여하기를 원할 수 있다. 반면에, 은행들은 원금과 이자를 꾸준히 지불할 경우 경영에 전혀 관여하지 않는다.

둘째, 여러분이 필요한 자금 규모에 따라 자금조달 방법이 달라질 수 있다. 예를 들어 수백만 달러의 자금은 주식시장에 기업을 공개하기에는 너무 작은 규모이다. 그리고 벤처투자가들은 대개 25만 달러에서 300만 달러 정도를 투자한다. 한편, 엔젤투자가들은 한 번에 몇 십만 달러 밖에 투자하지 않는다. 대개 투자가들은 각각의 특성에 따라 자기들이 선호하는 금액의 규모에 대한 지침을 가지고 있다.

셋째, 방법에 따라서 드는 비용도 다르다. 여기에서 말하는 비용은 자금을 조달하면서 사용하는 시간과 서류작업, 그리고 그에 따른 오랜 노력 등이다. 자금조달 방법 중 가장 비용이 많이 드는 것은 기업 공개이다.

[표 8-1] 자금조달 특성 비교표

자금조달 특성 비교표			
자금조달 원천	경영권 참여	자금조달 가능 금액	비용
은행	낮음	다양	다양
사업 파트너	높음	다양	저비용
정부	낮음	일반적으로 적음	저비용
벤처투자가	높음	중간/많음	저비용
엔젤투자가	다양	중간/적음	저비용
기업공개	높음	많음	고비용

벤처창업과 사업계획서 작성방법

Action 3 | 사업계획서의 용도는 무엇인가?

사업계획서를 쓰기 전에 어떤 용도로 쓸 것인지 정해야 한다. 앞에서 언급했듯이 사업계획서는 투자를 유치하는 데에서부터 유능한 인재를 고용하는 데까지 여러 가지 용도로 쓰일 수 있다. 사업계획서를 자금을 유치하는 데 사용할 것인가? 그럴 경우에는 사업계획서를 작성할 때 핵심(개요), 경영진, 마케팅, 전략, 재무상황에 초점을 맞추어야 한다.

회사가 어떻게 이익을 창출할 것인지에 대한 명확한 비전이 있어야 한다. 만약 은행으로부터 대출을 받을 계획이라면 원금을 상환하고, 이자를 낼 수 있을 만한 사업의 현금 창출 능력을 강조해야 한다. 자본투자가 특히 벤처투자가들에게는, 그들이 회사에 투자함으로써 나중에 그들이 요구하는 높은 투자수익을 낼 수 있다는 것을 보여 주어야 한다.

사업계획서를 고급인력을 채용하는 데 이용할 것인가? 그렇다면, 사업계획서에 주식이나 옵션과 같은 그들이 받을 보상과 회사의 위치, 업무 환경, 진급 또는 승진할 수 있는 기회 등을 강조해야 한다.

공급자로부터 가치 있는 고객으로 인정받기 위해서 사업계획서를 그들에게 보여 줄 것인가? 건실한 사업계획서는 중요한 공급자들이 여러분을 더 선호하게 만들 수 있다. 또한 좋은 사업계획서는 공급자로부터 공급자 신용을 얻어 낼 수 있다. 공급자 신용은 특히 중소기업에게 귀중한 금융 원천이 될 수 있다. 이런 용도에 쓰일 사업계획서에는, 여러분의 주요 거래처의 고객 리스트와 과거 공급자들과의 거래사항들을 강조하면 된다.

사업계획서가 단지 회사 내부의 목적만으로 사용될 계획인가? 그렇다면, 미래 계획의 목표에 대한 실제 성과를 언제, 어떻게 평가할 것인지에 대해서도 기술해야 한다. 이런 사항은 은행이 대출해 주기 전에 신용도를 평가하는 것에는 별로 도움이 되지 않지만, 사업을 관리하는 경영자에게는 필수 항목이다.

이렇게 사업계획서를 읽는 독자에 따라서 좋은 사업계획서가 포함하고 있어야 할 요소들은 각기 다르다. 사업계획서를 작성할 때 앞에서 설명한 모든 것을 머리에 염두해 두면서 진행하는 것이 좋다. 무엇을 첨부하고 삭제할 것인지, 또는 무엇을 강조하고 강조하지 말아야 하는지에 대한 많은 결정을 해야 할 때, 사업계획서의 용도에 대한 방향이 어느 정도 잡혀 있다면, 좀 더 빠르고 현명한 결정을 내릴 수 있도록 도와줄 것이다.

Action 4 어느 정도의 직원을 채용할 것인가?

사업을 성공적으로 이끄는 방법 중 하나가 고급 인력을 채용하여 그들의 능력을 효과적으로 활용하는 것이다. 따라서 사업의 목적과 목표를 실현하기 위해 자신에게 던져야 할 질문 중의 하나는 "회사에 얼마나 많은 직원을 고용할 것인가?"이다.

Action 5 회사의 잠재력은 무엇인가?

사업계획서는 추구하고자 하는 사업이 실제로 꿈과 목표를 실현시킬 수 있는가를 판단하는 데 도움을 준다. 실제로 많은 사업가들은, 그들이 원하는 사업을 시작하기도 전에 계획을 접는다. 사업을 계획하는 과정에서 그들이 가지고 있었던 사업 구상의 토대인 가정들이 논리적이지 않고, 일관성이 없다는 것을 깨달았기 때문이다.

하고자 하는 사업이 꿈을 실현시킬 수 있는지 잠재력을 평가하는 데 있어서 다음의 두 가지 요소를 고려해 보아야 한다. 첫째, 재정적인 면에서 사업이 경제적인 가치가 있는지 확인해 보아야 한다. 둘째, 이 사업을 하면서 자신이 만족할 수 있는 삶을 영위할 수 있는지 체크해 보아야 한다.

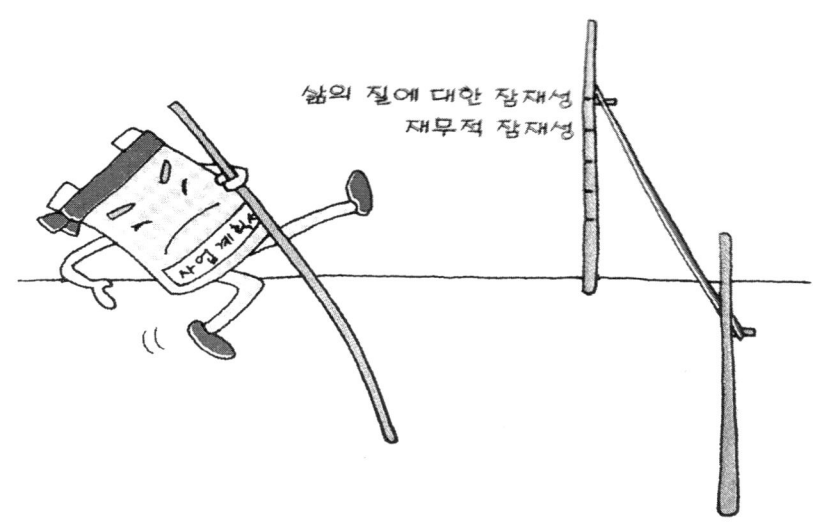

■ 재무적 잠재성

사업계획 도중에 사업을 포기하는 가장 큰 원인은, 재무적인 측면에서 사업자가 기대하는 만큼 결과가 미치지 못하기 때문이다. 사업계획서를 구상하는 과정에서 여러분의 사업이 과연 이익을 창출할 수 있을 것인지, 있다면 언제부터 창출할 수 있을 것인지, 또 이익을 위해 사전에 필요한 투자금은, 어느 정도나 되는지 신중하게 고려해 보아야 한다.

매들린 피셔(Madeline Fisher)의 경우를 살펴보자. 그녀는 지금 그녀가 구상하고 있는 정보지 발행 사업의 실현 가능성을 파악하기 위해 사업계획서를 설계하고 있다. 그녀의 꿈은 현재 그녀가 하고 있는 일반 직장생활과 함께 정보지 발행 사업을 병행하여, 그것으로부터 나오는 수입으로 여유로운 생활을 누리는 것이다.

그녀가 발행하고자 하는 전문 정보지는, 그녀의 최고 관심사인 커피전문점 마케팅에 관한 정보지이다. 독자들이 매들린의 정보지를 통해 커피전문점의 마케팅 기술과 트렌드에 대한 정보를 얻을 수 있도록 하는 것이다.

그녀는 시장조사를 토대로 몇 가지 가정을 세웠고, 사업을 개시하고 운영하는 방식에 대해서 생각했다. 이 과정 중에서 그녀는 자신의 가정 아래 사업의 실현 가능성을 바로 파악하게 된다. 매들린은 시장조사를 통해 커피전문점 마케팅 관련 업종에 종사

제2장. 성공하는 사업계획서 작성의 기초

하고 있는 사람들이 미국에 약 1만 명 정도 있다는 사실을 알 수 있었다.

다른 업종의 전문 정보지의 가격을 고려해 볼 때, 매들린은 이들이 달마다 나오는 그녀의 16페이지짜리 정보지를 보기 위해 1년에 200달러 정도를 지불할 용의가 있을 것이라고 생각했다. 또한 다른 업종의 전문 정보지를 조사해 본 결과, 디자인이 잘된 정보지에 홍보물을 고객에게 우편으로 보내면, 받는 사람의 1%는 정기구독을 신청한다는 것이다.

그런 후 동네에 있는 인쇄소와 우체국에 가서 보니 정보지 홍보물을 부치는 데 드는 우편 비용은 한 개당 1달러이고, 16페이지짜리 정보지를 인쇄하고 부치는 데 드는 비용은 한 권당 2달러라는 것을 알 수 있었다. 그리고 정보지에 들어가는 내용을 쓰고, 편집하기 위해서는 편집 전문가를 고용해야만 하는데 여기에 드는 인건비는 한 페이지당 100달러이다(매주 1,600 달러).

이제는 이 모든 자료를 가지고, 그녀의 사업이 어떤 잠재적인 재무 능력이 있는지 시험해 볼 시기에 이르렀다. 그녀는 개업 첫 해 말에 200명 정도의 구독자를 갖는 것이 적당하다고 생각했다. 또한 그녀는 1천600명 정도의 구독자를 보유할 때까지 매년 두 배씩 구독자의 수가 증가할 것이라고 생각했다. 이것은 오늘날 실제 시장 규모의 16% 정도의 수치이다.

현재 시장에 관련 경쟁자가 없으며, 커피전문점이 증가 추세인 것을 감안할 때 그녀가 세운 목표는 달성할 만하다는 결론을 내렸다.

그녀의 계산에 따르면, 매년 1천600명의 구독자에게 200달러의 구독료를 받으면, 32만 달러의 매출을 창출하게 된다. 인쇄와 우편에 2만 8,800 달러와 원고 및 편집에 1만 9,200달러, 그리고 사무비용으로 4,200달러의 비용을 지출하고 나서도 매들린에게 남는 순이익은 25만 8,100달러인 것이다. 이것은 대단한 것이었다. 그녀가 예상했던 것보다 훨씬 높은 수익이었다. 그러나 그녀의 기쁨도 잠시뿐, 매들린 자신의 계산에 허점이 있다는 것을 발견했다.

첫 번째는 구독자를 구하기 위해서는 비용이 든다. 즉, 200 명의 구독자를 얻기 위해서는 200권의 홍보물을 보내야 한다. 대략 우편 발송에 한 홍보물당 1달러가 들어가며, 여기에 추가로 인건비, 인쇄비, 사무비용을 더하면, 사업 첫해에 신규 구독자들로부터 얻는 수입으로는 손해를 보게 될 것이다.

매들린은 사업의 수익성을 높이기 위해서는, 매년 재구독을 유도하여 좀더 많은 구독자를 얻어야 한다는 것을 깨달았다. 시장조사를 해본 결과 50%가 재구독할 것이라는 사실을 알아냈다. 이 새로운 정보를 가지고 재무분석을 해본 결과, 그녀의 사업은 4년 후에 1천600명의 구독자를 확보할 수 있으며, 이익을 창출할 수 있을 것이라는 결론이 나왔다.

처음에 했던 재무분석의 결과 정도는 아니지만, 매들린의 사업은 확실히 재무적인 가능성이 있다는 것이 확증되었다. 게다가 그녀의 분석에는, 좀 더 싼 마케팅 방법을

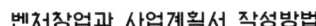

쓰면 독자를 확보할 수 있는 가능성이나 재구독률을 높일 수 있는 가능성에 대한 분석을 포함시키지도 않았음에도 불구하고, 이러한 결과가 나온 것이다.

  책의 뒷부분에서 어떻게 구체적으로 재무적인 예측을 할 것인지 더 자세히 논의할 것이다.

〔표 8-2〕 매들린의 재무분석표

(단위 : 달러)

매출액/구독자 수	200
마케팅 비용/구독자 수(우편비용 1달러, 1% 신청률)	100
인쇄와 우편비용/구독자 수(12권)	24
고정비용/구독자 수(인건비, 사무비용)	117
구독자 한 명당 드는 비용	241
첫해 한 명의 구독자당 일어나는 손실	-41

Action 6   어떻게 경영진을 소개할 것인가?

  투자가들은 회사의 경영진을 보고, 투자하는 경우가 종종 있다. 따라서 이 부분은 투자가들을 위해서는 아주 중요하다. 경영진을 소개하는 부분에는, 사업에 중요한 주요 경영진의 역할과 이력 사항이나 배경 등을 포함시켜야 한다. 독자들은 어떠한 종류의 상황에서도 대처할 수 있는 보완성이 높은 경영팀에 대한 증거를 보고 싶어한다. 참고로 조직도를 포함하는 것도 좋다.

Action 7   어떻게 상품이나 서비스를 소개할 것인가?

  상품이나 서비스에 대한 주요 사항인 디자인, 기술, 다른 경쟁사보다 우월적인 요소들에 대해 쓰면 된다.

1) 마케팅 계획

효과적인 마케팅 계획이 없이는 무엇이든지 팔기란 어렵다. 이 부분에서 여러분은 어떻게 상품이나 서비스를 판매하고, 가격을 매기며, 홍보할 것인지에 대해 써야 한다. 또 사업의 운영, 제조부분, 고객관리, 물류에 대해서도 언급해야 한다.

2) 재무 자료

재무 부분에서는 손익계산서, 대차대조표, 그리고 현금흐름표 등을 포함해야 한다.

〔표 8-3〕 매들린의 연차별 분석

(단위 : 달러)

사업 1차년도

- 연초의 구독자 수	0명
- 재구독자 수 (연초의 구독자 수의 50%)	0명
- 새로운 구독자 수(작년의 1배)	200명
- 연말의 구독자 수	200명
■ 연매출	40,000
■ 홍보비용(새로운 구독자 수 100달러)	20,000
■ 우편, 인쇄비용(연말의 구독자 수×24달러)	4,800
■ 인건비, 사무비용	23,400
■ 총비용	48,200
■ 세전 이익/손실	-8,200

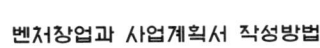
벤처창업과 사업계획서 작성방법

(단위 : 달러)

사업 2차년도

- 연초의 구독자 수   200명
- 재구독자 수   100명
- 새로운 구독자 수   300명
- 연말의 구독자 수   400명

- 연매출   80,000
- 홍보비용   30,000
- 우편, 인쇄비용   9,600
- 인건비, 사무비용   23,400
- 총비용   63,000
- 세전 이익/손실   17,000

사업 3차년도

- 연초의 구독자 수   400명
- 재구독자 수(연초의 구독자 수의 50%)   200명
- 새로운 구독자 수(작년의 1배)   600명
- 연말의 구독자 수   800명

- 연매출   160,000
- 홍보비용(새로운 구독자 수×100달러)   60,000
- 우편, 인쇄비용(연말의 구독자 수×24달러)   19,200
- 인건비, 사무비용   23,400
- 총비용   102,600
- 세전 이익/손실   57,400

제2장. 성공하는 사업계획서 작성의 기초

(단위 : 달러)

사업 4년차도

- 연초의 구독자 수　　　　　　　　　　　　　　　　　800명
- 재구독자 수(연초의 구독자 수의 50%)　　　　　　　400명
- 새로운 구독자 수(작년의 1배)　　　　　　　　　　1,200명
- 연말의 구독자 수　　　　　　　　　　　　　　　　57,400명

- 연매출　　　　　　　　　　　　　　　　　　　　320,000
- 홍보비용(새로운 구독자 수×100달러)　　　　　　120,000
- 우편, 인쇄비용(연말의 구독자 수×24달러)　　　　 38,400
- 인건비, 사무비용　　　　　　　　　　　　　　　　23,400
- 총비용　　　　　　　　　　　　　　　　　　　　181,800
- 세전 이익/손실　　　　　　　　　　　　　　　　138,200

벤처창업과 사업계획서 작성방법

사업, 성공하세요!

회사의 잠재력 평가표

여러분 회사의 잠재력을 파악하기 위해 아래에 있는 질문에 답해보자. 질문에 답하면서 여러분이 구상하고 있는 사업이 여러분의 목표와 잘 맞는지 알 수 있을 것이다.

재무적 측면

1. 사업을 시작하기 위해 필요한 자금은 어느 정도인가?
2. 사업의 경영권을 투자가들에게 어느 정도 양보할 의향이 있는가?
3. 사업이 이익을 창출할 수 있는 시점은?
4. 여러분을 포함한 투자가들이 언제 투자금에 대한 수익을 볼 수 있는가?
5. 사업의 추정 재무 상황은 어떤가?
6. 사업을 위해 재정적으로 어느 정도 희생할 수 있는가?
7. 사업을 운영하면서 어느 정도의 보수나 이익을 배분받기를 기대하는가?
8. 사업이 실패할 확률은?
9. 만약 실패한다면, 어떤 상황이 발생할 것인가?

삶의 질

1. 어디에서 살고 싶은가?
2. 어떤 종류의 일을 하고 있을 것인가?
3. 일주일에 몇 시간 일을 할 것인가?
4. 휴가는 갈 수 있는가?
5. 여러분이 아프면 어떻게 할 것인가?
6. 삶의 질을 유지할 만큼 벌 수 있는가?
7. 가족이 사업을 위해 희생해야 하는 부분들에 대해 알고 이해하고 있는가?

제2장. 성공하는 사업계획서 작성의 기초

9. 사업계획서, 이제 올바르게 작성하자

　하고자 하는 업종과 사업계획서의 용도에 따라 사업계획서의 형태는 매우 다를 수 있다. 또한 길이, 내용의 깊이와 초점의 차이 등에서 아주 다를 수 있다.
　사업계획서가 각기 서로 다른 이유 중 하나는, 사업의 업종들이 저마다 다르다는 것이다. 그리고 하고자 하는 업종에 따라 중요한 성공 요소들 역시 매우 다르다.
　예를 들어 효과적인 재고관리는 소매업체나 제조업체에게 중요한 것이다. 재고관리 부분에서 혁명을 일으킨 월마트는, 이 부분의 체계적인 강점이 자신의 뚜렷한 성공요인이 되었다. 또한 직접판매라는 비즈니스 모델을 갖고 있는 델 컴퓨터 역시 전 세계적으로 탁월하고, 매우 실질적인 재고관리 기법을 운영하고 있다.
　따라서 제조업이나 소매업 관련 사업의 사업계획서에서는 경영자들이 어떻게 하면 효과적으로 재고를 줄이고, 판매를 증가시킬 수 있는지에 대한 충분한 설명이 있어야 한다.
　반면에, 관리 자문회사와 같은 전문 서비스 회사에 대해 살펴보자. 자문회사는 재고가 없다. 그들은 전적으로 고객들에게 자문과 관리 분석 업무를 제공하고 있다. 따라서 이와 같은 전문 서비스 회사의 사업계획서에는, 재고나 관리 조정, 감량 등과 같은 것은 어느 부분에도 들어 있지 않다.
　이렇게 서로 다른 업종에 있는 회사들의 사업계획서는 매우 다르다. 서로 다른 업종뿐만 아니라 비슷한 업종에 있는 사업들의 사업계획서 역시 사업의 성격상 아주 다를 수 있다.
　예를 들어 고급 프랑스 레스토랑의 사업계획서에는 어떻게 유명한 요리사를 고용할 계획인지에 대해 설명하는 것이 중요하지만, 점심시간에 직장인을 상대로 하는 밥집의 사업계획서의 경우에는, 유명한 요리사를 고용하는 계획보다 식당 위치를 어디로 정할 것인지에 대한 사항이 더 강조되어야 한다.

Action 1 ｜ 최고의 표현 방법을 선택하자

　어떤 유형의 사업계획서로 만들 것인지에 대한 선택이 중요한 이유는, 전체 계획에 미치는 효과에 있어서 매우 강력한 영향력을 갖기 때문이다. 여러분의 사업계획서를 프레젠테이션할 때, 사업이 최상의 모습으로 비추어질 수 있는 유형을 선택할 수 있어야 한다.

이것은 여러분이 중요한 약속에 나가기 전에 준비를 할 때, 자신을 더욱 돋보이게 하는 복장을 고르는 것과 유사하다. 참고로 요즘 인터넷을 많이 이용하는 시대에는 사업계획서를 컴퓨터로 작성하는 것이 좋다.

Action 2 사업계획서의 유형

사업계획서는 크게 네 가지 유형으로 나눌 수 있다. 첫째는 매우 짧은 소계획서이고, 둘째는 업무용 계획서이며, 셋째는 외부에 발표하기 위한 외부 발표용 사업계획서이다. 각각의 유형에 따라 드는 시간은 다르지만, 꼭 많은 시간을 투자했다고 해서 더 효과적인 것은 아니다. 중요한 것은 쓰일 용도에 맞추어 유형을 알맞게 정했는지에 대한 여부이다.

1) 소계획서

소계획서는 1~10페이지 정도의 분량이며, 적어도 사업의 개념과 필요한 자금, 마케팅 계획 및 재무 상태, 특히 현금흐름과 손익계산서와 재무상태표와 같은 중요한 사항들에 대해 언급해야 한다. 이러한 유형의 사업계획서는 사업의 컨셉트를 시험해 보거나 잠재적인 사업 파트너나 투자가의 관심을 유도하는 데 요긴하게 쓰일 수 있다.

또한 이런 소계획서는 나중에 완벽한 사업계획서의 중요한 서문으로 쓰일 수 있다. 하지만, 소계획서를 완벽한 계획을 대신해 사용해서는 안 된다. 여러분이 종합적인 사업계획서를 요구하는 투자가에게 소계획서를 보내면, 그것은 어리석은 일이기 때문이다.

2) 업무용 계획서

업무용 계획서는 여러분의 사업을 운영하는 데 쓰일 수 있는 도구이다. 소계획서와는 달리 내용이 세부적이어야 하지만, 내부적으로 쓸 자료이기 때문에 표면적이고 시각적인 측면에 너무 신경을 써서도 안 된다.

업무계획서에는 외부 사람들이 중요하게 생각하는 지표 몇 가지를 생략할 수 있다. 예를 들어 업무계획서에는 주요 경영진의 상세한 이력사항과 판매할 상품의 사진이나 샘플 같은 것은 없어도 된다.

즉, 업무계획서의 어떤 내용을 포함시키고, 생략할 것인지에 대해서는 내부 정책에 따른다. 예를 들어 많은 경영자들은 직원들이 자신의 봉급이 어느 정도인지 아는 것에 대해 꺼려한다. 경영자의 사생활을 보호하기 위해서 그들의 보수에 대한 자세한 내용은 공개하지 않아도 된다.

3) 외부 발표용 사업계획서

업무용 계획서를 표면적이고 시각적인 것에 신경을 써서 고치면, 외부에 발표하기 위한 프레젠테이션 자료가 나온다. 이러한 유형의 계획서는 은행이나 투자가 또는 다른 회사 사람들에게 보여 주기에 적당한 것이다. 외부에 발표하기 위한 프레젠테이션이 담고 있는 대부분의 내용은, 쓰이는 어휘가 더 형식적인 것 외에는 업무용 계획서와 별로 다를 것이 없다. 다만, 외부에서 쓰일 프레젠테이션에는 몇 가지 첨삭할 사항들이 있다.

투자가들이 요구하는 정보 중에는 사업에 관한 모든 경쟁적 위협과 위험요소에 대한 정보들이 포함되어 있다. 비록 여러분의 생각에 어떤 위험요소나 염려사항들을 중요하

벤처창업과 사업계획서 작성방법

게 여기지 않는다고 하더라도, 사업계획서에 이러한 요소들의 존재를 인정하고, 이것들에 대한 자료를 제시하면, 보다 더 좋은 사업계획서가 될 것이다.

업무용 계획서와 외부용 프레젠테이션 자료 사이에 가장 큰 차이점은 외관과 치장의 정교함에 있다. 업무용 계획서는 흑백으로 프린트 해 그냥 스테이플로 찍은 후 나누어 줄 수 있는 반면에, 프레젠테이션 자료는 예쁘게 컬러로 프린트한 후 책자로 만드는 것이 좋다.

또한 프레젠테이션 자료에는 차트, 도표, 그림, 사진과 같은 그래픽이 포함되어 있는 것이 더 효과적이다. 외부에 발표하기 위한 사업계획서를 반복해서 교정하고, 오타를 체크하는 것도 중요하다. 문서에 있는 오타나 문법적인 실수는 사업계획서의 신뢰감을 떨어뜨릴 수 있으며, 독자에게 신중하지 못하다는 인상을 줄 수 있다.

외부에 발표하기 위한 프레젠테이션 자료의 내용은 반드시 처음부터 끝까지 일관성을 갖고 있어야 한다. 하나의 실수가 외부 사람들로부터 사업에 대한 신뢰도를 떨어뜨릴 수 있다. 사업계획서의 요점 정리에서는 4만 달러가 필요하다고 기술해 놓고는, 현금흐름 부분에서 첫해에 5만 달러의 자금이 들어오는 것으로 기술되어 있다면, 작성자는 "아차! 새로운 수치를 바꾸는 것을 잊어버렸네."라고 말할지도 모른다. 그러나 여러분에게 투자를 할 사람들은 너그럽지 않다는 것을 명심해야 한다.

Action 3 여러 유형의 사업계획서가 필요하다

지금까지 사업계획서의 여러 가지 유형을 살펴보았다. 이 중에서 여러분에게 가장 적합한 유형은 어떤 것인가? 실제로 여러분에게 맞는 유형은 딱 한 가지가 아닐 수 있다. 따라서 세 가지 유형의 사업계획서 모두 필요할 수도 있다. 사업계획서를 통해 최고의 효과를 원한다면, 읽을 독자에 맞추어 형식을 변형해야 한다.

사업계획서의 독자들은 벤처투자가에서부터 내부 직원에 이르기까지 다양한 이해 관계자들이 될 수 있다. 이 독자들이 누구냐에 따라서 관심사항이 다르다. 미리 사업계획서를 준비할 때 독자의 관심사를 파악해서 이를 사업계획서에 포함시키는 것이 좋다.

벤처투자가들은 1년에 수백 개의 사업계획서를 검토한다. 이렇게 바쁜 벤처투자가의 관심을 끌기 위해서는, 첫 부분에 간결하고 설득력 있는 요점 정리로 그들에게 강한 인상을 주어야 한다. 요점정리에 제품에 대한 설명과 경영진의 훌륭한 이력에 대해 자랑하는 것도 결코 잊어서는 안 된다.

은행은 벤처투자가와 달리 사업 컨셉트와 직원의 이력사항보다는, 재무적인 상황에 더 관심이 많다. 이 독자들을 위해서 재무상태표나 현금흐름표에 더 신경을 쓰는 것이 좋다. 또한 이에 덧붙여 재무자료에 대한 주석을 제공하는 것도 중요하다.

엔젤투자가들은 사업계획서를 찾지 않을 수도 있지만, 이미 언급한 것처럼 좋은 사업가로서 여러분은 이들에게도 사업계획서를 보여 줄 의무가 있다. 엔젤투자가를 위해서는 좀 덜 형식적인 사업계획서를 준비해도 좋다. 이들에게는 두껍고 복잡한 사업계획서보다는, 간결하고 이해하기 쉬운 사업계획서가 더 효과적일 수 있다. 직감으로 행동하는 엔젤투자가는 여러분의 철저한 분석에 바탕을 둔 자료에는 관심이 적을 수 있다.

사업 파트너가 될 사람들은, 사업에 있어서 어떤 역할과 얼마만큼의 지분이 주어질 것인지에 대해 관심이 많을 것이다. 따라서 잠재적인 사업 파트너를 위한 사업계획서에는, 명확한 지분 구조와 역할 및 책임 분담을 포함하는 것이 좋다.

여러분의 사업계획서를 읽을 고객들은, 여러분과 장기적인 관계를 맺을 여부를 결정하기 위해 사업계획서를 검토할 가능성이 높다. 이들은 다른 부류의 독자들과는 달리 다른 고객과의 관계, 공급자와의 관계에 따라 평가하려고 할 것이다. 따라서 이런 경우 여러분과 거래처와의 관계와 거래 상황에 대해 자세히 서술하는 것이 좋다. 반면에, 사업의 동향에 대해서는 고객들도 이미 잘 알고 있기 때문에 생략하거나 줄여 써도 될 것이다.

공급자도 고객과 비슷한 사항들에 관심이 많다. 이들의 최고 관심사는 무엇보다도 여러분이, 이들에게 물품에 대한 비용을 지불할 수 있는 능력이다. 따라서 현금흐름표와 다른 재무 관련 자료를 사업계획서에 포함시켜야 한다. 그리고 이들은 여러분 사업의 성장 가능성에도 관심이 있을 것이다. 실제로 사업이 많은 성장 가능성을 보여 줄 수 있다면, 좀더 나은 위치에서 협상할 수 있을 것이다.

또한 전략적 제휴를 맺고 싶어하는 회사나 사람에게 사업계획서를 보여 줄 때는, 사업을 맺고자 하는 제휴 관련 부분에 대해 집중해서 설명해 주면 된다. 때때로, 이들은 여러분의 경쟁자가 될 수도 있기 때문에 어느 정도 신뢰가 쌓일 때까지 사업계획서에서 민감한 시장 전략 관련 정보는 제외시키는 것이 좋다. 이들을 위한 사업계획서에서 회사가 필요로 하는 것과 비전, 현재의 산업동향이나 경제에 관한 분석 등을 강조해야 한다.

이러한 사업계획서의 가장 중요한 부분은 재무상태에 대한 보고이다. 이때 중점적으로 다루어야 할 부분은 매출, 이익 등과 같은 중요. 재무지표의 실적 대비 목표수지에 대한 비교 분석이다.

경영 투명성을 추구하는 회사에서는 직원들에게 직원의 관심사에 따라 편집된 사업계획서를 나누어 준다. 경영진을 위한 사업계획서와 비슷하게 직원들을 위한 사업계획서에도 목표 대비 실적에 대한 분석들이 포함되어 있어야 한다. 또한 직원들의 직접적인 관심사인 작업장 사고나 휴가, 결근과 같은 자료 등도 포함해도 좋다.

이렇게 독자의 관심사에 맞추어 사업계획서의 형식을 변형시키는 데는 주의해야 할 사항이 있다. 독자에 따라 강조해야 할 초점을 다르게 가져가야 하며, 내용 자체가 독자에 따라 바뀌지 않으면 안 된다는 것이다.

제2장. 성공하는 사업계획서 작성의 기초

10. 요약 부분이 사업계획서에서 가장 중요하다

표지와 차례 다음에 누구나 보게 되는 것이 바로 사업계획서의 첫 부분인 요약 부분이다. 때때로 이 부분을 핵심정리라고 부르며, 여기에서는 사업계획서의 가장 핵심적인 사항들을 한눈에 볼 수 있어야 한다.

핵심정리는 실제로 1~2페이지 정도가 적당하다. 또한 여기에서는 사업의 미션과 비전, 목표와 목적, 간단한 회사와 조직에 대한 소개, 전반적인 사업 전략 및 재무 상태와 필요한 자금에 대해 써야 한다.

Action 1 | 사업계획서에서 가장 중요한 부분은 핵심정리다

핵심정리에 시간을 많이 투자하라. 친구나 동료에게 핵심정리를 읽어 볼 것을 부탁하고, 그들의 조언을 신중히 받아들여라. 사업계획서가 원하는 역할을 제대로 하지 못하면, 여러분의 핵심정리 부분이 결점을 가지고 있지는 않은지 의심해 보아야 한다.

만일 여러분이 자금을 성공적으로 유치해 낸 다른 사업계획서를 읽어 볼 기회가 있다면, 그 사업계획서의 핵심정리 부분을 유심히 살펴 보는 것도 좋은 방법이다.

사업계획서에서의 요약 부분은 가장 중요한 부분이다. 비록 15 ~ 20페이지짜리의 짧은 사업계획서라고 할지라도, 읽는 사람이 모든 내용을 한 번에 이해하기란 힘들다. 그렇기 때문에 독자들은 한두 페이지의 핵심정리에 요약되어 있는 내용을 더 잘 소화해 낼 것이다. 따라서 사업계획서가 영향력 있고, 효율적인지에 대한 여부는 핵심정리 부분을 통해 판가름이 날 것이다.

Action 2 | 핵심정리 부분의 역할을 이해하자

핵심정리는 여러 가지 역할을 해낼 수 있어야 한다. 사업계획서의 핵심을 간단히 정리할 수 있어야 하고, 읽는 이에게 호기심을 유발하여 사업계획서 전부를 읽게 만들어야 한다. 또한 내용이나 표현이 사업계획서를 읽는 누구에게든지 쉽게 와 닿아야 하며, 회사에 대한 관심과 흥미를 불러일으킬 수 있도록 재미있는 내용이어야 한다. 그러면

벤처창업과 사업계획서 작성방법

한두 페이지 밖에 안 되는 핵심정리 부분이, 이 많은 역할을 해낼 수 있을까? 물론이다. 그래서 핵심 정리가 사업계획서의 첫 부분에 나오는 것이고, 여러분은 이 부분에 많은 시간과 노력을 투자해야 한다.

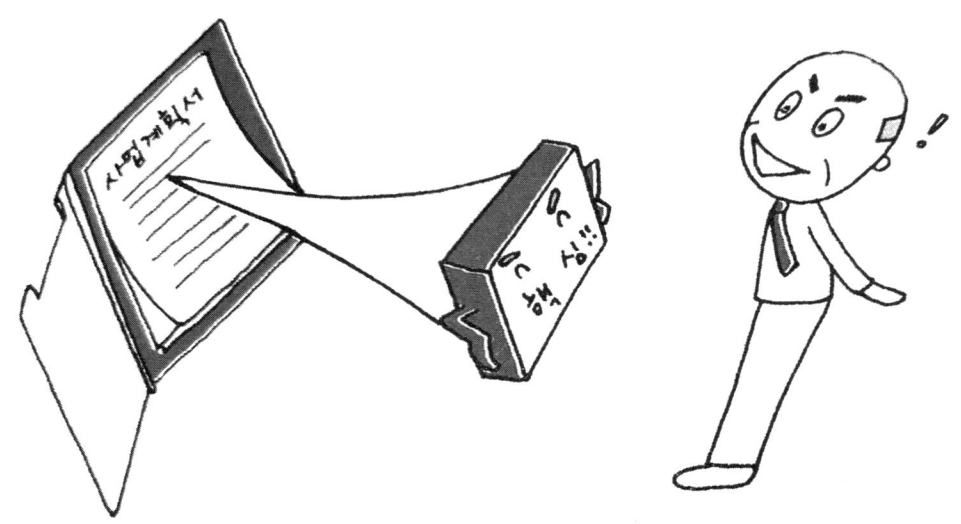

1) 한눈에 전체를 파악할 수 있도록

독자가 사업계획서를 훑어 보는 일을 쉽게 만들어 주기 위한 핵심정리의 가장 중요한 임무 중에 하나는, 사업계획서를 읽는 투자가들의 업무를 간단하게 해주는 것이다.

투자가들은 여러분의 사업계획서를 검토해야 하는 자신들의 업무를 쉽게 처리하기 위해 우선적으로 핵심정리를 유심히 읽어 볼 것이다. 만약 그들이 핵심정리를 읽고 나서 별로 사업에 투자하고 싶다는 말이 없으면, 사업계획서의 나머지 부분은 아예 보지도 않을 것이다.

2) 독자들을 유혹할 수 있도록

독자들의 관심을 불러일으켜 사업계획서를 계속 읽게 만들기 위해서는, 핵심정리에서 다른 부분보다 독특한 문어체 등을 이용하여 회사의 강점을 강조하면서 재미있게 써야 한다.

3) 회사의 강점을 부각할 수 있도록

앞에서 언급했듯이 읽는 사람이 누구냐에 따라 그들의 관심사는 모두 다를 것이다. 따라서 읽을 사람의 관심 분야를 파악하고, 여러분이 그 분야에 있어서 어떠한 강점들을 가지고 있는지 명백하게 제시해야 한다.

또한 핵심정리에서는 사업의 약점, 위험요소, 단점들을 언급하지 않는 것이 좋다. 물론, 이 모든 사업계획서의 어느 부분에는 포함되어 있어야 하지만, 처음부터 좋지 않은 이야기들이 많이 언급되면, 읽는 이의 관심을 떨어뜨리기 때문이다. 사업계획서를 작성할 때는 항상 좋은 소식을 우선 전하고, 그 후에 좋지 않은 소식들을 전하는 것이 바람직하다.

4) 회사에 대한 설명

회사가 이해하기 어려운 서비스나 상품을 직접 팔지 않는 이상 핵심정리 부분에 한두 줄로 회사에 대한 설명을 할 수 있어야 한다. 여기에 몇 가지 회사를 설명하는 문구가 있다.

- 존스 핸드볼 헛(John's Handball Hul)은 핸드볼 관련 장비와 옷을 제공하는 앞서가는 회사이다.
- 박스 주식회사는 대도시 지역 주민들에게 이사할 때 쓰는 포장재료, 콘테이너, 박스 등을 공급하는 회사이다.

5) 회사의 법적인 구조에 대하여

회사에 대한 설명과 마찬가지로, 만일 여러분 회사의 소유 구조나 책임, 권리 등의 분배가 복잡하지 않다면, 핵심정리에 한두 줄의 문장으로 법적 구조에 대한 설명을 할 수 있을 것이다. 그러나 두 개의 자회사와 다른 회사와의 합작 또는 여러 나라에 걸쳐 수많은 소유주들이 있다면, 자세한 회사의 법적 구조에 대해서는, 별도 부분으로 사업계획서에서 다룰 필요가 있다.

대부분의 소규모 회사는 단독 소유로 세워진다. 이런 단독 소유 회사는 설립할 때 드는 비용과 서류처리가 적고, 회사에 부채만 없으면 폐업하기도 쉽다. 더 나은 점은 소유권과 경영권이 한 사람에게 있기 때문에 거래처나 투자가들이 함께 일하는 것이 편하다는 것이다.

많은 중간 규모나 큰 규모의 회사는 합병회사(Partnership)의 구조를 가지고 있기도 하다. 이런 구조의 회사는 단독 소유보다. 설립할 때 작성해야 하는 법적, 세무적인 서류가 더 많다. 여러분이 사업 파트너가 있는 경우에는 역할과 책임 분배를 확실히 해야 한다. 사업파트너들은 종종 누가 더 일하고, 누가 급여를 덜 받는지 등과 같은 문제로 싸우기 때문이다.

핵심정리에 합병회사와의 주요 계약사항(역할, 책임, 소유권 분배)을 간단하게 언급하는 것도 좋다. 대부분의 대기업들은 법인 회사의 구조를 가지고 있다. 법인 회사는 개인처럼 세금을 지불하고, 자산을 소유할 수 있으며, 소송도 제기할 수 있다.

사실 법인을 설립하면, 많은 부채와 그에 따른 위험 요소들이 소유주 개인이 아닌 법인으로 이전될 것이다. 예를 들어 법인 소유의 채무에 대해 개인 소유권을 가진 경우가 아니라면, 여러분은 부채에 대해 책임을 질 이유가 없다. 특히 부채를 빌려주는 은행은 법인 회사와 거래 채무에 대한 법적 책임 사항에 관심이 더 많다.

6) 회사의 역사에 대하여

오늘 여러분의 사업은 어떻게 해서 이루어졌는가? 또한 어디에서 아이디어를 얻었는가? 사업계획서를 읽는 사람들은 지금까지 여러분이 이룩해 낸 성과에 대해 알고 싶어한다.

예를 들어 사업을 시작한 날, 중요한 특허를 받은 날 등과 같은 중요한 업적을 달성한 날을 이 부분에 포함시키면 좋다.

투자가들은 여러분의 성과 중에서 재무적인 성과에 가장 관심이 많다. 따라서 회사의 역사 부분을 작성할 때 비재무적인 성과 외에도 재무적인 성과에 대해 언급하는 것도 잊어서는 안 된다. 일반적으로 재무적인 성과로는 언제 처음으로 매출을 창출했는지, 언제 현금흐름이 흑자가 되었는지, 그리고 언제 사업이 손실에서 이익을 창출했는지 등을 포함하면 된다.

7) 계획과 목표의 요약

여러분이 이루고자 하는 궁극적인 목표에 도달하기 위해서는, 중간에 제2, 제3의 목표가 있을 것이다. 여러분은 독자에게 장기적인 목표를 단기적이나 중기적인 목표로 나누어 간단하게 언급함으로써 읽는 이로부터 신뢰성을 얻을 수 있을 것이다.

8) 사명 선언문

사명 선언문에는 여러분이 무엇을 하려고 하는지, 무엇이 여러분의 사업을 같은 업종에 있는 다른 회사보다 차별화시킬 수 있는지에 대해 설명할 수 있어야 한다. 여러분이 누구에게 무엇을 팔 것인지, 왜 그들이 여러분에게 그것을 사는지 분명하게 써야 한다. 그것에 대한 몇 가지 예가 있다.

- 리버 시티 로스터스(River City Roadsters)는 1950 ~ 1960년대에 유행했던 자동차를 구입한 후 고쳐, 센츄럴 미주리 전역에 있는 클래식 자동차 매니아에게 판매한다.
- 캡틴 쿠리오(Captain Curio)는 뉴잉글랜드에 사는 부유한 골동품 수집가에게 고가격 희귀 골동품을 판매한다.
- 어거스트 애플튼사(August Appleton, Esq.)는 저렴한 가격으로 개인적인 피해나 업무 보상 및 연령차별에 대해 소송을 걸고 싶어하는 이들에게 법적 서비스를 제공한다.

9) 기업의 비전

사명 선언문과 달리 기업의 비전은 당장 실현할 수 있는 목표에 대한 설명보다 먼 앞날에 여러분이 성취하고자 하는 꿈에 대한 기술이다. 예를 들어 당신의 사업이 생명과학 관련 사업이라면, 기업의 비전으로 '신약 개발로 질병 없이 살 수 있는 세계를 만드는 것'과 같이 쓰면 된다.

사업의 비전에는 개인적이고 다소 과장된 표현을 많이 쓰기 때문에 쓸모 없게 생각될 수도 있지만, 많은 투자가들은 의미 있는 사명감을 가지고, 사업을 하는 사람을 존중하기 때문에 핵심정리에 포함시키는 것이 좋다.

벤처창업과 사업계획서 작성방법

| Action 3 | 어떤 전략으로 임할 것인가? |

 어떻게 시장을 공략할 것인지에 대해서는, 같은 산업 내에서도 여러 가지 전략이 나올 수 있다. 사업계획서를 많이 검토해 본 사람들은 어떤 전략이 성공할 것인지 미리 말하기는 어렵지만, 어떤 전략도 갖고 있지 않은 기업은 전진하기 어렵다는 것을 알고 있다. 따라서 핵심정리에 여러분이 선택한 사업 전략이 무엇인지 명확히 제시해야 한다.

 일반적으로 시장 전략은 크게 세 가지로 나눌 수 있다. 첫째는 저원가 전략이고, 둘째는 차별화 전략이며, 셋째는 틈새시장 전략이다. 다음에 이 세 가지 전략에 대해 살펴보기로 한다.

- '저원가 전략'은 다른 경쟁자보다 더 저렴한 제품과 서비스를 만드는 것이다. 이것은 제품을 최고로 싸게 판매해 폭넓은 시장을 확보하는 것이다.

 대부분의 시장이 가격에 다소 민감하지만, 저원가 전략은 가격에 상당히 민감한 시장에서 최고의 효과를 얻을 수 있는 전략이다. 하지만, 저원가 전략은 일반적으로 소규모 회사가 선택하기에는 힘든 전략이다. 대규모 경자들은 '규모의 경제'라는 핵심적인 경쟁력이 있기 때문이다.

- '차별화 전략'은 최상의 품질이나 가장 오래된 전통, 또는 가장 새로운 것 등과 같은 특성을 통해 제품을 차별화하는 것으로, 이는 상품이나 서비스를 더 비싸게 팔 수 있고, 더 충성스러운 고객을 확보하며, 경쟁자들과 차별화할 수 있는 장점을 가지고 있다.

  여러분은 제품에 기능을 더 추가시키거나 효과적인 마케팅을 통해 경쟁사에 비해 특별한 무엇인가가 있다는 이미지를 사람들에게 주면서 차별화시킬 수 있다.

- '틈새시장 전략'은 소규모 회사의 영역이라고 할 수 있다. 시장이 너무 작아서 경쟁자들, 특히 대기업이나 별다른 매력을 느끼지 못하는 시장에서 소규모 회사가 생존하고 성공하는 데 유리하다. 틈새시장 전략을 사용해야 할 기업은 소규모 고객군의 직접적인 욕구에 적합하도록 제품과 서비스를 개발해야 한다.

  틈새시장 전략의 장점은 큰 경쟁업체의 도전 없이 나름대로 충분히 만족할 만한 수익을 확보할 수 있다는 점이다. 하지만, 이 틈새시장이 충분히 성장하면 경쟁자들이 진입하기 때문에 처음부터 틈새시장 전략을 사용했던 기업이 새로 진입한 경쟁자들에게 밀려 망할 수도 있다.

| Action 4 | 자금이 쓰이는 용도에 대해 설명하자 |

자금을 유치하는 데 사업계획서를 사용하고 싶다면, 조달하고자 하는 자금의 규모와 그 자금을 언제 어떻게 사용할 것인지에 대해 기술해야 한다.

제3장 사업계획서, 부분별 작성 방법

11. 인력계획, 어떻게 할 것인가?
12. 상품 및 서비스, 어떻게 소개할 것인가?
13. 산업 내부의 정보를 확인하라
14. 마케팅 부분, 어떻게 작성할 것인가?
15. 운영계획 부분, 어떻게 다룰 것인가?
16. 재무부분, 어떻게 구성할 것인가?

에듀컨텐츠·휴피아
ECH Educontents·Huepia

제3장. 사업계획서, 부분별 작성 방법

11. 인력계획, 어떻게 할 것인가?

사업계획서의 인력계획 부분은 누가 회사를 경영하는지에 대해 기술하는 곳이다. 이 때는 경영자다운 튼튼한 배경을 설명하는 것이 가장 좋은 방법이다.

또한 사업계획서의 중요한 부분으로, 회사의 모든 부서와 관리자들 간의 내부 관계를 기본적으로 설명해야 하며, 거기에 주요 경영자들도 포함시켜야 한다.

Action 1 | 어떤 경영진인가가 중요하다

투자가들은 "난 아이디어에 투자하지 않고, 사람에 투자한다."라고 말한다. 실제로 투자가나 고객, 공급자 및 사업계획서에 관심이 있는 사람들은, 경영진에 대해 상당히 정밀한 조사를 한다.

결국, 많은 경우에 있어서 사람들은 회사의 중요한 자산이다. 따라서 사업계획서에서 이 부분이 소홀하게 다루어져서는 안 된다. 다행스럽게도, 이 부분은 사업계획서에서 가장 쉬운 파트 중의 하나이다.

Action 2 | 경영진의 능력과 자질을 강조하자

사업계획서를 읽는 사람들은 경영진의 능력과 자질을 알고 싶어한다. 경영진에 대해 아래의 사항을 설명함으로써 정보를 제공할 수 있다.

■ 학력 / 교육

회사 경영진의 탁월한 학벌이나 교육 배경은, 투자가를 비롯한 사업계획서를 읽는 사람들에게 회사에 대해 좋은 느낌을 갖도록 만드는 강력한 요소이다. 사업이나 경영자의 역할에 따라 어떤 학력 요소를 강조할 것인지 생각해 보아야 한다.

예를 들어 여러분이 고급 레스토랑을 시작할 경우 여러분과 같이 일할 요리사가 유명한 요리학교에서 일등으로 졸업했다면, 이 내용을 강조해서 쓰면 될 것이다. 반면에, 여러분이 운송 사업을 시작했는데 여러분의 사업 파트너가 잘 알려지지 않은 학교에서 인류학을 전공했다면, 굳이 이 학력 내용을 강조할 필요가 없다.

■ 경력

투자가들은 경영진이 관련된 분야에서 일한 경험이 있는지에 대해 관심이 많다. 따라서 경영진이 현재 맡고 있는 업무와 관련된 분야에서 경력이 있으면, 회사의 이름이나 업무 내용, 역할, 일한 기간 및 지위 등을 설명하는 것이 좋다.

〔표11-1〕 언급해야 할 경영진

주요 경영진 부분에서 언급해야 할 경영진은 누구인가?

누구를 주요 경영진에 포함시킬 것인지 결정할 때, 사업에서 다음 주요 비즈니스 기능이나 역할을 누가 맡을 것인지 생각해 보면 된다.

· 회계	· 물류	· 법
· 재무	· 마케팅	· 구매
· 기타 중요한 기능	· 홍보	· 인사
· 운영	· 영업	
· 제조 · 생산	· 교육	

■ 업적

경영팀 멤버 중 누군가 수익을 냈었거나 1년 사이에 믿을 수 없을 만큼 많은 영업점을 열었다면, 여기에서 언급하는 것이 좋다. 이때 조심해야 할 것은 그냥 자랑만 해서는 안 된다는 것이다. 투자가들이 보기에 업적을 객관적인 수치로 표현할 수 있어야 신뢰성 있고 설득력 있게 들릴 수 있다.

예를 들어 여러분의 영업 능력을 보여 줄 수 있는 전직장에서의 업적을 쓸 때 이렇게 쓰면 된다. "전 B사에서 영업부장으로 5년간 일하면서 매년 30% 이상의 매출 성장률을 기록했습니다."

■ 기타 개인적인 사항

경영진의 나이, 집 주소, 봉사활동, 회사를 지원하게 된 동기 등과 같은 개인적인 사항들도 포함하는 것이 좋다.

제3장. 사업계획서, 부분별 작성 방법

| Action 3 | 인력별 담당 역할은 무엇인가? |

경영진의 직위와 배경을 설명할 때 각자의 업무 역할이 무엇인지 정확히 써라. 이것은 한 사람당 맡은 역할이 많고, 창업을 시작한 지 얼마 되지 않은 회사의 경우에는 특히 그렇다.

| Action 4 | 인력 보강계획은? |

만약 현재 경영팀의 멤버들이 중요한 기능을 제대로 다 하지 못하고 있다면, 그것을 보완할 계획을 설명해야 한다. 예를 들어 "영업 업무는 재무부 부사장이 임시로 맡고 있지만, 창업 후 대략 6개월 정도 지난 시점에서 매달 매출액이 50만 달러 수준이 되면 부사장을 채용할 계획이다." 그외에도 어떤 채용 전략으로 유능한 인재들을 끌어 모을 것인지 언급해야 한다.

벤처창업과 사업계획서 작성방법

Action 5 | 인력 수급계획은?

여러분의 근무시간은 업무로 가득 채워져 있다. 어느 누구도 소규모 기업의 창업자의 일상을 좋아할 사람은 없을 것이다. 장부를 맞추거나 새로 온 제품을 선적하는 것과 같은 업무는 하루 종일 여러분의 매 시간을 채운다. 하지만, 퇴근할 때 여전히 많은 일이 남아 있고, 또 해야 한다. 이런 이유 때문에 소규모 기업의 창업가들은 항상 괴롭다.

여러분은 하루 안에서 주어진 24시간을 늘릴 수 없지만, 나름대로 일손을 더 쓸 수는 있다. 문제는 얼마나 많은 일손이 필요한가이다. 즉, 일손이 언제, 얼마 동안, 얼마만큼 필요한 것인지 파악해야 한다. 이렇듯 인력 수급 현황을 기획하는 것은, 사업계획에 있어서 매우 필요한 부분이다.

☎ 기능적 조직 (Functional Organization)
기능적 조직은 마켓이나 자금과 같은 권위와 기능에 따른 보고의 구조에 맞게 분리된 전반적인 것을 말한다. 이러한 기능은 상품 및 다른 사항들과 서로 연관되어 있다.

☎ 라인조직(Line organization)
라인조직은 생산 라인으로 분류된 조직을 설명하는 것으로 상품과 사업 부분 등이 있다. 각각의 라인에는 다양한 기능을 위한 후원 스태프가 있다.

전략적 고용계획

사업계획서에서 인력 전략을 수립하기 위해서는, 다음의 사항을 고려해야 한다.

1. 사업의 주요 목적은 무엇인가?

---

2. 현재 직원들은 어떤 능력을 가지고 있는가?

---

3. 직원들이 앞으로 가져야 할 새로운 능력은 무엇인가?

---

4. 이러한 능력들이 사업의 핵심역량으로 집중되어 있는가

---

5. 회사가 보유한 직무 명세서와 그에 따른 인력들이 이러한 능력을 제공할 수 있는가?

벤처창업과 사업계획서 작성방법

Action 6 핵심인력을 채용하고 유지하자

똑똑하고 성실하며 위험을 무릅쓰는 핵심인력은, 경기가 좋거나 나쁘거나 회사는 언제나 이들을 필요로 한다. 빌게이츠(Bill Gates)의 마이크로소프트사에는 2만 2천 명의 직원이 있지만, 그중 20명의 핵심인력을 잃어버린다면, 회사는 바로 어려운 국면에 빠질 것이라고 말하고 있다.

이렇듯 핵심인력의 중요성은 더 이상 비밀이 아니다. 따라서 성공하고자 하는 기업은 어떻게 핵심인력을 유인하고 고용해, 그들을 유지할 것인가에 대한 계획이 필요하다.

여러분은 소프트웨어 회사를 시작할 것인가? 그렇다면, 핵심 인력은 한두 명의 일류급 프로그래머가 된다. 반면에, 고급 레스토랑을 열려면 일급 요리사가 핵심인력이 된다. 어떤 사업을 하든지, 여러분 자신이 정말로 모든 업무를 잘할 수 있는 훌륭한 인재가 아닌 이상, 사업에 필요한 핵심인력은 한 명 이상 채용해야 한다.

이런 핵심인력을 여러분의 회사로 끌어들이기 위해서는, 핵심 인력들이 직업을 선택할 때 중요하게 여기는 다음 사항들을 고려해야 한다.

- 혜택 : 휴가 및 병가, 의료보험 및 퇴직 계획
- 보상 : 급여, 보너스, 주식·옵션, 이익 분배와 자동 마일리지 수당
- 기타 : 육아시설, 유동적 업무 시간, 클럽 멤버십, 생일과 같은 개인적인 휴일

사업계획서에서는 위의 사항들을 신중히 고려해야 하며, 핵심 인력에게 동기를 부여하기 위한 차원에서 제공할 수 있는 사항들을 기술해야 한다. 특히, 핵심인력 한두 명이 사업의 성공 여부를 결정하는 소규모 회사는, 사업계획서에서 핵심인력을 지속적으로 어떻게 고용할 것이고, 유지할 것인지에 대한 실제적인 대안을 제시해야 한다.

제3장. 사업계획서, 부분별 작성 방법

| Action 7 | 외부 전문가들을 활용하자 |

여러분을 위해 일할 수 있는 중요한 사람들 중 몇 명은 여러분 회사의 직원이 아닐 수도 있다. 여러분의 변호사, 회계사, 보험중개인 등은 여러분 팀의 중요한 멤버이다. 이러한 훌륭한 전문직 인력들이 여러분 사업의 성공을 도와줄 수 있다.

사업에 꼭 필요한 모든 전문적인 역할과 기능이 내부의 경영자나 외부의 전문기관에 의해 수행되고 있다는 것을, 사업계획서를 통해 독자들에게 확신시켜야 한다.

투자가들에게 그들이 투자할 자금이 전문가 집단에 의해 감시되고 있다는 것을 알리는 것은, 투자가를 안심시킬 수 있는 좋은 방법이다.

투자가들은 이익을 위해 회사에 투자한다. 사람이 좋다고 해서 자금을 그냥 건네주지는 않는다. 그렇다고 회사의 경영진을 좋아하지 않거나 존중할 수 없다면, 투자하지 않을 것은 확실하다.

☎ 라인과 스태프
라인과 스태프 구성은 혼합된 관리 구성으로, 기획자와 회계사 등이 자문으로 행동하면서 관리 라인을 지원하는 것이다.

☎ 아웃소싱
아웃소싱은 1990년대 대기업 사이에서 유행한 경향으로, 창업자들은 여러 해 동안 이에 대해 잘 알고 있었다. 아웃소싱을 통해 스태프를 지원하기 위한 시간과 돈을 절약하고, 상품의 유동성을 증진시킬 수 있다.

에듀컨텐츠·휴피아
ECH Educontents·Huepa

제3장. 사업계획서, 부분별 작성 방법

12. 상품 및 서비스, 어떻게 소개할 것인가?

모든 사업에는 판매해야 하는 무엇인가를 가지고 있다. 이 마당에서는 사업계획서의 상품 및 서비스 부분에서 (앞으로는 특별히 지정하지 않는 한 '상품'이란 상품과 서비스라는 두 개를 합친 의미임) 여러분의 사업이 무엇을 팔고자 하는 것인지 설명하는 부분이다.

비록 여러분의 회사가 판매할 상품이 개발 단계에 있더라도 그것에 대해 설명하는 것 역시 중요하다.

Action 1 상품 및 서비스는 무엇인가?

여러분의 사업에서 취급하는 상품에 대해 여러분은 설득력 있게 설명할 수 있어야 한다. 상품에 대해 설명할 때는 제품의 여러가지 특징, 원가, 유통, 목표 시장, 경쟁과 생산 등도 함께 설명해야 한다. 다음의 몇 가지 제품 설명에 대한 예를 살펴보자.

- 스트리트 비트(Street Beat)는 새로운 타입의 가지고 다니는 전자 리듬기로서 거리에서 춤을 추거나 축제, 콘서트, 소풍, 스포츠 이벤트 및 기타 야외에서 즐길 수 있는 배경 음악을 만들어 제공한다. 생음악보다 저렴하고 다른 경쟁사 제품보다 더 좋은 음질을 제공한다. 이 제품의 특징은 스포츠프로모터나 이벤트 관리자 및 젊은 층에게 어필할 수 있다.

- 《문제해결 타임즈(Troubleshooting times)》는 전 세계 6천 개 이상의 전기 수리 상점을 대상으로 발간되는 월간지이다. 이 월간지는 새로운 산업 경향과 서비스 제품의 재고 및 고객에 대한 정보를 각 해당 국가의 언어로 제공한다.

- HOBO는 Home Business Organization의 약자로 가정에서 창업하는 사업자를 위한 자문 서비스를 제공해 준다. 이 그룹은 가정 사업자와 전문가를 연결해 주고, 전문가는 가정 사업자를 위한 관리, 자금, 영업 및 생활의 문제 등과 같은 광범위한 자문을 해준다. 유용한 정보를 제공하든지 그렇지 않든지 간에 세미나에 참석하는 고객들로부터 자문비를 받는 다른 창업자문그룹과는 다르게, HOBO는 그들의 자문 서비스로 확실한 혜택을 받았을 때에만, 고객들에게 자문비를 요구한다.

벤처창업과 사업계획서 작성방법

사업계획서에서의 상품 설명은 너무 혼란스러운 제품 설명으로 독자들을 어지럽게 해서는 안 된다. 상품에 대해 그 업종 전문가가 아니더라도 누구든지 알아들을 수 있게 쉽게 풀어서 설명해야 한다.

상품 설명에는 상품이 왜 많이 팔릴 것인가에 대해서만 초점을 맞추는 것은 충분하지 못하다. 투자가들은 과연 여러분이 내세우는 상품들이 경제적인 비용으로 디자인되고, 생산·제작될 수 있는지에 대해서도 알고 싶어한다.

| Action 2 | 무엇이 상품을 가치 있게 만드는가? |

상품에 대한 설명은 단순히 상품의 특징에 대한 목록이 아니다. 여러분의 상품이 시장에서 차별화되어 사람들이 선택할 수 있도록 만드는 특별한 요소가 무엇인지에 대해 강조하는 것이 상품 설명이다. 이러한 특별한 요소는 저렴한 가격이 될 수도 있고, 우수한 품질이 될 수도 있다. 아무리 단순한 상품일지라도 그 상품만의 특유한 판매상의 강점이 있기 마련이다.

☎ 특별한 판매 제안
(Unique Selling Proposition) '특별한 판매 제안'이란 용어는 고객의 눈으로 볼 때, 경쟁사보다 좀더 좋은 것을 말한다. 그래서 다른 상품을 구입하는 대신에 여러분의 상품을 구입하는 것이다.

■ 특징

여러분의 상품이 시장에 있는 경쟁사의 상품보다 화려하거나 다양하다면, 여러분은 강력한 판매상의 강점을 보유한 것이다. 실제로 시장에서 여러분의 상품이 다른 경쟁상품과 비교해 특별히 구별되는 특징이 없으면, 설득력있는 사업계획서를 쓰는 것은 어렵다.

■ 가격

모든 사람들은 구입할 때 되도록 낮은 가격을 내길 원한다. 여러분이 손실을 입지 않고 저가격에 상품을 제공할 수 있는 위치에 있으면, 강력한 판매상의 이점을 가지고 있는 것이다. 반면에 고가품은 우수한 품질로 고객을 유인할 수 있다.

제3장. 사업계획서, 부분별 작성 방법

■ 유통망

포드자동차의 F시리즈가 미국 자동차 중에서 다년간 최고 판매제품으로 자동차 시장을 점유할 수 있었던 부분적인 이유는, 미국 전역 곳곳에 포드사의 판매장이 있었기 때문이다. 이와 비슷하게 여러분의 상품을 강력한 소매업체인 월마트나 K마트에 공급할 수 있다면, 그들이 보유한 무서운 유통의 힘으로 엄청난 매출을 올릴 수 있다.

■ 고객 서비스

훌륭한 고객 서비스는 제품을 구매하도록 이끄는 가장 중요한 요소 중 하나이다. 고객들에게 가치나 제품을 제공하는 대신에 단지 작은 정성만으로도 고객이 구매할 수 있도록 이끌 수 있다.

■ 결제 방법

상품대금을 결제하는 방법을 다양하게 갖추는 것이 좋다. 어떤 사람에게는 신용으로 제품을 판매해야 하며, 또 어떤 사람에게는 혁신적인 융자 시스템을 제공하거나 환불해 주어야 하는 경우도 있을 것이다. 이런 것들에 대한 배려가 고객들에게는 차별점이며, 결제 방식에 편리함을 갖추는 것은 여러분의 제품을 쉽게 구입할 수 있도록 유도할 수 있다.

■ 배달

어느 누구도 기다리는 것을 좋아하는 사람은 없다. 24시간 배달 서비스를 제공한다면, 평범한 제품도 매우 매력적인 제품으로 바뀔 수 있다.

■ 인지도

왜 사람들은 10달러짜리 타이맥스 시계보다 시간이 잘 맞지도 않는 1만 달러짜리 로렉스 시계를 구입하는 것인가? 그것은 로렉스의 명성 때문이다. 명성과 그에 따른 인지도는, 사업의 지속적인 유지에 매우 큰 역할을 한다. IBM이나 시어즈(Sears)와 같은 많은 회사들은, 훌륭한 명성과 인지도가 오랜 시간 동안 사업을 유지시켜 주었다.

■ 지식

정보화시대에 있어서 고객에게 전달하는 지식과 교육은, 여러분이 전반적으로 제공해야 할 것들 중에서 중요한 부분이다. 향후 모든 제품에 있어서 고객에게 관련 지식과 정보를 어떻게 하면 쉽고 정확하게 제공할 수 있는가가 상당히 중요한 이슈가 될 것이다.

■ 경험

여러분의 풍부한 경험은 서비스 사업에서 고객을 유치할 때 중요한 포인트가 될 수 있다.

■ 유명인사 고객

마이클 조던이 나이키 상품을 이용하는 대가로 나이키로부터 수백만 달러를 받은 이유가 있다. 소비자들은 마이클 조던과 조금이라도 비슷해지고 싶어서 나이키 제품을 사는 것이다. 여러분이 유명한 고객을 가지고 있다면, 그것을 사업계획서에 언급하라.

■ 판매점을 강화시킬 수 있는 다른 경쟁 요소들

항상 사업은 고객의 구매 행위에 영향을 줄 수 있는 새로운 아이디어를 찾고 있으며, 특히 비용을 더 들이지 않고, 가치를 더하는 것이 미덕이다.

| Action 3 | 누가 왜 여러분의 상품을 사는가? |

결국, 최고의 제품이라도 시장이 요구하는 제품이 아니면 아무런 소용이 없다. 따라서 사업계획서에서 상품을 구매할 고객이 누구인지, 왜 그 고객이 제품을 구입하는지에 대해 보여 주어야 한다.

제3장. 사업계획서, 부분별 작성 방법

　여러분이 가장 처음에 해야 할 일은 시장을 파악하는 것이다. 그리고 시장의 크기, 수요, 공급 및 특징 등을 가능한 한 수치로 설명하는 것이 좋다.
　한 새로운 이탈리아 음식점이 그 지역의 5마일 반경 안에 사는 가정들을 타깃으로 설정했다고 하자. 음식점의 주인은 통계청의 자료를 토대로 서비스 영역에 있는 잠재 고객이 1만 2천385명이라는 것을 사업계획서에 언급하면 된다.
　한 자전거 의자 제조업체는 시장에서의 타깃을 전통적인 자전거 의자를 불편해 하는, 중년층의 자전거를 타는 사람으로 잡았다고 하자. 이들을 타깃으로 한 이유는, 스포츠 의학센터의 조사 결과인 중년층이 불편한 자전거 의자로 인한 엉덩이의 통증을 호소한다는 점을 인용하면 될 것이다.
　또한 시장 규모를 숫자로 측정하는 것 역시 중요한 것이다. 여러분 회사가 쉽게 인슐린을 주사할 수 있는 기술을 개발하고 있다면, 시장 규모를 측정할 때 미국에 600만 명 이상의 당뇨병 환자가 있다는 것을 지적하면 된다.

Action 4	사회적 책임의식을 보이자

　무허가 제조업체의 싸구려 제품을 구입하는 소비자들에게 몇몇 제조업체에서 고객 불만에 많은 돈을 투자하고 있다는 사실을 알리는 것은 기분 좋은 일이다.
　그러나 제품의 제조업체나 유통업자들은 상황이 전혀 다르다. 도덕 불감증에 걸린 기업에 대한 소송은, 장난감 업체에서 유아용 가구 소매업자에 이르기까지 계속 발생하고 있으며, 많은 산업의 전망을 변화시키고 있다.
　예를 들어 공공 수영장에 갔을 때, 위락시설처럼 깊은 곳에서만 사용할 수 있는 다이빙 판은 볼 수 없을 것이다. 왜냐하면, 다이빙 판에서 다친 다이버의 소송으로 공공 수영장 측은 손해배상을 해주어야 하기 때문이다. 즉, 이것은 기업에게 재정적 어려움을 주는 하나의 요소인 것이다.

만일 다이빙 판을 설치하고, 그러한 서비스를 제공하려고 한다면, 이러한 법적인 문제에 대한 준비를 해야 한다. 이와 같이 기업의 사회적 책임 문제를 다루는 것은 의외로 간단할 수 있다. 즉, 여러분의 제품이나 서비스는 어떤 사회적 문제도 일으키지 않을 것이라는 문장을 사업계획서에 삽입하면 되는 것이다. 만약 사회적 책임 문제를 일으킬 가능성이 있다면, 그것을 인정하고 사업계획서에 어떻게 해결할 것인지에 대해 설명해야 한다.

예를 들어 아이들을 위한 침대를 만드는 회사의 마케팅 담당자와 같이, 여러분의 모든 제품에 경고 라벨을 붙인 후 문제가 발생했을 때 회사는 그에 따른 책임을 지기 위해 보증 보험 프로그램을 실시하겠다는 메시지를 전해야 한다.

물론, 이러한 문제에 대해서는 변호사의 자문을 받아야 한다. 또한 어떤 제품이 법적인 문제를 더 일으키거나 덜 일으킬 것 같다는 일반인의 의견은, 사업계획서에 포함시키지 않는 것이 좋다.

사업계획서의 사회적 책임 부분은 제품의 결함으로 소송을 겪을 수도 있다는 질문을 다룰 수 있는 좋은 장소이다. 그렇다면, 어떻게 사업계획서에서 사회적 책임 부분을 다룰 것인가? 여러분이 이에 대한 적절한 해답을 찾지 못한다면, 민간 항공기 제조업자들처럼 사업을 청산하든지, 아니면 다가올 엄청난 소송으로 사업을 내몰든지 해야 할 것이다.

제3장. 사업계획서, 부분별 작성 방법

Action 5   면허와 허가증을 밝히자

　사업계획서에는 영업을 하는 데 따라 어떤 면허와 허가증이 필요한지 밝혀야 하고, 또 이러한 면허와 허가증이 있는지 아니면 없는지, 그리고 없다면 언제 받을 것인지에 대해 거론해야 한다.

　서류 업무는 어떤 것은 꼭 필요한 것이다. 모든 사업은 세금을 내야 하고, 대부분의 사업은 관련 자격과 허가가 있어야 한다. 사업계획서에서는 이런 것들을 간단하게 기재해, 여러분에게 꼭 있어야 하는 필요한 자격증이나 허가 관련 서류를 언급해야 한다. 이에 대해 언급하지 않는다면, 몇몇 독자들은 모든 것이 사상누각일 뿐이라고 생각하며, 뭔가 서류에 문제가 있다고 의심할 수도 있다. 따라서 지금 이러한 생각을 분명하게 하는 것이 중요하다.

　사업 관련 허가나 세금 관련 양식 외에도 필요한 허가증이나 서류는 매우 많다. 건물의 소유주는 정기적인 엘리베이터 검사를 받아야 하고, 몇몇 도시에서는 안전 검사도 받아야 한다. 배관공은 여러 지역의 자격이 있어야 한다. 또한 길거리에서 영업을 하기 위해서는 지자체의 허가와 등록 등과 같은 절차를 반드시 밟아야 한다.

　몇 가지 사업은 직업적 자격증이나 허가증이 판매를 위해 꼭 필요하다. 회계사를 예로 들 수 있다. 많은 사람들이 회계 서비스를 판매하고 있다. 회계사에게 갈 때, 여러분이 지불하는 것은 회계사라는 자격에 따른 능력이나 실력에 대한 것이다.

에듀컨텐츠·휴피아

13. 산업 내부의 정보를 파악하라

한창 뜬 산업이 있다고 해서 어떤 회사가 성공할 것이라는 것을 보장하지는 않는다. 하지만, 쇠퇴하고 어려운 산업에 있는 회사는 성공하기 위해 훨씬 더 많은 노력을 투자해야 하는 것은 사실이다. 그렇기 때문에 투자가들은 회사의 성공 가능성을 판단할 때 속해있는 산업에 대해 신중히 검토해야 한다.

사업계획서를 읽을 때 독자들이 선호하는 산업의 종류는 빠른 성장 단계에 있고, 막대한 잠재성은 있으나 현재 강력한 경쟁자들이 없는 산업이다. 또한 다소 성장률은 낮지만 시장 규모가 크고, 현재 있는 경쟁자들의 경쟁력이 떨어지고 있어서 새로운 회사가 시장을 뚫고 들어 올 수 있는 기회가 보이는 산업도 좋아한다.

아무튼, 산업의 상태와 경향에 대한 분석은 자세히 조사해 사업계획서에서 보고할 필요가 있다. 이 분석은 단지 즉석에서 생각할 수 있는 사항이 아니다. 시장조사를 통해 경쟁업체의 약점과 강점이 무엇인지, 그리고 시장의 진입장벽은 어느 정도인지 파악해야 한다.

마지막으로 여러분이 다른 경쟁자보다 무엇이 더 낫고, 왜 꼭 성공할 수 있을 것인지에 대해 충분히 납득할 수 있도록 설명해야 한다.

Action 1 │ 산업이 처한 현재 상태를 설명하자

1980년대 초에 모든 창업자들에게는, 후원자의 주목을 끌어내는 데 있어서 사업계획서의 제목으로 '에너지'라는 단어만 있으면 되었다. 또 어떤 때는 바이오텍, 컴퓨터 소프트웨어나 인터넷 관련 산업 등이 투자가의 눈길을 끌었다. 이처럼 투자가들이 선호하는 산업의 종류는 유행을 탄다. 여러분이 이 산업분석 부분에서 해야 할 일은 여러분이 추진하는 사업이 가까운 미래에 모든 사람이 관심을 가질 유망 업종이거나 좋은 기회가 많은 산업이라는 점을 설득시켜야 한다.

산업에 대한 분석을 할 때 여러분은 회사 내부 중심의 시각에서 외부 중심의 시각으로 전환해야 한다. 즉, 자기 사업 중심의 시각에서 사업을 관찰하는 대신에 전체적인 산업과 연계해서 설명하고, 그 산업 내에서 여러분의 위치를 파악해 전달할 수 있어야 한다. 사업계획서에서 이 부분을 쓸 때는 다른 부분보다 좀더 다른 많은 정보를 얻기 위해 많이 돌아다녀야 한다.

벤처창업과 사업계획서 작성방법

| Action 2 | 시장조사를 실시하자 |

유능한 사업가들은 누구보다 먼저 시장의 동향을 깨닫고, 고객들이 무엇을 필요로 하는지 고객 자신들이 깨닫기 전에 파악해야 한다.

시장조사를 통해 고객이 왜 여러분의 제품을 구입할 것인지, 그 이유를 아는 것이 목적이다. 소비자의 행동을 조사하는 이와 같은 연구에는, 구매에 영향을 주는 문화적, 사회적, 개인적 요소 등이 포함된다. 예를 들어 인라인 스케이트를 구입하는 고객을 이해하기 위한 시장조사에서는, 날씬한 몸매를 선호하는 문화적 중요성을 파악할 수 있다.

> ☎ 시장조사
> 시장조사는 비용이 엄청날 수 있다. 여기에 저렴한 정보의 출처가 있는데, 그것은 여러 가지 고액의 정보 이상 유용할 것이다. 무역 그룹, 경제 관련 부서, 특허청, 공급업자, 고객, 동종 업종이지만 위치가 다른 회사, 경쟁업체 보고서 및 정보, 산업신문, 은행, 대학 등

시장조사는 직접적인 조사와 간접적인 조사, 두 가지로 나눌 수 있다. 직접적인 조사가 고객들로부터 정보를 직접 얻는 것인데 반해, 간접적인 조사는 제3자가 이미 행한 시장조사로서 기존의 문헌이나 자료를 얻는 것이다. 물론, 시장조사를 할 때 이 두 가지 방법을 다 쓰거나 하나만 써도 괜찮다.

시장조사를 통해 답을 구하고자 할 때 포함되는 기본적인 질문사항들은 다음과 같다.

- 누가 여러분의 고객인가?
  나이, 직업, 수입, 라이프스타일, 교육 수준 등의 항목으로 고객을 분류한다.
- 고객이 사는 상품은 무엇인가?
  여러분의 상품과 관련해서 고객은 무엇을 얼마나 구입하며, 인기 있는 상품의 특성과 소비가 가장 많이 이루어지는 가격선 등을 포함한 고객의 구매 습관을 설명한다.
- 왜 고객이 이 상품을 구입하는가?
  이것은 미묘한 사안으로 고객의 성향을 조사하기 위한 시도이다. 이것은 상품에 따라 답이 매우 다를 수 있다. 예를 들어 소비자가 A사의 후라이팬을 사는 이유는, 다른 회사 제품보다 음식물이 달라붙지 않기 때문일 수도 있다.

제3장. 사업계획서, 부분별 작성 방법

　이와 같은 일련의 질문 사항들이 매우 어렵게 보일지라도, 이러한 조사결과를 통해 시장, 매출 추이, 소비자의 구매동기 등과 같은 유용한 정보를 자세하게 알 수 있다는 점에서 놀랄 것이다. 이러한 정보들은 사업계획서를 좀 더 납득하기 쉽고, 성공 가능성이 높은 것으로 만든다. 중요한 것은 이렇게 주어진 정보의 원천을 잘 찾아서 필요한 자료를 구하는 것이다.

　요즘 시장조사 보고서를 만들어 판매하는 사업은 규모도 크고 매우 성황 중이다. 개별 회사들에 대한 보고서의 신뢰성을 입증하는 산업연구보고서 등과 같은 다양한 보고서를 판매하는 회사들을 쉽게 찾을 수 있다. 그러나 시장조사에 드는 비용이 만만치 않기 때문에 이러한 보고서는 결코 싸지 않다. 많은 수의 전문가와 확실한 조사를 수행하기 위하여 인력과 기술이 요구된다. 규모가 큰 시장조사 회사들은, 확실한 시장조사를 하기 위해 정기적으로 수천 달러를 투자한다. 그러나 작은 규모의 회사들은 이러한 투자를 자주 하지 못한다.

　그러나 최고 수준의 시장 정보는 제3자로부터 결코 구매할 수 없다. 최고의 시장조사는 자체적으로 직접 수행된 것이다. 자체적인 시장조사는 공식적인 전화번호부에서 샘플링한 고객이나 경쟁회사의 주고객을 대상으로 직접 전화 인터뷰를 하는 방식으로 수행된다.

　그러나 자체적인 시장조사를 하는 데 쓰이는 정보는 대부분 여러분이 이미 가지고 있다. 이러한 정보는 매출 기록을 분석하거나 구매자의 주소와 다른 정보가 기재되어 있는 기록표 등을 통해 도출할 수 있다.

　이렇게 자체적으로 행한 시장조사 자료는 보유한 자료 파일을 통해서 구할 수 있다. 물론, 이렇게 하는 것은 비용적인 면에서도 훨씬 저렴할 뿐만 아니라 그 결과도 기존의 다른 시장조사 결과보다 좀더 새로울 수 있다. 또한 본인이 직접 조사한 결과이므로 정형화된 조사에 비해 훨씬 치밀하게 수행되었을 것이며, 고용된 조사원을 시켜 실시한 조사 결과보다 훨씬 더 좋은 결과를 도출해 낼 수 있을 것이다.

회사 내에 있는 자료를 활용해서 직접 실시하는 시장조사가 갖는 한 가지 한계점은, 때때로 여러분이 원하는 정보가 회사 내에 없다는 점이다. 예를 들어 고객의 구매를 촉진하기 위해 고객에게 자금을 제공하는 것에 대해 고려 중이라면, 기존의 자료에는 제공한 적이 없었기 때문에 그들이 이러한 촉진 방법을 좋아하는지의 여부를 알 수 있는 자료가 없다는 점이다. 그러나 이러한 한계는 점포를 방문하는 고객들과의 인터뷰를 통해 극복할 수 있다.

산업분석 체크 리스트

산업분석에 앞서 다음 사항에 대해 자료를 수집하는 것이 좋다.

1. 전체 산업의 매출 규모는(매출액, 매출 전수)?

2. 매출 건수 추세는?

3. 여러분의 주 경쟁업체와 그들의 활동은 어떤가?

4. 산업의 진입장벽은? 이 산업에서 경쟁하려면 무엇이 필요한가?

5. 이 산업은 어떤 기술적인 동향에 영향을 받는가?

6. 산업에 쓰이는 마케팅 방법은?

7. 어떻게 정부가 이 산업에 관여하는가?

8. 변화하는 소비자의 취향은, 이 산업에 어떠한 영향을 끼치는가?

9. 인구 구성 변동은 이 산업에 어떠한 영향을 끼치는가?

10. 이 산업이 계절과 전반적인 경제 상태에 얼마나 민감한가?

11. 이 산업에서 주로 쓰이는 재무적 지표는?
    (예 : 평균 이익 마진, 영업 커미션)

Action 3   산업 트렌드를 파악하자

타이밍이 잘 맞아야 한다는 것은, 사업에서도 매우 중요한 것이다. 네스케이프 커뮤니케이션(Netscape Communication)의 창업자인 마크 앤드류센(Marc Andreessen)은, 지난 20년 동안 군사적 목적으로 쓰여 오던 인터넷이 일반적으로 보편화될 추세를 누구보다 먼저 알아차리고, 탐색 엔진 소프트웨어인 네스케이프를 개발하였다. 이와 같은 마크 앤드류센의 남보다 앞선, 산업 동향에 대한 이해는 그를 백만장자로 만들었다.

이렇게 발전 가능성이 있는 산업에 먼저 들어가는 것은 성공의 비결 중 하나이다. 벤처투자가들도 이 사실을 알고 있기 때문에 남들이 잘 알지 못하는 잠재적인 발전 산업에 관심이 많다. 문제는 다른 사람들보다 앞서 다가올 트렌드를 먼저 파악할 수 있는 능력이다.

산업동향을 파악하고, 그것이 자신의 사업과 얼마만큼 동일한가를 확인하는 방법으로 두 가지를 고려할 수 있다. 동향이란 기본적으로 패턴을 나타내는 일련의 현상이다. 따라서 트렌드 분석가들은 과거의 트렌드를 살펴보고 미래를 계획한다. 그러나 이러한 경향 분석은 과거를 미래와 같은 동일선상에서 생각하는 것이 라는 한계를 가진다.

경향(유행)을 예측하는 두 번째 방법은 테스트 마케팅이다. 선택한 하나의 매장에서 시험적으로 물건을 판매하고, 고객의 반응과 기여 정도를 살펴보는 것이다. 이 방법의 핵심은 테스트 마케팅을 실시할 시장을 어디로 선정할 것인지의 문제이다. 즉, 나중에 판매하려고 하는 시장과 유사해야 한다.

포커스 그룹(Focus groups) 조사는 요즘 무엇에 가장 관심이 있는지 사람들에게 물어봄으로써 트렌드를 파악하는 조사방법이다. 즉, "휴대용 컴퓨터가 어떤 모양이길 바라십니까?"라고 물어보거나 견본을 보여주며, 그들의 반응을 살펴보는 방법이다. 이 방법의 주의사항은 여러분이 선택한 그룹이 소비자 전체를 얼마만큼 대표할 수 있는가이다. 그 그룹의 성향이 일반 소비자의 성향을 대표하지 못하면, 매우 현실성이 없는 결과가 나올 수 있다.

미리 트렌드를 파악하기 위해 시도해 볼 수 있는, 또 다른 방법으로는 다음과 같은 것들이 있다. 즉, 고객과 직접 접촉을 하고 있는 판매사원들과 대화하는 것, 전체를 볼 수 있는 시각을 가지고 있는 경영진들을 인터뷰하는 것, 주기적으로 다양하고 폭넓게 전문서적이나 일간지를 읽는 것 등과 같은, 다양한 방법을 통해 미래의 경향을 예측해 볼 수 있을 것이다.

이와 같은 대부분의 트렌드 예측기법들에 있어서 통계가 큰 역할을 한다. 수학자들은 상표 충성도(Brand loyalty)와 같은 것들을 수치로 나타내 준다. 또한 눈에 보이지 않는 직관적인 분석에 대한 모델을 제공해 주기도 한다. 이렇게 사업이 처한 시장의 경향분석에 따른 자료를 제공할 때는, 통계를 기반으로 한 자료를 사업계획서에서 제공하는 것이 더욱 설득력을 갖도록 할 수 있다.

> ☎ 사이코그래픽
> 사이코그래픽은 고객들의 활동, 흥미, 의견 등에 따라 구분하여 삶의 측정을 정확하게 하려는 시도이다. 완벽하지는 않지만, 마케팅을 시작할 때, 사이코그래픽 분석은 중요한 시장에 대한 식견을 제공할 수 있다.

Action 4 진입장벽을 조사하자

반도체 제조업자가 되기 위해서는 수십억 달러짜리 공장 한 두개가 필요하고, TV 네트워크 회사를 만들기 위해서는 주요 지역의 방송국과 교분이 필요하며, 그에 따른 프로그램이 필요하다.

또한 개인용 컴퓨터 운영 시스템을 판매하고자 한다면 무엇이 필요한가? 윈도우만을 사용하고 있는 6천만 명의 고객과 관계를 맺을 수 있을 것이다.

이와 같은 새로운 경쟁사가 그 산업에 들어가는 데 필요한 요소들을 '진입장벽'이라고 한다. 모든 산업에 진입장벽은 존재한다. 이러한 진입장벽은 재무적, 기술적, 또는 시장이나 유통 관련 요소일 수 있다.

시장조사에 있어서 중요한 부분은 진입장벽이 무엇이고, 진입장벽이 어느 정도 높은지에 대해 파악하는 것이다. 자동차 제조업과 같이 진입장벽이 높다면, 새로운 경쟁자들의 잦은 진입에 대해 너무 걱정하지 않아도 된다. 반면에 진입장벽이 낮다면, 새로운 경쟁자들은 끊임없이 시장을 공략할 것이다.

사업계획서에서 진입장벽을 분석할 때 가장 경계해야 할 것은 혁신적인 경쟁사의 존재이다.

Action 5	경쟁자에 주목하자

여러분이 어떤 종류의 산업에 있든지 경쟁자는 항상 존재한다. 여러분의 사업계획서를 읽는 투자가들은, 사업의 성공에 영향을 끼칠 경쟁자에 대해 알고 싶어한다. 경쟁자로는 눈에 보이는 직접적인 경쟁자 외에도 대체품이 될 만한 상품을 파는 회사도 막강한 경쟁사가 될 수 있다. 예를 들어 선풍기 판매 회사의 경쟁자는, 다른 선풍기 회사뿐만 아니라 에어콘 회사도 포함시켜야 한다.

운동화시장에서 대표적인 경쟁업체는 나이키(Nike)와 리복(Reebok)이다. 그러나 이들 두 회사는 운동화시장에서만 경쟁하고 있는 것이 아니라 다양한 시장에서 경쟁자로 맞서고 있다. 그러나 좀 더 구체적으로 축구화시장에서의 중요한 기업인 아디다스(Adidas)는 이들 두 회사보다 규모가 더 크다. 또한 에토닉(Etonic)과 뉴 밸런스(New Balance), 그리고 사우코니(Saucony)와 같이 규모가 작은 기업들도 강한 경쟁력을 지니고 있다.

여러분은 고객이나 공급자와의 대화를 통해 또는 협회를 통한 조사나 업종 전문지를 읽는 등의 방법으로 경쟁자 리스트를 확보할 수 있다. 그러나 이와 같은 방법으로 경쟁자의 리스트만 확보하는 것은 의미가 없는 것이다. 그 경쟁업체들의 운영방법과 경쟁력에 대해서도 파악할 필요가 있다.

경쟁업체가 매출은 적지만 고마진의 사업 전략이 있는지 또는 매출은 높지만 저마진의 사업 전략이 있는지 잘 파악해야 그들의 약점이 무엇인지 파악한 후 효과적인 시장 전략을 세울 수 있는 것이다.

Action 6	경쟁적 우위 - 왜 여러분의 상품이 더 나은가?

이것은 여러분의 사업계획서 중에서 가장 중요한 부분 중의 하나이다. 여러분의 회사와 함께할 것을 생각하는 모두에게 즉, 투자가나 다른 누구에게나 여러분이 기존 시장의 상품과 차별화시킬 수 있는, 어떤 좋은 것을 제공할 수 있는지에 대해 설득할 필

제3장. 사업계획서, 부분별 작성 방법

요가 있다. 때때로 이것은 '차별화된 경쟁적 우위'라고 불린다. 그러나 여러분 회사의 존재 이유가 이것에 너무 얽매여서는 안 된다.

여러분의 차별화된 경쟁력은 앞에서 논의된 바와 같이 비용, 모양, 서비스, 품질, 유통과 같은 것을 포함한 상품의 특성 요소이거나 상품과 전혀 관련이 없을 수도 있다. 예를 들어 위치 좋은 고속도로 편의점의 성공 여부는, 얼마나 입구 가까이에 위치하고 있는지에 달려 있다.

여러분의 경쟁우위를 파악하기 위해 다음의 항목에 자문해 보길 바란다.

1. 왜 사람들은 경쟁업자 대신에 우리에게 상품을 구입하는 것일까? 상품의 특징적인 측면에서 이 질문에 대해 생각해 봐야 한다. 또 고객들에게 왜 여러분의 상품을 구입하는지 물어볼 필요가 있다. 그리고 고객이 아닌 사람들에게도 왜 구입하지 않는지 물어봐야 한다. 아울러 공급자나 동료 등 모든 이들에게 물어볼 필요가 있다.

2. 여러분의 상품을 경쟁사 상품과 차별화시키고, 더 좋게 하는 것은 무엇인가? 이 질문의 답은 여러분의 경쟁적 우위 요소를 파악하는 데 도움이 될 것이다.

여러분의 회사가 초기 산업에 첫발을 내딛는 것이라면, 차별화된 경쟁역량은 그렇게 중요한 것은 아니다. 산업 자체가 성장 단계에 있으면, 그다지 내세울 만한 차별화된 경쟁역량이 없어도 생존할 수 있다. 그러나 이미 자리를 잡은 회사들과 경쟁해서 시장을 차지하기 위해 계획하는 것이라면, 차별화된 경쟁역량은 매우 중요한 부분이다. 다른 제품보다 더 좋고, 분명히 다르다는 점을 납득시키지 않는다면, 여러분의 사업계획서는 누군가를 설득시키는 데 매우 어려울 것이기 때문이다.

벤처창업과 사업계획서 작성방법

| Action 7 | 전반적으로 조망하자 |

 사업을 시작하거나 계속하는 데 있어서 전체적인 관점에서 흐름을 파악하는 것이 중요하다. 흐름에 따르는 것은 신뢰할 만하다. 그리고 시기를 잘 살펴 언제 흐름을 변경하고, 이익을 낼 수 있는 사업을 준비할 것인지, 그 시점을 잘 살펴야 한다. 또한 사업계획서를 검토하는 사람들에게 사업의 전체적인 흐름을 분석한 자료를 제공하고, 그 목표점에 이르기 위해서 어떻게 실천할 것인가에 대해 분명히 납득시켜야 한다.

제3장. 사업계획서, 부분별 작성 방법

14. 마케팅 부분, 어떻게 작성할 것인가?

사업계획서를 검토하는 사람들은 "무엇을 팔 것인가? 어떻게 팔 것인가? 왜 소비자는 이 물건을 구입하려고 하는가?" 등과 같은 여러 가지 의문을 갖는다. 사업계획서의 마케팅 부분에서는 이와 같은 의문에 대한 명쾌한 해답을 제시할 수 있도록 작성해야 한다.

마케팅 전략 부분은 사업계획서에서 매우 중요한 부분 중 하나이다. 매출이 오르지 않는 것은 사업 실패의 가장 주된 원인이다. 사업계획서상의 마케팅 부분은, 이와 같은 국면에 처할 경우 어떻게 극복할 것인가에 대해서도 설명을 해야 한다.

사업계획서의 마케팅 부분을 작성할 때는, 여러분의 마케팅 전략을 전통적인 4P의 프래임워크 - 상품(product), 가격(price), 유통(place), 홍보(promotion) - 를 이용해서 설명하는 것이 좋다.

Action 1 　 상품은 무엇인가?

4P 중 첫 번째 P인 상품(product)이란 판매하고자 하는 그 무엇으로, 여기에서는 여러분이 판매하고자 하는 상품의 특징과 편익에 대해 모두 설명해야 한다.

사업계획서의 상품 부분에는 역점을 두어야 하는 사항들이 많다. 먼저, 실제 판매 상품에서 핵심 상품이 무엇인지 명확히 구분해 주어야 한다. 이것은 무슨 의미일까? 핵심 상품이란 명목적인 상품을 말한다.

예를 들어 여러분이 아이스크림 가게를 운영한다고 하자. 이 가게의 핵심 상품은 아이스크림이다. 하지만, 이 가게에서 판매하는 실제 상품에는 아이스크림을 포함해 냅킨과 고객 편의를 위한 쾌적한 매장과 주차장 등이 포함된다. 마찬가지로 컴퓨터 가게는 명목적으로는 컴퓨터를 판매한다. 그러나 이 가게 또한 컴퓨터 자체만이 아니라 판매 사원의 전문적인 조언과 고객을 위한 서비스 공간, 타사 제품과의 비교 설명, 소프트웨어 등을 고객에게 공급한다.

핵심 상품만을 언급하는 것이 상품에 대한 소개의 끝이 아니라는 것을 유념해야 한다. 때때로 핵심 상품보다 핵심 상품에 부가적으로 제공되는 서비스가 고객의 입장에서는 더 가치가 높은 것으로 평가될 수도 있다. 본질적으로 잘못된 것은 아니지만, 이러한 사항의 중요성을 잘 이해하지 못한다면, 실패할 가능성은 없지 않다.

상품에 대해 충분히 설명하고, 부가적으로 마케팅 계획에 있어서의 다른 중요한 사항들을 설명할 필요가 있다. 예를 들어 상품개발에 활용되는 프로세스를 설명할 수 있고, 어떻게 아이디어를 찾고 선별했으며, 어떻게 시험하고 시제품을 생산했는지 등에 대해 설명할 필요가 있다.

또한 판매할 제품의 수명주기에 대해 설명하는 것도 필요하다. 예를 들어 콘칩과 같이 즉시 소비되는 상품과 가전제품과 같이 사용 내구년수가 장기인 상품 모두에게 중요한 것이다.

그러나 콘칩 소비자가 제품을 꾸준히 재구매할 수 있도록 자주 마케팅을 할 수 있지만, 한 번 사면 10~20년 동안 계속 사용하는 냉장고 소비자에게 동일하게 마케팅을 적용하는 것은 별 의미가 없다. 따라서 제품의 수명주기를 이해하는 것은, 효과적인 마케팅 계획을 수립하는 데 있어서 매우 중요한 것이다.

제품 부분에 있어서 다루어야 할 또 다른 관점은 브랜딩 전략과 후속 제품 개발 전략, 생산시설 확장계획 등이다. 제품에 대해 이와 같이 여러 가지 관점에서 고려하고, 사업계획서를 작성하는 것이 그 제품에 대해 충분하고도 호소력 있는 메시지를 전달할 수 있게 한다.

제3장. 사업계획서, 부분별 작성 방법

가격 설정을 위한 체크 리스트

가격 설정 방법을 선택하기 전에 여러분의 목표가 무엇인지 파악해야 한다. 가격 설정의 목표가 무엇인지 이해하기 위해 아래의 물음에 답해 보라.

1. 무엇이 더 중요한가? 높은 매출 혹은 높은 이익률?

2. 단기적 성과가 더 중요한가? 장기적 성과가 더 중요한가?

3. 시장에서 무리한 가격 경쟁을 막아 가격을 안정시키려고 하는가?

4. 새로운 경쟁자가 시장에 진입하려는 것을 막거나 현재 경쟁업체들을 시장에서 떠나게 하려고 하는가?

5. 빠른 시간 내에 시장 위치를 확보하고 싶은가, 아니면 천천히 확보하고 싶은가?

6. 현금흐름을 높이려고 하는가, 혹은 상품 개발비용을 빨리 회수하려고 하는가?

7. 설정한 가격은 회사의 이미지에 어떤 영향을 줄 것인가? 이 이미지가 내가 원하는 이미지와 맞는 것인가?

▶ 가격 설정 방법을 선택하기 전에 위에 있는 물음에 답하고, 각각의 목표를 선호하는 우선순위에 따라 나열하면, 여러분의 전반적인 사업 목표와 전략이 일관성 있게 가격을 결정하는 데 영향을 미칠 것이다.

벤처창업과 사업계획서 작성방법

Action 2 가격은 어떻게 설정할 것인가?

사업계획서를 작성하는 데 있어서 가장 중요한 의사결정 중에 하나가 판매하고자 하는 제품에 대한 가격(price) 설정이다. 가격 결정은 단위당 판매 마진에서부터 총 매출까지 결정하는 매우 중요한 작업이다. 또한 가격 결정은 제공해야 할 서비스 수준과 마케팅에 어느 정도 투자해야 하는지 등과 같은, 다른 부문의 의사결정에도 결정적인 영향을 미친다.

따라서 가격 결정 작업은 매출액 추정, 시장 트렌드 예측, 비용 산정을 포함한 다른 작업들과 동시에 추진되지 않으면 안 된다.

가격을 설정하는 방법에는 두 가지가 있다. 한 가지 방법은 판매하고자 하는 제품이나 서비스를 구하거나 생산하는 데 드는 비용을 계산한 후, 여기에 적정 마진을 붙여 가격을 설정하는 것이다. 이 방법은 설정된 가격으로 물량을 팔아 영업이익을 충분히 확보할 수 있다는 가정 아래에서 사용되는 방법으로 직접적이며, 계산하기가 쉽다는 장점이 있다. 또한 이 방법은 특히 소매업자들이 주로 이용하는 방법이다. 이 방법을 효과적으로 사용하기 위해서는, 여러분 사업의 비용구조와 동종업종의 경쟁업체들이 평균적으로 적용하는 이윤율이 어느 정도인지 잘 알고 있어야 한다.

또 다른 하나의 가격 설정 방법은, 여러분 사업의 내부적인 요인보다 경쟁자와 소비자를 중심으로 고려한 후 결정하는 방법이다. 이 경쟁적 가격 설정 방법은 먼저 경쟁상품의 가격은 얼마이고, 소비자가 상품을 구매하는 데 얼마를 지불할 용의가 있는지 등을 살펴본 후, 이를 기준으로 이윤을 내기 위해 비용을 조정해야 하는, 쉽지 않은 과정을 거쳐 결정하는 방법이다. 이 경쟁적 가격 설정 방법은 적정한 이윤 아래에서 제품을 판매할 수 있다는 점을 전제로 하는 방법이므로 시장에서의 경쟁력을 유지하고, 회사의 영속성을 지켜 준다는 측면에서 효과적인 방법이다.

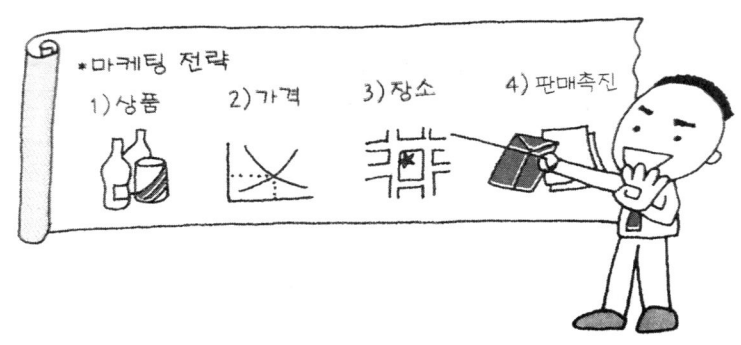

Action 3　유통은 어떻게 할 것인가?

유통(place)은 소비자가 제품을 구매할 수 있도록 제품을 가져다 놓는 데 사용되는 수단이다. 전통적인 유통망 체계는 3단계. 즉 생산자, 도매업자, 소매업자로 구성되며, 여러분은 이 3단계의 누구에게나 상품을 판매할 수 있다.

델 컴퓨터(Del Computer)와 같이 수직적으로 통합된 유통망을 가지고 있는 회사는, 회사 자체적으로 이 세 단계를 모두 점유하고 있다. 또한 프랜차이즈 가맹본부는 모든 채널 속에서 활동하도록 조직화된 시스템의 한 부분이다. 한편, 독립적인 소매업자들은 한 채널 내에서만 움직인다.

많은 제조업자들은 유통 과정을 일반적으로 제일 나중에 고려하는 경향이 있다. 그러나 유통계획이 때로는 매우 중요한 것일 수 있다.

여러분 회사는 장난감과 같이 대중 소비재 시장을 겨냥한 상품을 제조하는 회사라고 하자. 이때 여러분이 대규모 유통 사업자에게 제품을 공급할 수 있는지의 여부가 성공과 실패를 가름할 것이다. 여러분이 제조업이 아니라 전문 서비스업에 있다고 하더라도 물리적 유통망은 제조업자에 비해 중요하지 않지만, 여러분 나름대로의 입지 전략은 사업 성공에 영향을 미치는 중요한 요소이다.

1) 유통 관련 고려

유통 전략을 결정하는 것에는 유통의 범위, 통제, 비용의 3가지 주요한 요소가 있다. 말할 것도 없이, 비용은 유통 관련 사항들을 포함해 사업의 의사결정 관련 모든 부분에서 매우 중요한 요소인 데 반해, 범위와 통제는 유통에만 관련된 요소이다.

'유통 범위'는 진입하고자 하는 시장의 범위를 의미한다. 만약 여러분이 세제를 판매하고자 한다면, 모든 가정을 시장으로 삼을 필요가 있다. 이런 경우에는 전통적인 유통 체계인 생산자, 도매업자, 소매업자, 그리고 소비자까지 고려하는 유통망이 적합하다.

반면에, 여러분이 포천(Fortune))이 선정한 500대 기업의 최고정보책임자(CIO : Chief Information Officers)와 같이 특정한 계층을 대상으로 한다면, 전통적인 유통망은 적합하지 않다. 이런 경우에는, 전통적인 유통망보다는 회사의 판매사원이나 영업부서 대표를 직접 CIO에게 접근시키거나 이미 CIO와 거래하고 있는 회사와 계약을 체결해 판매하는 방법을 택하는 것이 바람직하다. 이상의 두 가지 사례는, 여러분의 판매 체계를 계획하는 데 많은 시사점을 제시할 것이다.

유통망에 대한 통제력도 매우 중요하다. 유명한 아르마니 정장판매점은 쉽게 찾기 힘들다. 이는 아르마니가 고가의 제품만을 취급하는 점포를 중심으로 유통시키려는 노력과 통제 때문이다. 아르마니가 이렇게 유통망을 통제하는 이유는, 높은 가격과 이미지를 유지하기 위해서이다. 많은 제조업자가 가격이나 사후관리, 이미지 등의 이유로

벤처창업과 사업계획서 작성방법

이렇게 유통망을 통제한다. 만약 여러분이 유통 분야에서 통제를 적절히 구사할 수 있다면, 그것은 유통 전략에 강력한 변수가 될 것이다.

2) 입지 관련 고려

　소매업자들에게 있어서 입지 선정은 부동산과 관련을 갖는다. 입지는 일반적으로 소매업의 성패를 결정짓는다. 동일한 장소가 모든 소매업자에게 동일한 결과를 가져다준다고는 볼 수 없다. 예를 들어 주택지 부근으로 낮은 임대료를 지급하는 장소는, 아르마니 정장을 취급하는 소매업자에게는 나쁜 장소가 될 수 있지만, 패스트푸드 업자나 편의점 업자에게는 좋은 장소이다.

　입지에 대한 의사결정은 시장과 제품, 그리고 가격과 연관하여 결정되어야 한다. 입지 선정에서 가장 중요한 수단은, 인구 통계와 교통량 조사이다. 유동인구에 의존하는 소매업은 행인이 많은, 교통량이 빈번한 곳을 선택하는 것이 적합하다. 어느 지역의 교통량 자료는 보통 지방관청 소속의 경제개발부서로부터 구할 수 있는데, 현장에서 직접 사람과 자동차의 통행량을 측정해 구할 수도 있다.

　또한 인근 지역 가구의 인구 수, 소득수준 등과 같은 정보가 있는 인구 센서스 자료도 같은 방법으로 구할 수 있다. 예를 들어 동물병원은 애완동물을 키우는 가구들이 많이 사는 지역에 입지하는 것이 바람직하다.

| Action 4 | 판매촉진은 어떻게 할 것인가? |

　여기에서 언급하는 판매촉진(promotion)은 회사와 제품을 소비자에게 전달하는 모든 활동을 의미한다. 판매촉진 활동에는 회사의 이름을 알리고, 무역 전시회에 참가하며, 신문 광고, 전화 광고, DM 발송, 협력 마케팅, 경품 증정 등이 있다.

　모든 제품에 동일한 판매촉진 방법이 적합한 것은 아니다. 그렇기 때문에 자신에게 가장 알맞는 판매촉진 방법을 선택해야 하고, 왜 그 방법을 선택했는지, 그리고 어떻게 활용할 것인지 알려 주어야 한다. 판매촉진을 통해 소비자에게 제품을 구입하도록 알리고, 설득시킬 수 있어야 한다. 판매촉진 방법에는 광고, 개별판매, 판매촉진, 공공관계 증진(PR) 등, 크게 네 가지가 있다.

1) 광고

판매촉진을 생각하면, 대부분의 사람들은 광고를 떠올린다. 광고의 70% 정도는 광고주의 메시지를 확산시키기 위해 신문이나 잡지, 방송, DM, 전광판 등을 활용한다. 나머지는 전단지와 볼펜, 성냥, 달력 등과 같이 판촉물 형태를 띠고 있다.

광고를 실시하고자 할 때 가장 우선적으로 고려해야 할 사항은 무엇을 위해 광고할 것인지를 결정하는 것이다. 추락된 회사의 이미지를 높이기 위한 이미지 제고 광고를 할 것인지, 고객 유지를 위해 광고를 할 것인지에 대해 파악해야 한다. 목적이 무엇이든지 간에 이윤 증대와 판매량 증가, 문의 증가 등과 같은 특정한 목적을 설정해야 한다. 특화된 목적 없이 무엇을 광고하는지조차 모른 채 하는 광고는 기대에 부응할 수 없기 때문이다.

2) 기타 판매촉진 방법들

대인판매는 B to B사업 모델에서 가장 광범위하게 사용되는데, 판매 주기가 길고, 제품이 복잡하며, 매출이 큰 경우에 사용된다. 효과적인 대인판매를 위한 핵심사항은 탁월한 영업사원을 선발하고 훈련시키는 것이다.

판매촉진은 다양한 촉진활동 중의 하나로, 동일한 방법이 어느 경우에나 맞는 것은 아니다. 예를 들어 토요일 아침에 여러분의 가게를 찾는 선착순 100명에게 핫도그를 제공한다면, 그것도 일종의 판매촉진이다. 광고, 개별판매 이외에 매출을 증가시키기 위한 기타의 홍보 방법을 판매촉진이라고 한다. 판매촉진의 유형으로는 점포 전시, 무역회 참가, 시연 등과 같이 매출을 증가시키고자 하는 모든 행위가 포함된다.

PR는 주로 소규모 사업체들이 이용하는데, 이는 최소의 비용으로 최대의 인지도 상승효과를 볼 수 있기 때문이다. 만일 여러분이 정원관리용 소품을 만드는 회사를 운영하는데, 지역 신문에 정원 가꾸기에 대한 칼럼을 쓴다고 하자, 그 결과 여러 회사에 대한 대중의 인지도는 크게 향상될 것이며, 아울러 여러분은 이 분야에서 최고의 전문가로 자리매김을 할 것이다.

회사에 대한 우호적인 뉴스를 알리는 보도자료는 PR 활동 중의 하나이다. 이때 좋지 않은 소식을 알리는 경우에는 오히려 역효과를 낳을 수도 있다. PR이란 다소 광범위한 개념으로 여러분의 현재 모습을 대중과 정부기관, 주주 및 종업원에게 알리는 것을 의미한다. 회사 사보 발간, 법적 로비활동, 연보 발간 등의 방법을 통해 PR를 계속해야 한다.

어떠한 방법을 활용하든 간에 PR은 꾸준히 하지 않으면 안 된다. 판매촉진을 위한 여러 방법 중 이보다 저렴하면서도 강력한 방법은 없기 때문이다.

홍보 예산계획 수립 작업표

여러분이 이용할 홍보 방법과 매체를 아래 표에서 선택하라. 홍보 목표로는 '새로운 시장 공략'이나 '10%의 매출 성장률'과 같이 간단하게 적으면 된다. 그리고 얼마나 자주 이 방법을 이용해 홍보할 것인지에 대해서도 적은 후, 마지막으로 예상되는 홍보비용을 기재하라. 모두 합한 최종 금액이 여러분이 사업을 시작하는 데 필요한 마케팅 비용이다.

방법	홍보 목적	홍보 빈도	연간 예상 비용
광고회사			
홍보물			
컨설턴트			
디자이너			
우편물			
디스플레이			
인터넷			
잡지			
신문			
전문지			
실외 광고			
PR			
라디오 광고			
세일즈 콜			
샘플			
텔레마케팅			
TV			
트레이드 쇼			
전화번호부			
합 계			

벤처창업과 사업계획서 작성방법

Action 5   후속 조치 계획을 밝히자

사업계획서를 검토하는 투자가는, 여러분의 회사가 우리를 위해 앞으로 무엇을 해줄 수 있는가에 대해 궁금해한다. 좋은 사업계획서에는 제품의 수명주기와 장기적인 가격 변동의 가능성 및 새로운 판매촉진 방안이 제시되어야 하며, 새로운 유통체계의 출현 가능성 등에 대해서도 논의해야 한다. 즉, 사업계획서에는 어떻게 사업을 성공적으로 계속 유지할 것인가에 대한 나름대로의 정책을 기술하는 것이 매우 중요하다.

기업의 흥망성쇠를 살펴보면, 한때는 굉장한 성공을 보이다가 이내 다른 성공한 기업에게 자리를 내주는 기업들이 많은 것을 알 수 있다. 이 기업들도 어느 기간 생존하다가 곧 시들해져 버린다. 최악의 경우에는 현재 크게 선호하고 있는 제품일지라도 빠른 시간 내에 완전히 자취를 감추어 버리는 경우도 종종 있다.

이에 대한 대비책으로 특허나 상표등록, 지적 재산권 등을 획득함으로써 미래의 경쟁에서 나름대로의 진입장벽을 구축할 수 있다. 이는 미래의 위험을 줄일 수 있는 방법이기도 하다. 한 가지 제품 이상으로 제품라인을 다양화하는 것 또한 위험을 줄이는 좋은 방법일 수 있다. 신제품을 개발하고, 그에 따른 시장의 트렌드를 연구해 다른 수익원의 창출을 검토해 보는 것도 좋은 생각이다.

시장과 고객의 취향은 항상 변하고, 매일 새로운 기술이 개발되고 있다. 따라서 오늘의 대히트 상품이 내년에는 아무도 찾지 않는 쓸모없는 상품이 될 수 있다. 따라서 투자가들은 이렇게 빠르게 변하는 시장에 맞서 여러분에게 무슨 대책이 있는지 알고 싶어할 것이다.

한 상품을 개발하고, 그에 따른 시장의 경향을 연구하며, 이를 기반으로 다른 수익으로 전환하는 것도 좋은 생각이다. 투자가들을 안심시키기 위해 이러한 진입장벽을 구축하거나 신상품을 개발하는 등의 대비책을 사업계획서에 포함시키는 것도 좋다.

15. 운영계획 부분, 어떻게 다룰 것인가?

'운영'은 판매를 위한 상품의 구매, 제작과 준비 등을 설명하는 용어이다. 또한 운영계획은 원재료 확보나 노동, 소요 기자재 구매, 그리고 최종 생산품의 선적 등을 포함한 여러 가지 분야를 다룬다. 물론, 여러분이 제조업자인지 또는 서비스 공급자인지에 따라서 운영 계획의 내용은 다를 것이다.

투자가와 다른 관계자들이 여러분의 사업계획서에서 운영 부분에 관심을 갖는 것은 당연한 것이다. 다행스러운 것은 많은 사업가들이 자발적으로 이 부분에 관심을 기울인다는 점이다. 많은 사업가들은 운영 부분에 관심을 가지고 있고, 이 분야에 전문가이기 때문에 이에 대해 언급하는 것을 좋아한다.

그러나 주의해야 할 점은 이 부분을 지나치게 상세하게 기술해 필수 불가결한 마케팅 요소가 상실된 것처럼 보이는, 운영 관련 문서의 내용으로 귀결될 수 있다는 것이다.

운영 부분에 적용되는 기본적인 규칙은 생산의 주요 요소(원재료, 노동, 생산설비와 공정)만을 다루며, 주요 상세 내용(운영에 영향을 미치는 주된 요소나 경쟁적 우위를 제공해 주는 것)만을 제공한다. 그렇게 함으로써 너무 많은 정보로 투자가들을 압도하지 않고, 그들의 질문에 답변할 수 있을 것이다.

Action 1 | 제조업의 운영계획

제조업의 운영계획 부분은 소매업이나 서비스업보다 훨씬 더 복잡하다. 즉, 제조업은 단순히 구매, 운반, 판매하는 것에 그치는 것이 아니라 원자재와 노동을 구매해 이를 판매 가능한 제품으로 전환하는 것이다.

1) 생산 공정 부문의 착안 사항

제조업종에서 가장 중요한 요소는 생산 공정이다. 제품개발, 마케팅, 그리고 유통 모두 중요한 역할을 담당하지만, 제품의 생산 공정은 한 제조업자를 다른 사업가들로부터 확연히 구별시켜 주는 요소이다. 제조업자에게 있어서 생산 공정은 사업을 성공으로 이끄는 가장 중요한 요소이다.

제품의 생산 공정은 다음과 같은 몇 단계로 구성된다. 첫 번째 단계는 보통 조립단계나 원자재로부터 제품을 만들어 내는 단계이다. 이 단계에는 기계조립과 시험, 최종 생산품 검사 등이 포함된다.

제조 과정은 재봉사가 남자용 바지를 가봉하는 데 소요되는 초까지도 계산할 수 있을 만큼 상세해질 수 있다. 만일 여러분이 작업 공정에 대해 관심이 있는 사업가라면, 이러한 상세한 사실들을 언급하고 싶을 것이다. 그러나 사업계획서를 작성할 때는, 이러한 사소한 점까지도 조정할 수 있어야 한다. 단지, 여러분의 제품의 필수 불가결한 요소나 특별히 경쟁적 우위를 보여 줄 수 있는 중요한 공정에만 집중해서 설명하는 것이 바람직하다.

> ☎ 카이젠(Kaizen)
> 카이젠이란 일본 용어는 끊임없는 개발이란 뜻으로, 1980년부터 1990년 초 까지 전 세계 사업 활동에 적용되었다. 이 아이디어는 생산에서 작은 수입을 계속해서 올리고, 오랜 시간 질을 높임으로써 엄청난 수익이 축적된다는 것이다.

2) 인력 및 원자재 부문의 착안 사항

제조업자는 제품을 생산하기 위해 노동과 원자재를 필요로 한다. 이 두 가지 생산요소 중 한 요소에서 문제가 발생하면, 제조업자의 사업과 투자가들에게 타격을 줄 수 있다. 따라서 사업계획서를 검토하는 사람들은 인력과 원자재가 적절하고 풍부하게 확보될 수 있는 강력한 시스템이 구축되어 있는지 알고 싶어한다.

여러분은 사업계획서에 제품을 생산하는 데 필요한 원자재에 대해 신뢰할 수 있는 적절한 공급자를 확보하고 있다는 것을 밝혀야 한다. 원자재 소요량을 예측하며, 그 소요량을 안정적으로 공급받기 위해 준비한 공급자와 체결한 계약기간 및 계약조건을 명시한 계약사항 역시 기술해야 한다.

또한 주요 공급자들의 이력사항도 기술하고, 만일 문제가 발생할 경우 이용 가능한 공급자 후보군들도 밝혀 두는 것이 좋다.

때때로 노사분규로 마비된 대규모 자동차 제조회사나 철도회사를 관찰해 보면 흥미로운 사실을 발견할 수 있다. 그것은 제조공정에 필요한, 숙련된 노동자를 확보하는 방안의 수립이 매우 중요하다는 것을 일깨워 준다는 것이다.

우선 여러분의 계획을 실현시키기 위해 필요한 근로자의 수와 자질을 추정하는 것이 필요하다. 창업 초기의 회사들은 이것을 하기 위해 경쟁사의 인력 구성을 참고하거나 창업가가 이전 회사에서 경험한 것을 토대로 예측할 수 있다.

창업 초기의 회사가 아닌 기존 회사들은 현재의 운영인력을 토대로 확장하는 데 얼마나 많은 인력이 더 필요한지 추정할 수 있다. 그리고나서 여러분이 필요한 인력을 언제든지 고용할 수 있다는 점을 합리적으로 설명해 주어야 한다.

현지 노동시장과 실업률, 그리고 임금수준 등을 상공회의소나 관련기관들의 정보를 이용해 확인해 볼 필요가 있다. 만일 여러분이 대규모 인력을 해외로부터 수입할 계획이라면, 그들을 수용할 주거 문제를 체크해야 하며, 이들의 이주비용에 따른 예산을 감안한 비용 또한 추정해야 한다.

3) 설비 부문의 착안 사항

제품을 생산하려면 근본적으로 설비가 필요하다. 제조업자는 차량, 트럭, 컴퓨터, 전화는 물론 금속재 가공, 목재 손질, 플라스틱 사출 및 원재료로부터 생산품을 제조할 기기 등, 모든 종류의 설비가 필요하다. 이런 설비들은 대부분 상당히 고가의 장비이고, 한 번 구매하면 이동이나 재판매 등이 지극히 어렵다. 따라서 투자가들은 여러분의 설비 구매 계획에 많은 관심을 갖게 마련이다. 많은 사업계획서들이 오븐, 천공 프레스, 지게차, 인쇄용 프레스 및 많은 다른 기자재들에 대해 설명하는 데 별도의 부분을 할애하고 있는 이유는 바로 이것 때문이다.

사업계획서상 이 부분은 장황할 필요는 없지만, 완벽하게 설명되어야 한다. 필요하다고 생각되는 모든 설비에 대한 목록을 작성해야 하며, 설비별로 그 특징과 기능, 그리고 구입비용도 자세히 기재해야 한다.

또한 보다 고가의 설비들을 구입하지 않으면, 안 되는 필요성에 대해서도 설득할 수 있도록 준비해야 한다. 은행을 비롯한 투자가들은 구매 가격보다 훨씬 더 저렴하게 판매될 가능성이 있는 자본재에 대한 투자를 꺼리는 경향이 있다.

4) 시설 부문의 착안 사항

모든 사람은 어딘가에 위치해야 한다. 여러분이 모든 문제를 해결할 수 있는 세계적인 컨설턴트가 아니라면, 사업계획서에는 여러분의 사업을 수행할 시설들에 대해 언급할 필요가 있다.

종종 토지와 사무실이 회사의 재무상태표상에 있어서 가장 큰 자본재이다. 따라서 이와 관련해 여러분이 확보하고 있거나 확보해야 할 필요가 있는 토지와 사무실 등에 대한 자세한 기술이 필요하다.

벤처창업과 사업계획서 작성방법

먼저 사업을 수행하기 위해 필요한 사업장의 규모를 결정해야 한다. 이때 유의해야 할 것은 향후 성장에 대비해 규모를 결정해야 한다는 점으로 특히 중요한 문제이다. 다음으로 사업장의 위치를 고려해야 한다. 아마 여러분이 추진하고자 하는 사업의 특성에 따라 사업장이 노동시장에 가까이 위치하는 것이 유리한지, 아니면 원자재 공급업자에게 가까이 위치하는 것이 유리한지가 달라질 수 있다.

한편, 수송과 관련해서는 주변에 철도, 주요 간선도로, 비행장 등과의 접근성도 사업장의 위치 결정에 매우 중요한 변수로 작용할 수 있다.

다음으로 검토해야 할 사항은 사업에 필요한 특별한 시설 배치가 요구되는지의 여부이다. 즉, 여러분의 사업 추진에 부합되는 사업장에 생산시설과 설비가 적절한 배치가 이루어질 수 있는지를 확인해 배치도를 설계해야 한다.

또한 주요 시설의 비용을 예상하기 위해 필요한 사무 공간을 임대할 것인지 또는 매입할 것인지 판단해야 하며, 임대할 경우 임대료를 얼마에, 그리고 어떻게 지불하는 것이 적정한지도 결정해야 한다. 이때 수수료나 운송비, 필요 시설에 대한 리스를 유지하기 위해 소요되는 비용 등도 고려하지 않으면 안 된다.

마지막으로 운영경비를 조사해야 한다. 통신비, 전기료, 가스료, 수도비, 쓰레기 처리비용 등이 여기에 해당되며, 시설 유지관리비도 동시에 고려해야만 한다.

이상에서 언급한 사항만이 제조업의 운영비와 관련된 모든 것들은 아니다. 이밖에도 제조 관련 산업 재산권 및 특허기술과 관련된 경제적 대가를 지불해야 하는 비용도 계상해야 한다.

음료수 제작에 따른 특허를 보유하고 있는 코카콜라 등과 같은 회사들은, 여러 산업 분야에 걸쳐 있는 각종 특허권이 오히려 대규모 공장이나 설비 시설보다 더 높은 가치가 있는 경우도 있다.

투자가들은 지적재산권 등과 같은 특허권을 획득하기 위해 비용을 지불해야 하는지에 대해서도 충분히 알고 있어야 한다. 만일 이미 여러분이 그런 지적재산권을 보유하고 있다면, 투자가들은 그 가치 있는 기술로부터 이윤을 획득할 수 있다는 것을 알게 되면 만족할 것이다.

시설 설비에 필요한 요소 및 자금 기재 체크 리스트

이 작업표는 여러분이 필요한 시설을 구축하는 데 필요한 조건들과 자금을 파악하는 데 쓰일 수 있다.

■ 필요한 공간 면적
  · 처음의 필요한 공간 ────────────────
  · 미래 확장에 필요한 공간 ──────────────
  · 총 필요한 공간 ────────────────────

■ 시설 위치의 조건
  · 인력들에게서 근접 ──────────────────
  · 공급자에게서 근접 ──────────────────
  · 지역의 주요 인프라 상태 ─────────────

■ 시설 배치 조건

■ 필요한 자금
  · 시설 설비 비용 ────────────────────
  · 이사 비용 ───────────────────────
  · 수리 비용 ───────────────────────
  · 운영 비용 ───────────────────────

■ 전체 비용 ─────────────────────────

Action 2   소매업 및 서비스업의 운영계획

서비스업은 본질적으로 제조업자와는 다른 운영조건이 요구된다. 유지보수업체나 판매자문업체 및 건강관리 전문업체 등과 같은 서비스업체들은 제조업체에 비해 공장 및 설비 부문에 있어서 상대적으로 소규모 투자가 요구되는 반면에, 투여되는 노동력의 질에 있어서는 상대적으로 높은 수준을 요구받게 된다.

또한 제조업과 소매업 및 서비스업 간의 중요한 차이점은, 소매업 및 서비스업은 제조업에 비해 운영계획이 매우 단순하다는 것이다. 제조업은 원자재로부터 최종 제품을 생산하는 과정을 거치는 복잡한 운영체계와 기술들을 사용한다. 이에 반해 소매업이 제품을 구매하고, 이것을 매장으로 운송하여 판매하는 것은 매우 단순하다고 할 수 있다.

그렇다고 이와 같은 사실이 소매업과 서비스업의 운영계획이 제조업의 운영계획에 비해 덜 중요하다는 것을 의미하는 것은 결코 아니다. 그러나 대다수의 사람들은, 이미 소매업이나 서비스업의 운영구조인 구매, 판매, 세금 환급과 같은 기본적인 절차들을 이해하고 있다.

따라서 소매업이나 서비스업의 사업계획서에는 컴퓨터 칩을 생산하는 제조업만큼 운영에 대한 많은 설명이 필요하지는 않다.

1) 인력의 중요성

상당수의 용역 제공회사와 유통회사에게는 직원이 주된 생산요소이다. 용역을 제공하는 비용은 주로 그 용역을 제공하기 위해 투입되는 인력의 비용에 의해 결정된다. 또한 유통회사에 종사하는 직업의 능력과 서비스 태도는 그 유통회사의 생산성과 직결되며, 시장에서의 성공 여부에 지대한 영향을 미친다.

따라서 용역을 제공하려고 하는 회사의 사업계획서는 인적 구성에 각별한 관심을 기울여야 한다. 여러분은 가능하다면 디자이너나 사업개발 전문요원, 구매자 등과 같은 주요 직원들과의 계약 내용에 대해서도 설명하는 것이 좋다.

2) 성공적인 구매

소매업자에게는 아마도 판매 가능한 제품을 신뢰할 수 있는 공급자로부터 시의적절하고 합리적인 가격에 구매할 수 있는 능력이 가장 중요하다. 만일 다른 경쟁업자들이 잘 모르고 있는 소비자의 욕구를 알고 있다면, 이는 여러분 사업의 성공을 보증할 것이다.

또한 잘 팔리는 제품에 대한 재고부족으로 소비자를 실망시키게 되면, 소비자는 여러분의 가게를 떠날 것이며, 결코 다시는 찾지 않을 것이다.

따라서 소매업의 사업계획서 운영 부분은 호응이 좋은 제품의 공급원에 초점을 맞추어 작성해야 한다. 아울러 이 운영 부분에는 핵심 바이어의 이력사항과 실적도 기술하는 것이 바람직하다.

또한 사업계획서는 잘 팔리는 상품을 생산하는 제조업자와의 장기계약에 대해서도 상세히 설명하는 것이 좋다. 더욱이 사업계획서에는 원하는 제품에 대해 공급을 제한하고자 하는 제조업들로부터 제3시장에서 제품을 구매할 수 있는 방법까지도 기술해야 한다.

☎ E-commerce

E-commerce Electronic Commerce(전자상거래)의 약자로 기본적으로 인터넷을 통해 판매되는 것을 말한다. E-Shoppers(전자 구매자)들은 도서, 소프트웨어, 컴퓨터, 꽃, 피자에 이르기까지 온라인으로 구매하여 1997년에는 33억 달러의 매출을 올렸고, 2000년에는 거의 두 배가 되었다.

3) 입지 민감성

제조업의 경우 입지는 어떤 주어진 기본적인 조건만 충족시키면 되지만, 소매업이나 서비스업의 경우에는 여러 가지 입지 관련 요소들에 의해 큰 영향을 받는다. 경우에 따라서는, 단지 몇 미터의 차이로 그 장소가 사업성이 있거나 없을 수 있기 때문에, 입지 문제는 소매업자와 서비스업자에게 매우 중요한 사업요소이다.

소매업의 사업계획서상의 입지 선정 관련 부분에는 교통량 데이터, 주변 지역의 인구 통계, 단위 면적당 추정 매출액, 임대료 및 다른 중요한 경제적 지표까지 포함되어야 한다. 레스토랑 운영과 같은 서비스업들의 입지 선정에 있어서도 이와 동일한 내용들이 필요할 것이다. 또한 여행사, 해충박멸 사업자, 세무사 등과 같은 서비스업들도 지역 소득 수준과 주택 및 사업활동에 대한 정보를 제공할 수도 있다.

가게의 디자인 부분도 사업계획서의 입지 부분에서 언급되어야 한다. 가게의 디자인은 특히 고급 패션 가게의 경우 중요하다. 이들의 사업계획서에 단순히 점포 배치 계획만 기술하는 것으로는 불충분하다. 투자가는 점포의 인테리어 디자인이나 상품 전시 등을 볼 수 있는 그림이나 사진을 보고 싶어할 것이다.

Action 3 정보기술 시스템의 활용 방안

여러분이 어떠한 사업을 운영하든지, 정보기술(IT)은 항상 어느 정도 중요한 요소이다. 제조업자는 빠르게 주문을 처리하기 위해 고객의 컴퓨터에 자신의 제품 통제 소프트웨어를 직접 접속시킬 것이다. 소매업체들도 역시 이와 같은 방법으로 보다 빠르고 정확하게 주문할 수 있다. 여행사, 회계 사무소, 웹 디자이너 등과 같은 많은 서비스업체들 역시 정보기술에 크게 의존한다.

　만일 여러분이 혁신적인 새로운 소프트웨어를 이용할 예정이라면, 그것이 온라인 상거래나 고객 만족을 증대시키기 위한 컴퓨터 교육이든지 간에, 그러한 내용을 운영계획 부분에 포함시켜야 한다.

　투자가는 언제나 운영상의 강점을 찾고 있다. 만일 여러분이 운영상의 강점을 가지고 있다면, 그러한 내용을 사업계획서에 포함시켜 기술하는 것이 유리하다.

16. 재무 부분, 어떻게 구성할 것인가?

일반적으로 사업계획서 중 재무 관련 부분은 사업계획서의 뒷부분에서 다루어진다. 그렇다고 재무 부분이 일반적으로 사업계획서의 앞에서 다루는 사업의 개요에 대한 설명이나 경영진 등, 사업계획서상의 다른 부분보다 덜 중요하다는 의미는 결코 아니다.

주도 면밀한 투자가들은 오히려 사업의 생존과 성공 여부를 판단하기 위해서 재무분석 부분에 제시되어 있는 표나 도표, 수식, 계산 결과표 등을 주의 깊게 검토할 것이다.

재무보고서에는 필수적으로 손익계산서, 재무상태표, 현금흐름표 등 3가지 재무 관련 서류가 포함된다. 이들 서류들은 회사의 현재가치와 영업에 필요한 비용을 벌 수 있는 능력 및 향후에 이익을 창출할 수 있는 능력 등을 파악할 수 있게 해준다. 따라서 이들 서류들은 사업계획서를 검토하는 사람들 입장에서는, 매우 중요한 정보로서 가치를 지니는 것이다.

이 세 가지 재무보고서들은 상호 연관되어 있기 때문에 이들 세 가지 중 한 가지 보고서의 내용이 변경되면, 필경 다른 보고서의 내용 역시 변경해야 한다. 이들 보고서들은 각기 다른 측면에서의 재무 건전성을 평가하는 데 사용된다. 따라서 이 세 가지 보고서 중 어느 것이 더 중요하다고 말할 수는 없다. 그러나 이들 보고서 중에서 손익계산서를 가장 먼저 살펴보는 것이 바람직하다.

Action 1 | 손익계산서

손익계산서(Income Statement)는 여러분이 수익을 발생시킬 수 있는지에 대한 여부를 보여주는 문서이다. 손익계산서는 판매나 다른 사업활동으로부터 발생하는 매출을 계산하고, 관련 비용을 차감해 순이익이 어느 정도인가를 알려 주는 역할을 하는 것이다.

손익계산서는 다양한 다른 이름으로도 불리우고 있는데, 그중에서 P&L로 약칭되는 '이윤/손실계산서'와 '수입계산서'가 가장 일반적으로 사용되는 손익계산서의 다른 명칭이다.

손익계산서를 작업할 때 이자와 같은 수입과 감각상각과 같은 비용 등을 고려하게 되면 매우 복잡해진다. 그렇지만 기본적인 개념은 매우 명료하다. 즉, 수익에서 비용을 차감하면 그 나머지가 바로 이익이라는 것이다.

손익계산서를 작성하기 위해서는, 쉽게 구할 수 있는 상당한 분량의 수치 데이터를 모아야 한다. 이러한 자료에는 매출, 이자수입, 자산 매각 등에 따른 총수입, 매출, 일반관리비, 이자와 배당금, 법인세 등이 포함된다. 만약 여러분이 이와 같은 데이터들을 가지고 있다면, 다음 작업을 수행할 준비가 되어 있는 것이다.

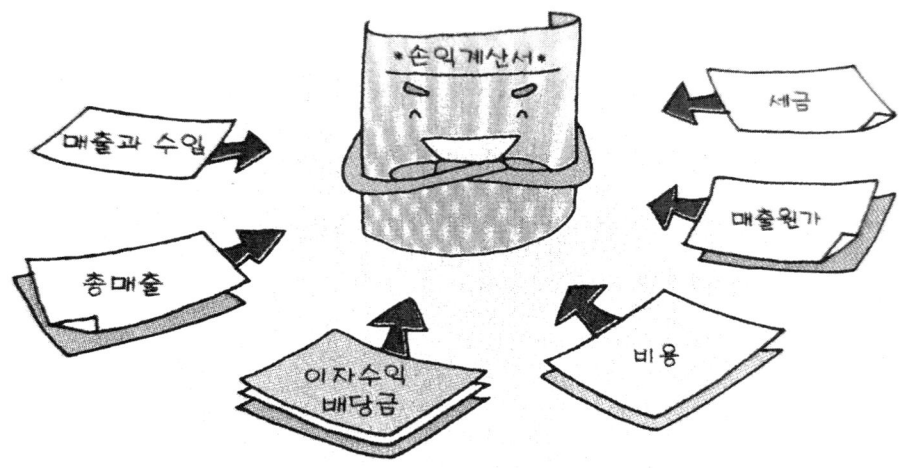

1) 매출과 수익

수익은 제품을 판매하거나 용역을 제공함으로써 발생한 수입과 이자수입과 자산매각을 통해 발생한 수입 모두를 망라한 것이다.

2) 총매출

매출액은 제품 판매나 용역의 제공으로부터 발생하는 수입을 의미한다. 총매출에 매출은 포함되지만, 수익은 포함되지 않는다. 또한 이자수입과 자산매각대금은 총매출에 포함되지 않는다.

3) 이자수익과 배당금

대부분의 사업체는 이자가 발생하는 금융투자자산을 보유하게 마련이다. 금융투자자산에는 이자를 지급하는 예금과 배당금을 지급하는 유가증권이 해당된다. 이와 같은 금융투자자산으로부터 발생하는 수입은 손익계산서의 영업외수익 아래에 표기된다.

4) 기타 소득

만약 회사의 한 지점이 이윤을 창출하지 못해 대지와 빌딩, 그리고 그 부속품을 매각한다면, 이러한 매각으로부터 발생하는 수입은 손익계산서의 기타수입'란에 기재하게 된다. 기타수입에는 사용하지 않는 자산을 매각하면서 발생한 처분이익과 주된 영업활동은 아니지만, 수입을 창출하기 위한 모든 활동으로부터 발생한 수입 등을 의미한다.

5) 비용

다양한 형태의 비용이 발생할 수 있다. 비용으로는 재화의 판매로 인해 발생하는 변동비와 임차료, 보험료, 유지보수비 등과 같은 고정비 등이 포함된다. 감가상각비도 비용으로 계상할 수 있다.

6) 매출원가

매출원가는 제품이나 용역 생산과 직접적으로 관련되어 발생하는 비용을 포함한다. 만일 여러분이 컴퓨터 부품을 구매해 조립한다면, 매출원가에는 칩, 디스크 드라이브와 다른 부품을 구매하는 비용, 그리고 이를 조립하는 노무비 등이 포함된다. 또한 여기에 감독자의 임금과 전기료 등도 포함시켜야 한다. 그러나 여러분이 개인적으로 전문적인 용역을 제공하는 사업을 한다면, 매출원가는 여러분 자신의 급여에 이들 비용만 포함시키면 될 것이다.

7) 판매비와 관리비

제품의 판매량과 직접 연관되어 있지 않으면서도 사업을 운영하는 데 있어서 발생하는 직원들의 임금, 영업사원들에 대한 영업수당, 임차료, 보험금 등과 같은 비용을 의미한다. 이러한 비용은 판매량과 직접적인 연관이 있는 매출원가로부터 분리되어 표시된다.

8) 감가상각비

감가상각비는 회계업무 중 가장 어려운 부문 중의 하나이다. 이것은 서류상의 손실로, 구매할 때 일시 지급했다고 하더라도 장기간 사용되는 기자재나 건물 등의 비용을 장기간에 걸쳐 차감하는 것이다.

감가상각비는 보유하고 있는 자금에서 직접 지출하는 비용은 아니다. 단지 이것은 회계적인 측면에서의 비용이며, 대부분의 손익계산서에서는 영업이익 바로 전에 표시한다.

만일 여러분이 감가상각이 필요한 사무실이나 대형기계 등의 자본재를 소유하고 있다면, 여러분의 회계사는 감가상각표를 작성할 것이다. 매년 여러분은 자본재 구매가의 일부분을 소득에서 감가상각비로 공제하게 될 것이다. 감가상각은 법인세차감전이익을 감소시키므로, 감각상각 자체는 세금을 감소시키는 효과를 가지고 있다.

9) 이자 비용

지급이자는 세금이 차감되기 전에 소득으로부터 차감되어야 할 비용이다. 이 부분에 원금상환은 포함되지 않는다. 원금상환은 부채의 감소를 의미하기 때문에 부채상환은 손익계산서에서 언급되지 않고, 대차대조표에서 언급되어야 한다.

10) 세금

세금은 모든 다른 비용들이 차감된 후 이윤에 영향을 미치는 마지막 요소이다. 세율은 사업장 소재지와 회사가 처해 있는 상황에 따라 다르게 적용되고 있다.

세금을 추정하는 가장 합리적인 방법은 우선 전년도 세금 신고내용과 금년도 예상이익을 바탕으로 세율을 예측하는 것이다. 그런 다음에 세금 납부 전 이익에 이 세율을 곱하면 된다.

이 책에서 우리는 예를 들 때 30%의 세율을 적용하였다. 어떠한 세율을 적용하든지 간에 법인세차감전이익에서 세금을 빼면 마침내 순이익이 계산되는 것이다.

제3장. 사업계획서, 부분별 작성 방법

손익계산서(예)

202X년 1월 1일~202X년 12월 31일
(단위 : 달러)

다음의 사례는 인터넷 교육사업을 하는, 한 사업체의 손익계산서이다. 수강생으로부터 수업료를 받는 수업은 2만 3천568달러이고, 은행의 계좌에서 발생하는 이자수입은 115달러이다. 매출원가를 1만 2천615달러로 계상하면, 매출총이익은 매출액에 이자수입을 합하고, 여기에서 매출원가를 차감하면 1만 1천68달러가 된다. 여기에서 다시 영업비와 감가상각비를 털어내면 영업이익이 5천108달러로 계산된다. 세전이익은 영업이익에서 이자 비용을 차감해 계산하는데, 이 사업체가 은행의 차입으로 지불해야 하는 1천410달러를 제하면, 이 사업체의 세전이익은 3천 698달러로 계산된다. 여기에 세율 30%를 적용한 소득세 1천 109달러를 차감한 결과 이 사업체의 순이익은 2천589달러로 산출되었다.

매출액	23,568
이자수입	115
매출원가	12,615
매출총이익	11,068
영업비용(감가상각비 제외)	4,835
감가상각비	1,125
영업이익	5,108
이자비용	1,410
법인세차감전순이익	3,698
법인세	1,109
순이익	2,589

| Action 2 | 재무상태표 |

   손익계산서가 소득을 보여주는 지표라면, 재무상태표(Balance Sheet)는 사업의 가치를 나타내 주는 지표이다. 재무상태표는 투자가에게 손익계산서에 나타나 있지 않은 가치 있는 자산이나 이윤을 창출할 수 있지만, 과도한 부채를 가진 것 등과 같은 정보를 제공해 준다.
   또한 재무상태표는 사업체가 소유하고 있는 모든 자산에서 남에게 빚진 모든 부채를 빼 사업체의 순가치인 자기자본을 알려준다. 따라서 대차대조표는 다음 세 가지 요소의 관계를 나타낸 것이다.

- 부채 + 자기자본 = 자산
- 자산 - 부채 = 자기자본

   재무상태표는 특정일(일반적으로 그해의 12월 31일)에 있어서 사업체의 재무현황(자산, 부채, 자기자본)을 알려준다. 때때로 재무상태표는 당해년도와 그 전년도의 내용을 대조식으로 보여주기도 한다. 이런 방법으로 여러분은 사업체의 재무 상황의 변화를 쉽게 확인할 수 있다.

☎ 재무상태표
재무상태표의 성격 중에 중요한 하나는 대변과 차변의 잔고가 동일해야 한다는 것이다. 즉, 재무상태표 양쪽의 하단 부분은 자산과 부채로 항상 동일해야 한다.

   또한 재무상태표는 자기자본의 가치를 보여 준다. 여러분이 자산에서 부채를 차감하면 여러분과 동업자가 소유한 자본의 가치를 알 수 있다. 자기자본의 변화를 관찰하면, 회사의 주주가 날로 부자가 되고 있는지 아닌지 알 수 있다.

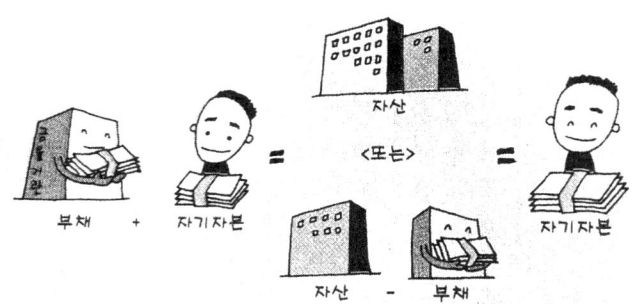

1) 자산

자산은 기본적으로 여러분이 소유한 가치 있는 그 무엇이다. 자산은 크게 유동자산과 고정자산, 두 부류로 나누어진다. 유동자산은 쉽게 유동화나 현금화시킬 수 있는 자산으로 보통 현금과 재고자산 등이 이에 속한다. 고정자산은 현금화가 어려운 것들로 토지, 건물, 기자재, 집기류 및 차량 운반구 등이 포함된다.

간혹 재무상태표의 고정자산란이 마이너스(-) 가치로 표시되는 경우도 있다. 이것은 다른 고정자산으로부터 차감된 숫자를 의미한다. 이 수치는 감가상각비이며, 건물이나 기계류 등과 같은 유형자산의 가치를 장기적으로 회계적인 차원에서 감소시키는 것이다.

자산에는 유형자산 외에 무형자산도 포함된다. 무형자산에는 특허권, 장기계약, 영업권 등이 있다. 영업권이란 가치를 수치화하기 곤란한 브랜드 가치 등을 일컫는다. 특허권, 상표권, 산업재산권, 독점 배포권, 에이전트 계약 등의 가치는 현금화할 수 없지만, 이런 종류의 무형자산의 가치를 예측할 수는 있고, 최소한 여러분이 이것들을 소유하기 위해 지불한 비용을 계산해 재무상태표에 기록하면 될 것이다.

2) 부채

부채는 기업의 빚으로, 상환기간에 따라 단기부채와 장기부채로 나눈다. 단기부채는 유동성부채라고도 부른다. 보통 12개월 이내에 상환해야 할 빚은 유동성부채로 간주된다. 유동성부채로는 여러분이 공급자에게 지급해야 하는 매입 채무, 은행에서 빌려온 단기차입금, 또는 기업운영과 관련해 발생하는 아직 지불하지 않은 임금과 세금, 이자비용 등이 있다.

이외에 1년 이내에 갚지 않아도 되는 빚은 모두 장기부채이며, 1년 이상의 기간으로 대출받은 은행대출 등이 여기에 포함된다.

재무상태표(예)

202X 12월 31일
단위 : 천 원

자산		부채	
현금	4,387	단기차입금	11,388
매출채권	12,385	매출채무	2,379
재고자산	1,254	미지급이자	1,125
선급비용	3,548	미지급세금	3,684
기타유동자산	986	기타유동부채	986
총유동자산	22,560	총유동부채	19,562
고정유형자산	27,358	장기차입금	4,896
무형자산	500	기타고정부채	1,156
기타고정자산	0	총부채	25,614
		자기자본	24,804
총자산	50,418	총부채와 자기자본	50,418

제3장. 사업계획서, 부분별 작성 방법

| Action 3 | 현금흐름표 |

현금은 어디에 사용되는가? 현금흐름표(Cash Flow Statement)가 이에 대한 해답을 제공해 준다. 현금흐름표는 1개월이나 1분기, 1년과 같은 기간에 대한 현금의 흐름을 보여 주며, 현재 보유한 현금이 얼마인지 알려 준다.

재무상황변동표라고 불리는 현금흐름표는 재무상태표상에 나타난 변화를 분석한다. 현금흐름표는 매출과 이익을 보여주는 손익계산서와는 달리 사업을 운영하는 데 자금의 출처는 어디이며, 자금이 어떻게 쓰여지는지에 대해 명확히 제시해준다.

현금흐름표는 다음과 같이 두 부분으로 나누어진다. 첫째는 회사에서 출납되는 현금흐름을 보여주고, 둘째는 그 현금이 어떻게 사용되는지 보여준다. 이 두 부분은 각각 자금 출처와 사용처로 불린다. 따라서 현금흐름표의 마지막 줄의 정보는 특정한 기간 동안 현금의 증감을 나타낸다.

벤처창업과 사업계획서 작성방법

현금흐름표(예)

아래의 자료는 네트놀리지 인터넷 훈련센터의 1개월 동안의 현금 흐름표이다. 현금흐름표상의 2만 3천 568달러의 매출은 현금매출액이다. 현금매출액이란 이 기간 동안 발생한 매출 중 현금으로 받은 것과 과거 의상매출금의 회수분이다.

이자수익은 네트놀리지 인터넷 훈련센터가 은행에 가지고 있는 예금에 대하여 발생한 이자수입을 의미한다. 1만 달러는 이 기간에 주주 중 1명이 투자한 자본금이다.

202X 1월 1일 ~ 202X 12월 31일
단위 : 천 원

현금유입	
현금매출액	23,568
이자수입	115
투자유입액	10,000
총현금유입액	**33,683**
현금유출	
매출원가	12,615
판매관리비	4,835
이자지급	1,410
세금	1,109
설비투자비	8,354
차입금상환	2,000
배당금	0
총현금유출액	**30,323**
현금의 순증감	**3,360**
기초(월초)현금액	**4,387**
기말(월말)현금액	**7,747**

제3장. 사업계획서, 부분별 작성 방법

　매출원가의 대부분은 네트놀리지 인터넷 훈련센터에서 일하는 교사들과 직원들의 급여이다. 그리고 판매관리비는 1명의 영업직원의 기본 급여이다. 이자 비용은 네트놀리지 인터넷 훈련센터가 은행으로부터 차입한 대출금에 대한 이자이다. 현금유출액 8천354달러는 새로운 컴퓨터 프레젠테이션 프로젝터 구입에 들어간 현금지출이다. 그리고 이 달에 네트놀리지 인터넷 훈련센터는 은행차입금 중 2천 달러를 상환하였다.
　이 기간 동안 주주들에게 지불한 배당금은 없다. 결과적으로 이 기간 동안의 현금 변동은 3천360달러였다. 앞 페이지 표의 맨 아래에 있는 두 줄은 네트놀리지 인터넷 훈련센터의 현재 현금 보유 상황을 나타낸다. 지난달 말에 보유하고 있던 현금액에서 현금 변동액을 더하고 뺀 값이 이번 달 말에 보유한 현금액이다.

Action 4　자금 사용처

　일반적으로 자금 사용처는 판매비용, 일반관리비, 고정자산 구매, 이자비용, 대출 원금상환, 그리고 주주 배당금 등을 포함한다.
　창업주가 사업 초기에 은행에 많은 현금을 가지고 있는 것보다 더 바람직한 것은 없을 것이다. 여러분의 사업계획서에 현금란의 현금순변동 보다 자금흐름을 더 잘 보여주는 것은 없다. 현금의순변동은 유입된 총자금과 지출된 총자금의 차이다. 만일 100만 달러를 유입하고 90만 달러를 사용한다면, 현금의 순변동은 플러스(+) 10만 달러가 된다. 이상에서 살펴볼 때, 여러분은 이 수치가 항상 플러스(+)이기를 바라며, 점점 증가하기를 바랄 것이다.

Action 5　다른 재무 관련 정보들

　여러분이 투자가를 구한다면, 손익계산서, 재무상태표, 현금흐름표를 포함한 그 이상의 재무 관련 정보를 제공할 수 있다. 예를 들어 은행권 대출 담보로 여러분 개인의 자산을 사용했다면, 여러분 개인의 재무상태를 알려 줄 필요가 있다.
　사업실적을 재무 관련 지표로 표시함으로써 이익률과 이익을 창출해 내기까지 걸린 시간 등과 같은 중요한 정보를 제공할 수도 있다. 또한 다른 재무 관련 지표들을 보여줌으로써 장기적으로 사업에 소요될 경비를 충당할 수 있는지 확인시켜 줄 수도 있다. 이러한 정보는 투자가뿐만 아니라 여러분 자신에게도 도움이 된다. 따라서 이러한 기

벤처창업과 사업계획서 작성방법

타 재무 정보들을 잘 이해하고 숙지함으로써 사업을 보다 더 잘 경영할 수 있다.

Action 6   재무비율

순이익, 매출, 자기자본 등은 사업의 다른 재무지표들과 비교를 해야 의미를 갖는다. 예를 들어 1백만 달러의 순이익은 대단해 보이지만, 10억 달러 매출에 1백만 달러의 순이익이라면, 그리 좋은 사업 실적이라고는 할 수 없다.

재무지표들의 상대적인 실적을 파악하기 위해 재무 분석가들은 재무비율을 활용한다. 재무비율을 분석해 봄으로써 여러분은 재무지표가 타당성이 있는지 알 수 있을 것이다. 일반적으로 사용되는 재무비율분석에는 기업의 손익분기점분석이나 유동성비율, 부채자산비율, 투자수익률, 주당수익률 등이 있다. 여러분의 업종에 따라 여기에 제시된 재무비율분석을 모두 할 필요는 없다.

하지만, 재무비율분석은 빠르고 쉽게 계산할 수 있으며, 여러분이 사업을 경영하는 데 있어서 유용한 도구이다. 따라서 재무비율을 표시하는 것이 사업을 보다 더 잘 경영할 수 있게 하고, 투자가들을 안심시키는 방법이다.

손익분기점을 파악하기 위한 작업표

손익분기점을 파악하기 위해서는 두 가지 사항을 알아야 한다.

1. 고정비용 : 이 비용은 매출수량에 관계없이 발생하는 비용이다. 예를 들어 고정비용에는 임대료, 보험료, 관리비용, 이자비용, 사무용품비용, 유지비용 등이 포함된다.
여기에 고정비용을 기재하시오. : _____

2. 총이익률 : 이것은 예상하는 매출로부터 발생할 총이익률이다(매출/매출-매출원가).
여기에 총이익률을 기재하시오. : _____

손익분기점은 고정비용을 총이익률로 나눈 금액이다. 즉,

$$\frac{고정비용}{총이익률} = 손익분기점$$

예를 들어 한 달 동안의 고정비용이 1만달러이고, 총이익률이 60%라면, 손익분기점은 1만 6천667달러이다.

$$\frac{1만\ 달러}{0.6} = 1만 6천667달러$$

즉, 월 매출액이 1만 6천667달러일 때 여러분의 총이익과 비용이 같아지는 것이다.

여러분의 손익분기점을 파악하기 위해 아래의 빈칸에 자신의 계획을 기재하시오.

$$\frac{\rule{2cm}{0.4pt}}{\rule{2cm}{0.4pt}} = \rule{2cm}{0.4pt}$$

벤처창업과 사업계획서 작성방법

> ☎ 유동성
> 유동성은 여러분 회사의 능력이 현금이 아닌 자산으로 바꿀 수 있는 것으로 재고나 받을어음, 현금 등이다. 필수적으로 그것은 여러분이 지불할 수 있는 능력이 된다.

1) 손익분기점

가장 중요한 재무분석 중에 하나는 손익분기점을 찾는 것이다. 손익분기점은 수익과 비용이 같아지는 매출액이다. 즉, 고정비를 상계할 수 있는, 총수익을 낼 수 있는 매출액 정도를 계산해 내는 것이다. 이것이 중요한 이유는 이 분기점 이상의 매출은 곧 이윤창출을 의미하기 때문이다.

따라서 총매출이 이 분기점 이하이면 손실인 것이다. 이 정보는 제품의 가격 결정에서부터 새로운 광고에 대한 투자가 바람직한 것인지의 여부에 이르기까지 모든 의사결정에 시사점을 제공해 주는 아주 중요한 정보라고 할 수 있다.

2) 유동성비율

유동성비율은 회사의 유동성을 보여주는 중요한 지표이다. 이것은 아마도 여러분의 사업에 관심이 있는 사람은 가장 먼저 계산하고 싶은 항목일 것이다. 왜냐하면, 이 정보는 내년까지 사업을 계속 영위해 나갈 수 있을지를 보여주는 정보이기 때문이다.

유동성자산 / 유동성부채 = 유동성비율

유동성자산은 현금, 매출채권, 재고자산, 그리고 1년 이내에 현금화가 가능한 다른 자산들이다. 그리고 유동성부채는 1년 이내에 상환해야 할 채무로 단기차입금, 매입채무, 지금어음, 장기부채 중 1년 이내에 갚아야 할 부분 등이다.

유동성비율은 비율로서 표시되며, 일반적으로 200% 이하는 문제가 있는 비율로 간주된다.

3) 매출채권회전율

이 비율은 외상매출금을 얼마나 빨리 회수할 수 있는지 보여주며, 평균 회수기간이나 주기라고도 부른다.

매출채권 / 연 매출액 × 360 = 매출채권회전율

만일, 사업이 1만 달러의 매출채권이 있고, 연 매출액이 약 12만 달러라고 하면 매출

채권 회전율은 다음과 같다.

1만 달러 / 12만 달러 = - 1/12

1/12 × 360 = 30(일)

이 수치는 평균적으로 여러분이 고객에게 청구서를 발행한 후 30일 후에 현금을 수령한다는 것이다. 여기에서 중요한 것은 판매계약과 매출채권회전율을 비교해야 한다는 것이다.

30일 결재조건으로 물건을 파는데 평균 매출채권회전율이 40일이라면, 고객의 불만족이나 좋지 않은 산업 경기 및 채권 회수에 따른 노력의 부실 등을 의심해 볼 필요가 있다. 즉, 고객의 불만족과 불평등이 있을 수 있는 것이다. 또한 이렇게 된다면, 여러분이 관심을 가지고 있어야 할 채권 회수에 따른 노력이 부실해질 수도 있다.

4) 재고회전율

유통업자나 제조업자는 재고자산을 보유할 필요가 있지만, 운영에 따른 이자, 세금 등과 같은 기타 다른 비용 때문에 필요한 일정 규모 이상의 재고를 보유하지는 않을 것이다. 그들이 재고를 얼마나 잘 매출로 연결하는지 확인하기 위해 재고회전율을 점검해야 한다.

연매출원가 / 평균 재고자산 = 재고회전율

매출원가는 1년 동안 발생한 총비용을 의미하며, 재고자산은 1년의 평균치를 사용한다. 예를 들어 다음과 같다.

50만 달러 / 12만 5천 달러 = 4회

이 예에서 회사는 1년에 재고를 4번 회전시킨다. 이 수치를 360으로 나누어 재고를 회전해 매출로 연결시키는데 며칠이 걸리는지 확인할 수 있다.

360일 / 4 = 90일

따라서 이 회사는 평균적으로 가지고 있는 모든 재고자산을 매출로 연결시키는데 90일이 걸린다. 어떤 것이 바람직한 재고회전율인지에 대해서는 말하기 쉽지 않다. 이때 낮은 수치는 재고자산이 너무 재고상태로 오래 지속된다는 것을 의미하며, 재고를 줄이고 판매해야 한다는 것을 의미한다. 따라서 이 수치는 일반적으로 높은 것이 좋다.

5) 부채자산비율
투자가는 이 수치에 특히 관심이 많다. 이 비율은 총자산에 대한 부채 정도를 표시하는 것으로 계산은 장기부채와 단기부채를 포함한 총부채의 개념으로 한다.

총부채 / 총자산 = 부채자산비율

투자가들을 유인하기 위해서는 이 수치가 낮은 것이 좋다. 200%의 비율은 대개 투자가들이 만족하는 비율이다. 이 비율을 올리는 방법 중 하나는 더 많은 돈을 회사에 자기자본으로 투자하는 것이다.

6) 이익률
이 지표는 가장 기본적인 수익률을 구하는 방법이다.

세전이익 / 매출액 = 이익률

예를 들어 매출이 75만 달러, 법인세차감전이익이 10만 달러라면 이익률은 13.3%이다. 이 수치가 바람직한 것인가? 다른 재무비율과 마찬가지로 한 산업에서는 좋은 수치가 다른 곳에서는 그렇지 않을 수도 있다.

7) 자기자본수익률
ROE라고 표시되는 자기자본수익률은 사업주로서 투자한 자금에 대해 얼마의 수익을 올리는가에 대한 정보를 제공한다.

자기자본수익률(ROE) = 손익계산서상의 순이익 / 자기자본

자기자본수익률은 예금수익률, 증권투자수익률이나 다른 사업의 수익률과 비교해서 그 적정성을 판단해야 한다.

8) 투자수익률
투자가는 ROI라고 표시되는 투자수익률에 대해 관심이 많다.

투자수익률(ROI) = 순이익 / 총자산

투자수익률은 총투자자금에 대해 어느 정도의 이윤을 내는지 보여 준다. 일반적으로 ROE가 ROI보다 높다는 사실을 유념해야 한다.

Action 7	재무지표 예측

사업운영을 어떻게 해 왔는지도 중요하지만, 앞으로 어떻게 운영할 것인지도 중요한 문제이다. 향후 사업전망을 예측하는 것은 재무 예측과 관련된 부분이다. 여러분은 미래의 재무상태표, 손익계산서, 현금흐름표 등을 예측할 수 있다.

이러한 예측은 과거의 재무자료가 없는 창업 초기의 회사에게는 특히 더 중요하다. 또한 이외에 기존에 있어 왔던 회사들도 사업을 효율적으로 경영하기 위해 재무 예측을 해야 한다. 이러한 예측은 몇 개월 뒤에 발생할지도 모를 현금흐름의 부족과 같은 문제들을 미리 예상하고 대비할 수 있게 할 뿐만 아니라, 미래의 실적과 비교할 수 있는 기준치를 제공해 주기도 한다.

1) 추정 손익계산서

사업계획은 판매 예측과 함께 시작된다. 판매가 없다면 사업은 없다. 이것은 의외로 간단한 사실이다. 몇 년 동안 판매하지 못할 상품 개발 단계에 있을지라도, 사업계획을 만들기 위해서는 판매 예측을 해야 한다. 판매 예측을 만들고, 이와 연관된 손익계획서를 만드는 것이 조금 복잡하게 보일 수도 있다. 자, 그럼 하나하나씩 살펴보자.

먼저, 예측할 기간을 정해야 한다. 예측할 첫해부터 추정하고, 그 해 이후 다음 2년을 예측한다. 다음으로 기본 도안을 만든다. 기존에 있어 왔던 회사라면 작년 매출이 얼마인가? 그 전해는? 매출 추세는? 지난 3년 동안의 평균 매출성장률을 근거로 다음 3년 동안의 10% 매출 상승이라는 추정을 간단하게 작성할 수 있다.

벤처창업과 사업계획서 작성방법

추정 손익계산서 샘플

아래는 스몰바아트라는 회사의 추정 손익계산서이다. 사업주는 과거의 성장추세에 따라 2023년에도 25%의 매출성장률을 기록할 것이라고 예측하고 있다. 또한 2023년에는 근교에 두 번째 지점을 오픈할 계획이다.

일반적인 비용 부분도 매출 부분과 같이 과거 추세에서 별 다른 변동이 없지만, 이 경우에는 2023년에 새로운 영업점을 오픈하므로 그에 따른 비용이 증가할 것이라고 사업주는 예상하고 있다. 따라서 매출이 증가하는 반면에, 영업이 확장하는 첫 번째 해에는 비용의 증가로 순이익은 오히려 저조할 것이라고 예상된다.

(단위 : 달러)

매출액	138,899	173,624	217,030	271,287
매출원가	69,450	83,339	99,834	135,644
매출 대비 비율%	50%	48%	46%	50%
매출 총이익	69,499	90,285	117,196	135,643
영업비용				
급여	13,890	17,362	21,703	27,129
매출 대비 비율%	10%	10%	10%	10%
영업커미션비용	6,945	8,681	10,851	13,564
매출 대비 비율%	5%	5%	5%	5%
임대료	5,400	5,670	5,954	11,252
매출 대비 비율%	4%	4%	4%	4%
수선비	1,389	1,458	1,531	2,894
매출 대비 비율%	1%	1%	1%	1%
설비임대료	2,452	2,575	2,703	5,109
매출 대비 비율%	2%	2%	2%	2%

제3장. 사업계획서, 부분별 작성 방법

가구집기 구매비용	3,232	3,394	3,563	6,735
매출 대비 비율%	2%	2%	2%	2%
보험료	1,207	1,267	1,331	1,999
매출 대비 비율%	1%	1%	1%	1%
이자비용	3,008	3,158	3,316	6,268
매출 대비 비율%	2%	2%	2%	2%
수도광열비	1,250	1,563	1,953	3,692
매출 대비 비율%	1%	1%	1%	1%
사무용품비	776	750	899	977
매출 대비 비율%	1%	1%	1%	1%
광고선전비	6,256	6,805	7,150	9,204
매출 대비 비율%	5%	5%	5%	5%
차량유지비	550	750	1,000	1,000
매출 대비 비율%	5%	4%	3%	3%
접대비	323	301	426	555
매출 대비 비율%	0%	0%	0%	0%
대손상각비	139	174	217	323
매출 대비 비율%	0%	0%	0%	0%
총영업비용	48,617	56,608	66,647	96,776
영업이익	20,832	33,677	50,549	38,867
법인세비용	3,125	5,051	7,582	5,830
세율	10%	15%	15%	15%
순이익	17,707	28,626	42,967	33,037

여러분이 초기 사업자라면, 참고할 과거의 자료가 없으므로 다른 자료를 참고할 필요가 있다. 이 상황에서 가장 유용한 자료는, 여러분과 유사한 비즈니스에 있는 경쟁사의 과거 자료이다. 가령, 전국에 있는 자동차 딜러들이 최근 몇 년 동안 연평균 12%의 매출 성장률을 올리고 있다는 것을 알았다면, 여러분의 자동차 대리점의 예측 자료를 작성할 수 있는 좋은 시작점이 될 수 있다. 그러나 어떤 경우에 있어서는 주변 상황이 너무 급격하게 변하고 있기 때문에 과거의 자료들을 예측하는 데 적합하지 않을 수도 있다.

이러한 상황에서는 필히 구상하고 있는 사업에 대해 사업 생산력과 같이 하고자 하는 사업의 성장에 한계점을 가지고 올 요소들을 생각해 보아야 한다.

여러분이 가지고 있는 생산력으로 가능한 최고의 매출 수준을 파악하고, 금리의 경제적인 영향들과 예상되는 경쟁자의 출현 및 다른 매출에 영향을 끼칠 요소들을 반영하여 이 매출 추정치를 잘 조정해야 한다.

이렇게 과거 자료와 매출에 영향을 끼칠 모든 요소들을 생각해 보면, 여러분이 믿음을 가질 수 있는 매출을 예측할 수 있을 것이다.

매출 예측의 다음 단계는 비용 예측이다. 다행스럽게도 비용예측은 매출 예측보다 더 쉽다. 과거의 비용추이를 보고, 그것에 따라 비용을 조금 더 올리거나 내리면서 조정할 수 있다. 매출과는 달리 비용은 구조조정이 있지 않는 한 크게 변하지 않는다. 초기 창업자 역시 비용을 예측하는 데 거래하는 공급처에게 매출원가의 추세에 대해 직접 물어 볼 수 있다.

2) 추정 재무상태표

재무상태표 역시 예측이 가능하다. 재무상태표는 매출에 의해 영향을 받는다. 추정 재무상태표를 작성하기 위해서는 과거의 재무상태표들을 살펴보고, 어떤 자산과 부채가 매출에 의해 어떤 영향을 받았는지 분석해 보는 것이 좋다.

여기에서 유심히 보아야 할 자산과 부채들은 현금, 매입채권, 매입채무 및 미지급 법인세 등이다. 지난 몇 년 동안의 영업자료가 구비되어 있다면, 재무상태표를 작성하기 위해 지난 몇 년 동안의 평균매출에 대한 퍼센트를 구할 수 있다.

특별히 변한 사항이 없다면, 간단하게 최근 연도만을 구할 수도 있다. 또는 미래의 특별한 지식에 맞추어 퍼센트를 조정할 수도 있다. 그리고 신용기간을 조정할 수 있으면, 새로운 기계를 구입하는 데 따른 비용을 위해 대출을 일으킬 수도 있다.

지난 몇 년 동안의 영업자료가 있으면, 이 자산과 부채 각각의 매출에 대한 과거의 평균 비율을 구한 후 이 비율을 재무상태표를 추정하는 데 쓰면 된다. 특별히 비율이 과거에 많이 변하지 않았다고 생각되면, 간단히 최근 연도의 비율을 추정하는 데 적용해도 된다. 반면에, 미래에 무슨 변화가 예상되면 그것에 맞게 비율을 조정해야 한다. 창업 초기의 회사들은 같은 산업에 있는 다른 회사들의 재무상태표 관련 비율을 참조해 추정해도 괜찮다.

    매출액의 영향을 받는 자산과 부채의 2022년 추정치는 각 항목의 2022년 수치 대비 2022년 매출액의 퍼센트를 구해 그 퍼센트를 2023년 추정 매출액에 곱해 계산했다. 이런 식으로 장기차입금과 기타 장기부채를 제외한 모든 자산과 부채의 2023년 추정치를 구할 수 있었다.

추정 재무상태표 샘플

(단위 : 달러)

매출	87,740		110,000	
자산				
현금	4,387	5.0%	5,500	5.0%
매출채권	12,385	14.1%	15,510	14.1%
재고자산	1,254	1.4%	1,540	1.4%
기타유동자산	986	1.1%	1,210	1.1%
유동자산	19,012	21.7%	23,760	21.6%
고정유형자산	27,357	31.2%	34,320	31.2%
무형자산	500	0.6%	660	0.6%
자산	46,870		58,740	
부채				
단기차입금	11,388	13.0%	14,300	13.0%
매입채무	2,379	2.7%	2,970	2.7%
미지급이자비용	1,125	1.3%	1,430	1.3%
미지급법인세	3,684	4.2%	4,620	4.2%
유동부채	19,562		24,530	
정기차입금	4,896		5,200	
기타고정부채	1,156		1,156	
부채	25,614		30,886	
자본 총계	21,256		27,854	

3) 추정 현금흐름표

사업은 현금 상태에 매우 민감하다. 경영에 수익이 있고, 자산이 충분하더라도 현금이 없어서 세금, 급여, 임대료, 관리비 및 기타 필요한 비용을 지불할 수 없다면, 사업은 망하기 쉽다. 이와 같이 여유 있는 현금흐름은 단기간의 수익성이 없는 것을 포함해서 다른 나쁜 사항들을 모두 보완해 줄 수 있다. 또한 현금흐름의 예측이나 현금 예산 계획을 통해 미래의 현금 부족을 막을 수 있다.

일반적으로 이러한 월별 현금 흐름 계획서는 창업초기의 회사나 계절에 영향을 많이 받는 회사에게 특히 중요하다. 따라서 이러한 부류의 회사들은 1년이나 2년 동안의 월별 현금흐름 계획서를 작성해야 한다.

보편적으로 모든 회사들이 향후 3년 동안의 분기 현금흐름 계획서를 작성하는 것이 좋다. 이것은 월 혹은 분기별로 계획한다는 점에서 1년 단위로 작성되는 현금흐름표와는 다르다. 추가사항으로 1년 단위의 현금흐름을 계산하는 것보다 좀더 복잡할 수 있는 월별 현금흐름표를 예측하여 만들 수 있으며, 이것은 수익과 비용이 지불될 때 기록되어야 한다.

매출과 그에 따른 판매비용은 매달 할당되어야 하며, 다른 변동비는 월별 판매 퍼센트로 할당될 수 있다. 비용은 보험료나 세금과 같이 매달 지불되는 것으로 발생할 때 기록한다.

연도별 추정 현금흐름보다 월별 현금흐름 계획서를 작성할 때 유의해야 할 사항은, 소득과 비용이 현금으로 지불될 때 기록해야만 한다는 것이다. 매출과 매출원가는 실제로 발생한 달로 할당해야 하고, 다른 변동비는 월별 매출 퍼센트로 할당할 수 있다.

매달 지불되지 않는 보험료나 세금과 같은 비용은 실제로 지불될 달에 기재한다. 월별 현금흐름을 추정하는, 한 가지 방법은 과거에 몇 퍼센트의 연매출이 매월 발생했는지 파악하는 것이다. 그 다음에 앞에서 구한 연간 매출 예측치를 토대로 월별 매출 추정치를 계산할 수 있을 것이다. 이 월별 매출 추정치를 이용해 현금흐름 대비 매출액의 비율을 적용해 월별 현금흐름을 예측할 수 있다.

에듀컨텐츠·휴피아

제4장 사업계획서, 부록 작성과 준비

17. 부록에는 무엇을 써야 하는가?
18. 매력적인 사업계획서, 어떻게 준비할 것인가?
19. 성공하는 사업계획서 작성

에듀컨텐츠·휴피아
CH Educontents·Huepia

제4장. 사업계획서, 부록 작성과 준비

17. 부록에는 무엇을 써야 하는가?

사업계획서도 일종의 사업에 대한 이야기이기 때문에 문맥이 끊기게 하는 자료들은 포함할 수 없다. 이렇게 여러분이 사업계획서에 포함하고 싶었지만, 넣지 못했던 자료나 사업계획서에 적은 복잡한 내용에 대한 보충 설명 등을 뒷쪽 부록 부분에 포함시키면 된다.

여러분은 아마 경영진의 상세한 이력서와 제품 샘플, 제품 사진, 광고 샘플, 기사 광고, 시설물 사진, 공장 계획 등을 포함시키고 싶을 수도 있다. 여기에서 유의할 점은 부록에 넣는 자료도 너무 장황하지 않게 필요한 요점만 간추려서 넣어야 한다는 점이다.

또한 부록 부분은 여러분의 사업에 깊은 이해를 하고 싶어하는 사람이 아닌 이상 보지 않을 가능성이 높다.

Action 1 | 주요 임직원의 이력서

사업계획서의 경영에 관한 장은 여러분 회사의 경영진과 주요 고용인에 대한 간략한 소개를 포함할 수 있다. 그러나 투자가와 독자는 여러분이 제공하고 있는 정보보다 더 자세한 정보를 원할 수 있다. 이것을 위해 여러분은 부록에 자세한 이력서를 첨부할 필요가 있다.

Action 2 | 제품 샘플

만일 생산 제품이 운반이 용이한 것이라면, 부록에 제품 샘플을 포함할 수 있다. 그러나 매력적인 샘플로 사업의 개념과 경영, 마케팅, 재무 부분 설계 등에 관한 하자를 극복할 수 없다는 것을 유념하기 바란다.

Action 3   제품 사진

부록은 제품의 외모가 중요하거나 제품의 특성을 구두로 설명하기 곤란한 제품의 사진을 게재하기 좋은 장소이다.

Action 4   광고 샘플

신문과 잡지 광고, 연예지 광고, TV 광고의 정지 화면, 웹사이트의 배너 광고, 라디오 광고의 문안 등이 모두 포함될 수 있다.

Action 5   기사 광고

영향력 있는 인쇄매체와 방송의 기사가 매출을 증대시킨다는 것을 알 수 있다. 만일 여러분의 소프트웨어 프로그램이 주요 컴퓨터 잡지에 기사로 게재되었다면, 이를 사업계획서에 무조건 포함시켜야 한다. 사업에 관심이 있는 독자라면, 이 우호적인 기사가 제공하는 무형의 자산가치를 깨닫게 될 것이다.

Action 6   시설물 사진

여러분이 제공하는 사진은 화려하기보다는, 정보를 제공한다는 측면에서 가치를 두어야 한다는 점을 명심하기 바란다.

제4장. 사업계획서, 부록 작성과 준비

| Action 7 | 현장 설계도 |

현장 설계도가 다소 복잡하고 독자가 추가적인 상세한 정보를 원한다면, 이러한 것들을 사업계획서의 부록에 포함시키는 것은 좋은 생각이다.

| Action 8 | 임차 관련 사항 |

아무리 중요한 임차라 하더라도 그 계약 내용을 일일이 사업계획서의 주요 부분에 설명하는 것은 바람직하지 않다. 그러나 꼼꼼한 독자는 구체적인 자료 검토를 통해 확인할 수 있는 특별한 임차에 대해 의문을 가질 수 있다. 이런 독자들을 위해 구체적인 임차 조건 등을 명시한 자료를 부록에 첨부할 수는 있다.

| Action 9 | 사업계획서의 분량 |

사업계획서의 분량에 대한 일반적인 규칙은 없다. 대개 초기의 사업계획서는 20페이지 미만으로 작성하는 것이 좋다. 또한 복잡한 사업의 사업계획서라고 할지라도, 보충자료들을 부록으로 첨부할 때 제약을 두는 것이 좋다.

18. 매력적인 사업계획서, 어떻게 준비할 것인가?

여러분이 투자가와 함께하는 회의를 위해서 입는 복장은, 창고를 청소할 때 입는 복장과는 분명히 다를 것이다. 이와 같이 여러분의 사업계획서를 제출할 때 부적합한 형태로 소개하지는 말아야 한다.

여러분은 이미 사업계획서 작성에 많은 시간과 정력을 투자하였다. 단지 잘못된 철자나 평범한 외양 때문에 사업계획서의 가치가 손상되는 것은 바람직한 일이 아니다.

Action 1 　 제작과 인쇄, 디자인

3공 바인더 형태로 제작된 사업계획서는 내부 문건으로 사용될 때 적합하다. 이러한 형태는 여러분이 사업계획서의 내용을 수정하거나 보완하기 쉬운 형태이다.

은행이나 다른 투자가에게 제공하기 위해서는, 사업계획서를 다른 형태로 준비해야 한다. 가장 흔하게 사용되는 방법은 양질의 종이에 양면으로 인쇄해 영구 보관이 가능한 책의 형태로 제작하는 것이다. 일반 인쇄소에서 이런 형태의 사업계획서를 제작하거나 아니면 자가 제작이 가능한 도구를 구매할 수도 있다. 첫 장은 잘 보이는 아크릴 용지로 표지를 만들거나 목차를 볼 수 있도록 두꺼운 종이를 표지로 활용할 수도 있다.

이러한 영구 제본은 독자들이 사업계획서를 읽기 편하게 관리할 수 있도록 한다. 이 점을 기억하는 것이 대단히 중요하다. 이는 외양이 아니라 사업계획서의 기능을 향상시킬 수 있는 결정이기 때문이다. 그렇다고 지나치게 치장하느라 비용을 많이 소비하는 것은 현명하지 못하다. 독자들은 사업계획서가 제공하는 정보에 관심이 있기 때문이다.

동일한 원리가 용지와 글자체를 선택하는 데도 적용된다. 흰색종이, 회색빛 또는 약간의 크림색이 가미된 종이를 선택하는 것이 좋다. 그러나 피자 광고지 같은 천연색 종이는 피해야 한다. 사업계획서에 걸맞는 문구류를 선택하는 것이 좋다.

종이 선택에 관한 일반적인 지침으로 투자가는 보수적인 경향이 있다는 것을 감안해야 한다. 만일 여러분이 투자가에게 설득력이 있으려면, 투자가만큼 보수적이어야 한다는 것을 잊어서는 안 될 것이다.

벤처창업과 사업계획서 작성방법

| Action 2 | 차트, 그래프, 표 |

그래프와 차트는 특정 정보를 전달하는 데 유용한 도구이다. 사업계획서에서 활용할 수 있는 시각적 도구들은 조직도, 제품설명도, 매출 추이, 손익분기점, 시장 경향, 경쟁사의 시장점유율 등이다. 만일 여러분이 상기와 같은 정보를 담고 있다면, 논점이 분명하게 전달될 수 있도록 시각적 도구를 활용하는 것을 검토해 보기 바란다.

일반적으로 활용되는 워드프로세서와 계산 프로그램을 포함한, 많은 컴퓨터 관련 소프트웨어 프로그램들이 이와 같은 도구를 구축하는 데 활용될 수 있다.

또한 차트를 출력할 때는, 좋은 프린터를 사용해야 한다. 종종 소규모 프린터는 너무 작게 출력되어 차트 내용을 확인하는 데 부적절하며, 이런 차트들은 도움이 되지 못한다.

모든 독자가 숫자만 읽는 데 익숙하지 않듯이 차트에 익숙하지 않을 수 있다. 따라서 차트는 단지 정보를 전달하는 보조적인 수단으로만 활용해야 한다. 또한 시각적 도구들은 상세한 정보를 쉽게 전달하며 강조하는 수단이다. 그러나 그것이 실제 사실을 대체할 수는 없다.

| Action 3 | 멀티미디어 프레젠테이션

어떤 계획들은 문서 그 이상이어야 한다. 만일 여러분의 사업계획서를 벤처 캐피탈 컨퍼런스에서나 산업계 컨퍼런스 등에서 설명한다면, 참석자에게 여러분의 계획을 설

제4장. 사업계획서, 부록 작성과 준비

명할 때 단지 문서에 의한 설명보다는 슬라이드로 설명하는 것이 더 높은 설득력을 가져올 수 있다.

여러분은 이러한 프레젠테이션에 쓰이는 슬라이드를 파워포인트와 같은 프레젠테이션 프로그램을 이용해 빨리 준비할 수 있다. 멀티미디어를 이용한 프레젠테이션의 각 페이지 정보는 간결하고 이해하기 쉬울수록 좋다.

한편, 여러분은 사업계획서의 전체 내용 중 어떤 내용을 언제보다 더 자세히 설명할 것인지 사려 깊게 선택해야 한다. 이렇게 조심스럽게 시기를 선택해야 하는 이유는, 프레젠테이션 계획이 문서화된 계획보다 훨씬 짧기 때문이다. 참석자들은 결코 30페이지를 읽는 동안 그냥 앉아 있지만은 않을 것이다.

또한 참석자들은 문서에 쓰여진 방식에 따른 프레젠테이션 방향이나 속도를 받아들이기보다 자신들의 방식으로 살펴볼 것이다. 여러분은 자신에게 프레젠테이션을 해야 할 이 그룹은 마케팅이나 재무 분야 중 어떤 분야에 더 관심을 갖고 있는가? 등과 같은 질문을 해야 하며, 이 질문의 대답에 따라 프레젠테이션을 진행해야 한다.

Action 4 표지에 집중하자

여러분의 사업계획서를 검토하려는 사람이 가장 먼저 보게 되는 것은 표지이다. 표지를 본 후 그들은 사업계획서를 거들떠보지도 않을 수도 있다. 즉, 표지가 사업계획서의 첫인상을 결정짓는 강력한 도구인 것이다. 따라서 표지를 어떻게 작성할 것인지 심사숙고해야 한다. 그리고 그 표지가 사업계획서의 전반적인 내용을 전달하는 데 적합하도록 제작해야 한다.

표지를 구성하는 몇 가지 필수 불가결한 요소들이 있다. 표지에는 반드시 회사 이름, 주소, 전화번호와 기타 연락처가 표기되어야 한다. 다른 중요한 요소는 날짜와 이 문서가 사업계획서라는 것을 보여주는 표현이다. 이 정보들은 크고 검은색으로 표시해 읽기 쉽도록해야 하며, 표지의 상단에 위치시켜야 한다. 무엇보다도, 여러분은 사업계획서를 읽는 독자가 이 사업계획서가 무엇을 위한 것이며, 어떻게 여러분과 연락할 수 있는지에 대해 알게 해야 한다.

만일 여러분에게 보기 좋게 고안된 회사 로고가 있다면, 이를 표지에 포함시키는 것도 좋은 방법이다. 또한 길지 않은 회사 슬로건을 포함시키는 것도 훌륭하게 전략을 전달하는 방법이다.

그리고 사업계획서의 표지에는 독자들에게 사업계획서 안에 있는 회사의 기밀사항에 대한 비공개를 요청하는 법적 문구를 포함하는 것이 좋다.

표지에 많은 종류의 내용을 포함시키고 싶은 유혹이 있지만, 여러분은 이를 극복해

벤처창업과 사업계획서 작성방법

야 한다. 여러분의 사업개념이나 유치할 투자 금액과 기타 자세한 사항은 프레젠테이션 내지에 포함시키는 것이 좋다. 그리고 표지에는 회사를 단순 명료하게 차별화시킬 수 있는 내용을 포함해야 한다. 그 이상의 것들을 포함하는 것은 너무 많은 내용을 담는 것이다.

Action 5 안내 편지를 보내자

안내 편지는 수신인에게 사업계획서를 간단히 소개하는 짧은 글이다. 경우에 따라서는 이것을 읽지 않을 수도 있다. 또 다른 경우에는 안내 편지가 사업계획서의 일부가 될 수도 있다. 그러나 어떤 경우에도 안내 편지는 중요한 기능을 수행한다는 사실을 명심해야 한다.

안내 편지는 사업계획서를 소개하는 기능을 담당한다. 기본적으로 여러분이 왜 수신인을 접촉해 사업계획서를 전달하는지에 대한 이유를 설명해야 한다. 그리고 여러분이 투자가나 은행 또는 장기 공급자 등에게 요구하는 내용이 무엇인지 설명해야 한다.

또한 안내 편지가 왜 특정 수신인에게 보내졌는지에 대해 설명해야 한다. 만일 여러분이 개인적인 추천을 받았다면, 여러분은 그 추천인을 편지 앞부분에 명시해야 하며, 이어서 인사를 해야 한다. 결코 지인이나 동료 또는 친구로부터의 추천인들의 힘을 과

소평가하지 말아야 한다. 추천인들이 여러분에게 당장 투자를 이끌어 낼 수 있는 효과를 줄 수는 없지만, 여러분의 일을 시작할 수 있는 동기는 부여해 줄 수 있기 때문이다.

어쩌면 여러분은 추천인 관계가 아닌 또 다른 관계에 있는 사람을 접촉할 수도 있다. 예를 들어 여러분이 예전에 그 사람을 한 번 만난 경험이 있을 수도 있다. 아마도 여러분이 함께 일한 동료이거나 거래 관계가 있는 조직의 일원일 수도 있다. 취미와 같은 공동 관심사는 덜 중요할 것이지만, 공동의 관심사를 갖고 있는 사람과의 관계는 보다 특별하거나 친밀한 정도를 언급하는 것이 가치가 있다.

예를 들어 여러분이 프로야구 팬이라는 사실이 큰 의미를 갖지는 못한다. 그러나 만일 여러분이 장기 해양 항해선의 승무원으로 서로 경쟁했다면, 이것은 충분히 언급할 만한 가치가 있는 것이다. 어떤 경우라도 사업계획서가 아닌 안내 편지는 이러한 개인적 관계를 언급할 수 있는 공간이다.

최종적으로 안내 편지에서는 사업계획서를 설명하는 조건들을 구체화시킬 수 있다. 예를 들어 여러분은 그 사업계획서를 다른 사람에게는 보내지 않았다는 사실을 언급할 수 있다.

아마도 여러분은 이 안내 편지를 통해서만이 아니라 많은 기관으로부터 다양한 방법으로 재무적 투자를 구하고 있다는 것을 명백하게 밝힐 수도 있다. 만일 사업계획의 제안에 따른 투자 마감일이 있다면, 그리고 이 사업계획서가 대외 비밀이며, 반드시 반환되어야 함을 강조하고 싶다면, 안내 편지에 그러한 사항을 명시해야 한다.

또한 안내 편지는 사업계획서에 포함되어 있지 않은 어떤 요소를 설명할 수 있는 기회이기도 하다. 아마도 새로운 주요 인사를 영입한 것과 같은 중요한 상황이 사업계획서의 최종판을 작성한 후에 발생한 경우 등이다. 그리고 여러분이 사업계획서의 마케팅 분야에 언급한 가정 등을 현실화시킨 최신의 연구 결과 등이 여기에 포함된다. 이와 같이 안내 편지는 당초 사업계획서에서 누락된 부분을 보완할 수 있는 기회를 제공한다.

Action 6 | 안내 편지가 거절되었을 때

어떤 사람들은 사업계획서의 설명을 통해 많은 성공을 거두는 반면에, 그렇지 않은 경우도 있다. 그러나 어떤 누구도 항상 성공할 수는 없다. 사업을 초기에 성공시킨 경험이 많은, 재주 있는 기업가라도 종종 투자가가 참여하기를 꺼려한다는 사실을 느낄 수 있다. 투자가는 아마도 여러분의 사업에 관심이 없거나 투자 재원이 부족하거나 더 많은 혹은 더 적은 투자를 원하거나 여러분의 제안을 거절할 수 있는 많은 이유를 가지고 있을 수 있다.

따라서 중요한 것은 여러분이 거절당하는가에 대한 물음이 아니라 여러분이 거절당했을 때 어떻게 할 것인가 하는 점이다. 여러분이 처음 가져야 할 반응은 왜 거절당했는지 그 이유를 분석하는 것이다.

여러분의 목적은 투자가의 회피나 의도적이지 않은 거짓을 밝히는 것은 아니다. 따라서 여러분은 사업계획서에 초점을 맞춘 질문을 하면서 조심스럽게 여러분이 실수했는지 또는 비협조적인 청중에게 제대로 접근하고 있는지 조사해야 한다. 만일 여러분의 실수로 판명된다면, 다음 설명회 이전에 이를 수정해야 한다.

Action 7 | 다른 투자가 추천받기

투자가의 세계는 굉장히 긴밀한 네트워크로 연결되어 있다. 비록 한 투자가로부터 거절을 당해도 그에게 여러분 사업에 대해 관심을 가질 만한 다른 투자가를 추천받을 수 있는지 물어보는 것이 좋다.

제4장. 사업계획서, 부록 작성과 준비

Action 8 | 미래에 대비해 항상 프로 근성을 가지자

만일 투자가가 여러분의 계획에 반응하지 않거나 무시하거나 여러분이 실패했다고 말할 때, 여러분의 반응은 그래도 예의 바르고 프로로서의 근성을 가져야 한다. 만일 여러분이 당황하거나 실망하거나 이에 대해 분노한다면, 이런 마음의 상태는 여러분에게 해를 끼칠 수 있다. 그 투자가가 당일 기분이 좋지 않지만, 다음날 그의 마음을 바꿀 수도 있기 때문이다.

그 투자가는 여러분의 이름과 어려운 상황에서 여러분이 보여준 행동을 기억하며, 다음에 여러분의 그런 행동들이 보다 더 개방적인 사람이라는 평가를 받게 할 수도 있다. 또는 내년에 여러분이 보다 더 매력적인 개념의 사업을 준비 중일 때, 그 아이디어를 지원해 줄 수도 있다.

에듀컨텐츠·휴피아
ECH Educontents Huepia

19. 성공하는 사업계획서 작성

사업계획서를 쓰는 방법에 관한 책은 수없이 많다. 하지만 사업 계획이 투자자에게 "사업에 참여할 팀과 자산이 투자를 정당화할 수 있을 정도로 충분히 큰 시장에서 지속적인 '시장 지배력'을 확보할 수 있다."라는 것을 입증해 보여야 한다는 핵심 사항을 놓치고 있다. 이것은 쉽기도 하고 또 그만큼 어렵기도 하다.

경제학자들은 사업에 투입된 자본 비용을 초과하는 수익을 내는 능력을 시장 지배력이라고 본다. 사업적 맥락에서는 좀 더 단순하다. 시장 지배력은 약자를 괴롭히는 힘이다. 시장 지배력으로 인해 특정 회사가 불균등하게 높은 이익을 거두게 되고 산업에 강력한 영향력을 행사할 수 있게 된다. 높은 투자 수익률을 달성하는 데에는 시장 지배력과 관련된 많은 요인이 있다. 가격 결정력이 그 하나이다. 가격 결정력이 있다는 말은 제품에 가격을 더 부과할 수 있다는 의미이며, 그로 인해 경쟁자보다 높은 이익을 거둘 수 있다는 뜻이다. 규모는 또 다른 요인이다. 규모에 의해 생산 비용을 더 낮출 수 있으며, 공급자에게 더 큰 구매력을 발휘할 수 있다. 시장 지배력을 행사할 수 있게 하는 요인들을 좀 더 자세히 살펴보자.

시장 지배력이 없으면 제품이나 서비스는 일용품(Commodity)에 불과하다. 일용품을 판매하는 사업은 고수익을 지속해서 얻기가 매우 어렵다.

벤처캐피털리스트와 같은 대부분의 전문 투자자들은 그들의 투자 근거를 정확히 문서화해두어야 한다. 따라서 사업 계획은 투자 근거를 뒷받침하는 논거들로 잘 구성되어야 한다. 모든 투자 근거는 그 중심에 어떻게 회사가 시장 지배력을 확보하는지, 얼마기간 동안 사업의 기회가 있는 것인지, 시장 지배력을 어떤 식으로 수익과 연계시키는지에 관한 방법들을 담고 있다. 기업가가 사업계획서에 담은 모든 사실, 주장, 가정은 투자 근거를 뒷받침하도록 만들어져야 한다. 대부분의 사업 계획은 시장, 제품, 팀 등에 관한 긴 서술에 그치고 만다. 물론 이 모든 요소는 계획 속에 포함되어야 하지만 사업계획서는 사업의 리뷰여서는 안 된다. 계획은 소설과 같이 스토리를 말해줄 수 있어야 한다. 단순한 사실 전달이어서는 곤란하다.

| Action 1 | 시장 지배력: 대부분의 사업계획서에 누락되는 핵심 요소 |

사업계획서 중 99%는 어떻게 회사가 시장 지배력을 확보하고 유지할 것인지를 포함하고 있지 않다. 사실 대부분의 기업가는 시장 지배력이 성배(聖盃)와 같다는 사실을 알지 못한다.

사업계획서가 유망한 투자자와 교감해야 하는 주요한 개념은 사업이 어떻게 시장 지배력을 확보하고 유지하며 활용할지에 관한 것이다. 시장 지배력은 모든 경쟁사가 추구하고 있는 핵심 요소이므로 반드시 지켜내야 하는 부분이다.

회사의 시장가치가 투자금액으로 결정되는 장부 가치를 훨씬 상회하는 상황을 만들어낼 수 있는 유일한 원인 요소이며, 이로 인해 리스크를 안은 투자자에게 그에 걸맞은 보상을 해줄 수 있게 된다. 만약 시장 지배력이 없다면, 회사의 시장가치는 투자 자본의 원금을 넘어서기 어렵고 자연적으로 투자수익률은 감소할 것이다. 만약 시장 지배력이 짧은 시간 존재한다면, 평균을 넘는 이익은 그만큼 단기간에 그칠 것이다.

Action 2 | 사업계획서에 포함되어야 할 시장 지배력 달성의 근거

기업가들은 계획에 대한 여섯 개의 구체적인 명제들을 장래의 투자자들에게 입증해야 한다. 만약 이들 여섯 개 명제가 증명되면, 투자자들은 그 계획에 반대할 이유가 없을 것이다.

처음 세 가지 사항은 창업자와 투자자, 즉 모든 주주에게 '기회'가 가져다줄 절대적 잠재 가치에 대한 근거이다. 이 세 가지 사항은 투자 근거로서 투자할만한 충분한 가치가 있는 사업임을 입증할 수 있어야 한다.

① 접근 가능한 시장의 규모가 크고, 빠른 성장이 가능
② 실현 가능한 시장지배력: 지속할 수 있고 차별화된 제품이나 서비스 제안
③ 유능하고, 목표가 뚜렷하며, 신뢰할 만한 경영진

다음 세 명제는 기회가 투자자에게 좋은 '거래'가 되리라는 것을 입증해야 한다. 만약 이 세 명제가 증명되지 못하면, 아무리 사업이 좋다 할지라도 투자자는 일정 수준 이상의 이익을 얻을 수 없다. 이 셋은 나중에 다시 살펴보기로 하자.

④ 단계별 가치 제안이 뚜렷한 성장 계획
⑤ 현실성 있는 가치평가
⑥ 투자비 회수 가능성

'기회(투자 근거)'와 '거래'는 올바른 것이어야 한다. 첫 세 명제를 좀 더 자세히 살펴보자.

제4장. 사업계획서, 부록 작성과 준비

| Action 3 | 접근 가능한 시장의 규모가 크고, 빠른 성장이 가능 |

첫 번째 사례는 회사가 큰 규모로 신속하게 성장하고 시장에 가치를 제대로 전달할 수 있는 경우이다.

[한국 사례: 새로운 형태의 반도체, LCD 시각 검사 장비]

지금까지의 반도체, LCD 검사 장비는 그 복잡도가 매우 높아서, 단위 공정이 마무리되는 시점에서 임의의 제품을 생산 라인으로부터 샘플링(추출)하여 별도의 검사 장비로 이동해 검사하는 방식이었다. 만약 검사 후 제품에 불량이 있다고 판명되면 반도체나 LCD 특성상 샘플링된 해당 제품의 전후로 많은 제품이(동일 '로트(Lot)'에 포함된 모든 제품) 모두 불량일 확률이 매우 높다.

그런데 지금 제안하는 이 새로운 장비는 컨베이어 벨트에 삽입하여(인라인(In-Line) 방식) 모든 제품을 실시간으로 검사할 수 있으면서도 가격이 매우 저렴한 매우 훌륭한 제품이다. 기존에는 단위 공정의 마지막에 기껏해야 하나 정도의 값비싼 장비를 설치할 수밖에 없었으나(검사 장비를 여러 개 설치해 병렬적으로 많은 샘플링을 하여 검사하면 좋겠지만, 반도체, LCD 공장은 청정도 유지해야 해서, 평당 공장 건설비가 매우 많이 들어서 생산 이외의 부가적인 장비를 설치할 만한 공간에 대한 여유가 많지 않다. 따라서 장비의 부피는 매우 중요한 요소이다) 이 제품은 인라인 방식이므로, 생산 공정 운영 경험 때문에 이미 알려진 문제가 빈번하게 발생하는 부분 모두에 설치해서 실시간으로 제품의 불량 상태를 검증 및 관리할 수 있는 혁신적인 제품이다.

지금까지의 LCD(반도체보다는 LCD 공정에서 더 많을 필요성을 느끼고 있다) 공정 검사 장비는 전체 장비 중 적어도 50%의 시장을 대체할 수 있다고 판단된다. 즉 이 장비의 시장은 장비 투자 전체 규모의 5% 정도라고 할 수 있다. 현재 세계에서 LCD 생산시설을 가동하고 있는 나라는 한국, 중국, 대만 정도이기 때문에, 현재 새로 만들어지고 있는 LCD 공정 라인 투자 규모의 5%를 하면 당장의 신규 진출 가능 시장이 되며, 기존 장비의 노후화에 의한 대체가 이루어질 때 저가격, 기능의 우수성 등에 의해 기존 장비를 대체할 가능성이 일부 존재하게 된다. 이를 합하면 접근 가능 시장의 규모(Total Addressable Market)를 산정할 수 있다.

향후 3년간(이 책을 쓴 시기에는 이미 이러한 투자가 완료되었다) 한국의 8세대 LCD 라인 3조와 중국의 6.5세대, 8세대 LCD 라인 총 4조의 합의 5%인 3,500억 원, 기존 검사 장비 대체 수요는 기존 장비 업체 매출의 절반 수준(이스라엘 및 한국의 검사 장비 회사 매출액 대비 50%) 약 1천억 원, 이 둘을 합한 4,500억 원 정도가 희망적으로 가능한 접근 가능 시장의 규모가 된다. 이를 3년으로 나누면 연간 1,500억 원을 시장 규모라고 할 수 있다. 이런 경우에 이 회사에 투입하는 투자 자금의 총액은 연간 시장의 약 10%인 150억 원을 초과해서는 안 된다. 이렇게 말하는 근거는 다음과 같다.

- 회사가 매우 성공할 경우 시장점유율은 약 50% 수준을 달성할 수 있다고 가정할 수 있다. (연간 매출 750억 원)
- 회수 시의 회사 가치는 매출액의 2~4배 수준이 될 수 있을 것이며(PSR 2~4라는 의미이며, 1500~3천억 원이며, 이를 통해 계산되는 PER은 10~20이므로, 유망한 기술 스타트업에는 적절한 투자 가치로 볼 수 있다)
- 만약 회수 시에 투자자가 회사 지분의 약 50%(정상적인 경우 투자자가 가질 수 있는 최대 지분율의 수준. 이 50%를 넘어가면 회사의 경영권, 소유권이 투자자에게 있는 비정상적인 상황이 된다)

투자자들이 자신의 투자를 통해 보통 20% 내·외의 지분을 보유하는 것이 일반적이라고 할 수 있는데, 이의 경우 지분의 가치가 300억 원에서 600억 원이 되게 된다. 따라서 2배에서 4배의 이익을 거두는 것이고, 이는 실패의 리스크를 고려했을 때 그리 훌륭한 투자라고 할 수 없다. 150억 원의 투자금 책정은 다소 많은 것이라 할 수 있다. 이런 결과는 세계 시장을 주름잡는 회사에 투자한 것 치고는 그 성과가 별 볼 일 없다고 할 수 없다. 이렇게 보면 회사는 이 일을 해낼 기술력이 있고, 고객이 가지는 가치도 명확하며, 그로 인해 명확한 대상 시장이 있다 하더라도 소위 빅 샷(Big Shot)이라고 할 만큼의 파급력을 가질 정도의 매력 있는 투자처는 아닌 것이 된다.

참고: 이런 사례는 B2B 사업의 한계라고도 할 수 있다. 이 회사는 기술을 인정받고 파일럿 제품이 설치되어 평가 완료되었다. 그러나 매출이 폭발적으로 성장하려는 시기 즈음에 전반적인 LCD 사업의 약화(공급과잉)로 매출의 지연, 매출 채권 회수일의 과도해지는(고객사는 270일짜리 어음을 주기도 했다.) 등 자금 압박을 이기지 못하고, 기존 반도체 장비 상장사에 LCD 장비로의 사업 확장 전략에 따라 투자자들의 가치보다도 낮은 가치로 흡수 합병되었다.

[미니사례: 새로운 형태의 레이저 개발 회사]

만약 새로운 레이저가 차지하는 시장의 연간 규모가 5,000만 달러라고 한다면, 그런 레이저를 개발하는 회사에 투자하는 총액은 500만 달러를 초과해서는 안 된다. 경험칙을 적용하자면 이렇다.

- 회사가 매우 성공할 경우 시장점유율은 50%에 이를 수 있을 것이다.

제4장. 사업계획서, 부록 작성과 준비

- 회수 시의 회사 가치는 매출액의 2~4배 수준이 될 것이며, 이익의 규모에 따라 결정될 것이다. 이것을 반영한다면 회수 시의 회사의 가치는 5천만 달러에서 1억 달러 정도라고 할 수 있다.
- 만약 회수 시에 투자자가 회사 지분의 50%를 보유하고 있다면, 그 지분은 매각했을 때 2,500만 달러에서 5,000만 달러 정도이다. 만약 투자금이 500만 달러라면 매우 좋은 결과이다(실제로는 200만 달러에서 300만 달러의 자금이 투자되는 것이 바람직하다.). 하지만 리스크 상황을 고려했을 때 1천만 달러를 투자하기에는 매력적이지 않은 투자처가 되어 버린다.

1) 크지만 너무 크지는 않은 시장

시장규모는 투자 수준을 정당화 할 수 있을 정도로 크면 된다(상단의 미니사례를 참조하라.).

궁극적인 성장에 이르렀을 때의 회사 가치와 이러한 가치를 달성하는 데 필요한 투자금 사이에는 최소 비율 관계가 있어야 한다. 예를 들어 반도체 산업 분야의 많은 관찰자는 반도체 설계 회사를 만들기 위해서 약 2,500만 달러에서 7,000만 달러 정도의 자금이 필요하다고 한다. 제품의 제조(조립)와 양상은 외부 업체에 위탁하는 비즈니스 모델이다. 만약 이런 경우라면, 투자가 이론적으로 성립하기 위해서 시장 규모는 최소한 2억 5천만 달러에서 7억 달러는 되어야 한다.

이런 것들은 벤처기업의 모든 사이클을 경험하고 나서야 투자자가 알 수 있는 것이기 때문에 얻기 어려운 교훈이라 할 수 있다. 많은 투자자는 투자를 한 5~8년 후에 경영진의 역량과 상관없이 시장 규모 자체의 한계로 인해 해당 투자로는 충분한 성공을 기대하기 어려웠다는 사실을 알게 된다.

중요한 것은 시장이 충분히 커야 한다는 것이다. 대부분의 벤처 투자자들은 회수 시의 회사 가치가 일정 수준 이상이 되지 않는 경우 투자를 고려하지 않을 것이다. 투자자들은 고작 안타나 2루타를 치려는 것이 아니다. 항상 홈런을 노리고 있다. 하지만 시장이 기대처럼 엄청나게 크지는 않다.

만약 잠재 시장이 정말로 어마어마하고 산업계와 투자자 사이에서도 그러한 기회가 성장하고 있다는 것이 잘 알려져 있다면, 투자자들은 투자 기회를 매우 조심스럽게 모색해야 한다. 예를 들어 2007년경 양방향 프로그래밍, 웹, 모바일 TV와 같은 아이템들에 대해 많은 관심과 토론이 있었는데, 이러한 제품들은 매우 큰 시장을 형성할 가능성이 컸다. 하지만 너무나도 명백하게 그러한 사실들이 시장에 알려졌다. 대다수의 실황 중개자들은 어느 단계에 이르면 대중 시장의 고객들에게 실재가 되기를 기대하고 있다.

일부 초기 기업이 이러한 시장의 혜택을 받을 기회가 있을 테지만, 방송사와 다른 많은 기업 또한 그 과실에 대해 눈독을 들이고 있을 것이다. 대규모의 진화하는 시장은 투자 업계에 잘 알려지게 마련이고 일반적으로 투자 기피 대상이 된다. 그 시장에서 승자가 된다면 그 과실은 매우 클 것이나, 기회를 쫓기 위해 여러 투자 펀드가 투자한 자금의 무게가 너무 무거워서 특정 한 회사에 의한 투자 수익 기대감을 무색하게 만들어버릴 것이다.

투자자들은 아직 잘 알려지지 않은 큰 시장을 좋아한다. 기업가와 창업 팀 정도만이 가지고 있는 심오한 영역 지식이 산업에 속해 있는 소수에게만 명백한 대형 시장으로의 진화에 관한 통찰을 줄 수 있는 시장에 투자하기를 희망한다.

2) 시장 점유율이 아닌 규모 자체의 성장에 따른 회사의 성장

앞서 언급한, 크지만 너무 크지는 않은 시장의 경우와 유사한 것은 투자자들이 시장의 개발 단계에서도 소비자가 제품을 사지 않을 정도로 초기 단계는 아니면서, 이미 매출을 일으키고 있고 대체할 필요가 있는 성숙한 경쟁자가 있을 정도의 후기 단계는 아니기를 원한다. 매우 이상적이라 할 수 있다. 투자자들은 이제 곧 커질 시장의 초입에 정확히 위치하기를 원한다.

대부분의 투자자에게는 시장이 열리기를 기다리지 못하고 너무 초기에 투자했던 경험이 있다. 그런 경우 회사들은 중도에 망한다. 투자자들이 시장이 열릴 것을 기대하고 초기 투자를 하지만 회사가 좋은 기업가치로 의미 있는 규모의 자금을 유치하려 한다면, 시장이 커지고 있다는 사실이 필요할 것이다.

기업가는 사업 계획 발표에서 투자자가 접촉해 볼 수 있는 기대 고객들을 줄줄 읊을 수 있어야 한다. 회사가 아직 제품이 없다 하더라도 시장에 관한 대화를 할 수 있어야 한다. "만약 제품 X 혹은 서비스 X를 시장에 내놓을 수 있다면 그것이 당신에게 얼마나 매력적인가요?"와 같은 가상적인 질문을 던질 수 있어야 한다. 투자자들은 이런 부류의 피드백을 매우 가치 있게 여기며, 다가올 시장을 강조하고 회사의 제안을 정당화하는 데도 도움이 된다. 만약 회사나 투자자가 미래 제품에 흥미 있거나 이익을 볼 기대 고객을 찾을 수 없다면, 시장이 너무 이른 것이다.

투자자들은 초기 기업을 지원하지 않는다고 비판을 받곤 한다. 초기 기업들은 시장의 잠재력이 엄청나지만, 기초연구가 이제 막 끝났을 뿐이다. 보통 대학에서의 연구 과제가 사업화되는 경우이다. 투자자는 이런 종류의 투자 요청을 받게 되면 대학에서 기술을 좀 더 개발하거나 나중에 상용화하는 것이 좋을 것이라는 반응을 보인다. 반면에 시장이 너무 성숙해진 상황이라 하더라도, 기존 경쟁사들의 시장을 빼앗아 오거나 점유율을 높이는 정도의 사업 기회에 대해서도 그다지 관심이 없다. 고객의 관성과 경쟁업체들의 신생 업체 죽이기가 초기 기업들을 약화해버린다.

투자자들은 이러한 두 가지 경우의 중간을 원한다. 시장이 개발되고 있는 경우(혹은 이제 막 개발되려 하는 경우), 그리고 너무 성숙하지 않은 시장에서의 기회를 선호한다.

3) 시장에서 업계 1, 2위가 될 정도의 역량

초기 기업이 시장에서 1, 2위 기업으로 성장할 수 있는 역량은 시장 지배력을 가질 수 있느냐와 연결되어 있다. 만약 사업계획서가 시장에서 1위가 되는 과정 설명을 정확히 하고 있지 않다면, 그 회사가 시장 지배력을 행사할 일은 없을 것이다. 3위, 4위 업체는 시장지배력이 없다.

투자자들은 2조 달러의 시장에서 점유율 1~3% 정도를 차지할 것이라는 계획은 그 결과 값이 어느 정도 매력적인 수치라 하더라도 이내 무시해버릴 것이다. 시장을 지배할 방안에 대해서 반드시 이야기할 수 있어야 한다. 지배력 없이는 보통 이상의 혹은 매우 높은 수준의 투자수익을 얻기가 매우 어렵다.

4) 명확한 고객 접근 방법

명확한 고객 접근 방법을 가지고 있어야 한다는 것은 너무 당연한 나머지 종종 간과되는 부분이다. 회사는 고객에게 밀접하게 접근하여 판매해야 한다. 이때 가격 효율성이 있어야 한다.

전자 부품 제조사가 기존 고객사가 만들었던 제품을 개발해서 서브시스템이나 모듈 제조사가 되거나 혹은 시스템 회사에 납품하고자 시도하는 예도 있다. 이렇게 되면 제품의 가격이 아주 높아지고, 가치사슬 상에서 경쟁이 덜 한 곳으로 이동할 수 있게 될 것으로 예상할 수 있지만 실제로는 그렇게 되지 않는다. 회사는 기존 서브시스템 공급사로부터 부품을 공급받아서 조립을 해왔던 시스템 회사와의 협력 관계가 없을 것이다. 또한, 회사의 이전 고객사인 서브시스템 제조사들이 이러한 사업의 전개를 막아설 것이다. 자사 사업이 훼손되기 때문이다.

아마 직접 판매가 초기 기업의 주요한 고객 접근 방법이 될 것이다. 하지만 직접 판매 기법은 지속적인 영업 인력이 필요하므로 어느 수준 이상으로 확대되지 않는다. 예를 들어, 이제 막 생겨난 소프트웨어 회사들은 직접 판매만을 통해서는 매출 200만 달러에서 400만 달러 이상으로 성장하기가 쉽지 않다는 것을 알게 된다. 그 시점이 되면 간접적인 판매 채널인 리셀러, SI(Systems Integrators)와 같은 것을 이용해야 한다. 그런데 이런 판매 채널을 이용하기는 쉽지 않은 일이다. 따라서 많은 기업이 그 수준에서 더 성장하지 못하는 경우가 많다.

사업 계획은 초기 판매가 어떻게 이루어질지에 대해서 뿐만 아니라, 향후 어떻게 판매 확대가 이루어질 수 있는지를 설명할 수 있어야 한다. 인접 회사들의 사례를 들어 설명하면 판매 확대 방법이 어떻게 작동하는지 설명하는 데 도움이 될 것이다.

그리고 사업 계획은 장기적인 고객 접근 경로뿐만 아니라, 초기 고객 확보가 어떻게 이루어지는지에 대한 개요를 포함해야 한다. 대부분의 기술 관련 고객들은 이전 고객으로부터의 레퍼런스가 필요하다. 제품이 완성되지 않았다 하더라도, 초기 기업은 그 제품을 사용할 의향이 있는 잠재 고객들을 이미 줄 세워놓고 있어야 한다. 그때는 많이 할인된 가격으로 제공한다고 해도 어쩔 수 없이 고객 확보를 우선시해야 한다. 동료 기업들이 존경하는 산업의 리더들은 이상적인 레퍼런스 고객들을 확보한다.

많은 초기 기업들이 이용하는 기법은 아주 소량의 제품을 고객사에 판매해서 그 고객으로부터 제품의 가치를 인정받는 것이다. 훌륭한 영업사원은 고객사의 담당자가 50만 달러의 좋은 제품을 구매하기 위해서 5만 달러 정도의 시험 제품 구매를 마다하지 않을 것이라는 사실을 잘 알고 있다.

Action 4 | 실현 가능한 시장지배력

제품이나 서비스가 경쟁자보다 훨씬 더 좋아야 한다. 회사는 이러한 우월함을 바탕으로 그 우월함에 적합한 이익을 뽑아내는 방법을 생각해내야 한다. 여기서 필요한 사항은 다음 세 가지이다. 첫째, 제품이나 서비스가 경쟁자보다 매우 큰 가치를 소비자에게 줄 수 있어야 한다. 둘째, 시장지배력을 어느 정도 기간 지속해서 유지 가능해야 한다. 셋째, 매우 높은 이익률을 보일 수 있어야 한다.

1) 경쟁자보다 매우 큰 가치 제공

소비자는 게으르고, 무관심하다. 보통 익숙하고 위험 부담이 없는 것을 선호한다. 새로운 가능성에 관해 관심을 보일지 모르나 만약 그 새로운 제품이 비싸다면, 이미 알고 있는 제품으로 고개를 돌려버리거나 다른 사람들이 기대하는 대로 행동할 것이다. 새로운 회사가 이러한 소비자의 관성적인 성향을 어떻게 극복할 수 있을까?

해결책의 첫 번째 단계는 소비자에게 저항하기 힘든 가치를 제공하는 것이다. 이것에 관해 투자자들은 다음과 같은 뻔한 말을 할 것이다.

- 제품은 어떤 측면에서 대안 제품보다 열 배 이상 좋아야 한다.
- 비밀 재료는 무엇인가?
- 소비자가 해결하고자 하는 주요한 문제의 하나인가?

이런 입에 발린 말들이 뻔해 보여도, 감정적인 면을 적절하게 표현해주기는 한다. 소비자의 돈을 조금 절약해준다는 것으로는 충분한 것이 아니라, 엄청난 절약이 된다거나 많은 돈을 벌어줄 수 있어야 한다. 제품이나 서비스가 경쟁사보다 좋은 것으로 충분한 것이 아니라 명백히 우월하며, 가져다주는 가치가 무시할 수 없을 정도로 압도적이어야 한다.

투자자들은 제품이 여러 가지 측면에서 조금 더 나은 가치를 제공해 주는 경우를 선호하지 않는 경향이 있다. 예를 들어 새로이 개발된 소프트웨어가 기존/경쟁 제품 대비 조금 저렴하면서, 의사결정을 위한 조금 더 나은 정보를 제공하고, 조금 더 나은 비즈니스 프로세스 정렬 서비스를 제공해 주는 경우와 같이 여러 측면에서 조금씩 더 나은 경우는 소비자를 설득하기가 힘들다. 뭔가 한 분야에서 압도적으로 우수해야 소비자에게 제품의 가치를 전달하기가 수월하다. 기존 경쟁 제품으로는 해결할 수 없는 문제를 새로운 제품으로 해결할 수 있다고 하는 것이 가장 좋은 가치 제안이 된다.

현재 상황에서 많은 조력자가 있지 않다는 것을 명심해야 한다. 구매 담당자는 이미 경쟁사 제품을 구매했을 것이며, 경쟁사 영업 담당과 분기마다 골프를 치고 있을 것이다. IT 부분 담당자는 너무 게으르거나 바빠서 또 다른 소프트웨어 공급자를 관리할 수 없을 것이다. CFO는 회사의 가치 증가가 있는 사항이라 할지라도 경비 절약이라는 목적으로 지출을 하지 않을 것이다. 운영 담당자는 종종 해고를 수반하는 경비 절약 활동을 원치 않을 것이다. 일선 조직의 사무직원은 당신 제품을 사용해보았다면 쓰지 않았을 경쟁사의 제품을 내부에 이미 보급했을 것이다.

이런 무관심과 방해물을 극복하기 위해서는 챔피언을 차지해야 하며, 챔피언이 되기 위해서는 현재 상황에서 조금 좋은 것이 아니라 극단적으로 압도적이어야 한다.

가치 제안은 몇 단계로 표현될 수 있어야 한다. 한 문장 버전, 1~2분의 엘리베이터 피치 버전, 투자 대비 수익(ROI, Return On Investment)분석 버전 등으로 준비되어야 한다. 간단한 가치 제안의 좋은 예들이 많이 있다. 벤처캐피털과 관련된 콘퍼런스에 참석한 사람들은 엘리베이터 피치에 매우 익숙할 것이다. 엘리베이터 피치가 어려운 것은 사업을 소개하지 않고, 고객에게 경쟁사 대비 더 좋은 가치를 제공할 수 있다는 점에 집중해야하기 때문이다.

그러나 기업가들이 ROI 계산까지 준비하는 경우는 드물다.

투자자들이 직관적으로 제품이나 서비스의 우수성을 신뢰할 수 있어야 한다. 하지만 투자자와 고객의 지원을 얻어내기 위해서 그 제품이나 서비스의 가시적 우수성을 연역적으로 입증할 필요가 있다. ROI 분석 결과는 이럴 때 도움이 된다.

잘 만든 ROI 표를 고객에게 전달할 경우, 해당 제품이나 서비스가 자신에게 가져다줄 구체적인 재무적 혜택을 이해시키기 위해서 자기 사업을 보여주는 주요 경영 인자들을 그 표에 입력하게 할 수 있을 것이다. 물론 그 제품이나 서비스가 약속한 이익을 제대로 제공할 수 있다는 것을 고객이 신뢰할 수 있어야 한다.

많은 기업가는 일반적인 의미에서 제품이나 서비스가 가져다줄 혜택은 잘 설명할 수 있지만, 고객에게 좋은 재무적 사례를 구축하는 과정에서 도움을 주는 데에는 다소 부족하다. 종종 그 사업을 가장 잘 이해하고 있는 일선의 영업사원들에게 제품이나 서비스의 장점을 잘 설득할 수 있다. 일선 직원들은 단순히 재무적으로 얼마 정도 좋아진다는 직접적인 효과뿐만 아니라, 고객 만족도 향상이라든지 더 신속한 의사결정과 같은 간접적 효과에 대해서도 이해하고 있다. 이런 간접적 효과는 재무적인 직접적 효과가 있을 때만 유용하다, 이런 관계가 명시되어야 하며 주요 의사결정자 또한 그러한 관계에 대해서 신뢰할 수 있어야 한다.

종종 일선 사원들이 IT, 구매, 재무와 같은 중간 부서를 설득하는 데 실패해서 제품 판매가 성공하지 못하는 경우가 있다. 이런 IT, 구매, 재무 부서들의 역할 자체가 일선 사업부가 하고자 하는 일을 못 하게 하거나 일선의 결정에 대해 재고하는 것이라도 되는 듯 말이다. ROI 분석은 간접적 이익을 재무적인 구체적 숫자로 변환해서 보여줄 필요가 있다. 아무리 어려워도 해내야 하는 부분이다.

자동차 딜러를 위한 새로운 부품 재고관리 및 자동 주문 시스템의 ROI 분석에 포함된 사항은 다음과 같다.

- 부품 재고의 제거 혹은 축소해야 할 부분 규명
- 고객의 부품에 대한 지급 오류 감소
- 부품관리 부분에서 축소된 인력
- 정확한 계산을 통해 적정 재고를 유지함으로써 유발되는 경비절감효과
- 적기에 부품을 제공함으로써 수리 부분에서 절약되는 시간비용
- 적기 부품 조달에 따른 고객 응대 시간 감소로 의한 경비절감효과
- 고객만족도 향상에 따른 신차 구매 효과. 고객 충성도가 80%에서 85%로 향상된다.

ROI 분석의 목표는 제품을 사용함으로써 얻게 되는 경제적 이익을 명시적으로 표현하여 영업과 관련된 당사자들에게 도움을 주기 위함이다.

2) 시장 지배력을 활용할 수 있는 지속 가능하고 방어 가능한 시장 지위

제품이나 서비스가 엄청나게 우월하다면, 계획은 어떻게 이 우월함을 지속 가능한 기반으로 활용할 수 있을지를 설명할 수 있어야 한다. 시장 지배력을 유지하고 방어하는 데는 여러 가지 방법들이 있다.

- **특허**: 특허는 법적인 독점력을 부여한다. 특히 의료기기, 치료약, 반도체 디자인 등에서는 필수적이다.

- **노하우**: 노하우는 특허와 같은 법적 방어력을 가지지는 못하지만, 효과가 있다. 만약 아무도 당신의 우월한 제품이 무엇으로 구성되어 있는지 모르거나 생산 공정을 흉내 낼 수 없다면, 시장에서 특권적인 지위를 가질 수 있다. 많은 소프트웨어 회사에 주요한 차별화 요소는 노하우이다. 소프트웨어 특허는 허용되는 한도까지는 지급 확약을 제공한다. 종종 소프트웨어 회사를 운영하는 기업가들은 경영 프로세스

제4장. 사업계획서, 부록 작성과 준비

에 대한 독특한 통찰력이 있고, 프로세스를 간소화하거나 이전에는 가능하지 않았던 의사결정을 위한 정보를 생산하는 소프트웨어를 설계할 수 있다.

- **시장 선점 전략:** 시장 선점 전략은 경쟁사가 고객 관계 마케팅을 하지 못하게 만든다. 이상적으로는 규모에 대한 이익을 얻을 수 있다. 시장에서의 비중이 커질수록 향후 소비자를 차지하게 될 가능성은 더 커지고, 궁극적으로는 시장을 지배하게 된다. 표준화라는 경향이 있는데, 이것은 운영체제, 브라우저, 라우터 등에서 볼 수 있다. 이러한 승자독식 구조 경향은 승자가 시장의 대부분을 가져가도록 만들어 준다.

- **자연독점:** 자연독점은 시장 선점 전략과 유사하지만, 고정자산으로 만들어진 시장 지위에 기반을 두고 있다. 전기 배전망, 유선 통신망, 가스 보급망과 같은 것이다.

- **원가의 계단식 변화:** 원가의 급격한 변화는 남보다 일찍 시작한 업체에 유리함을 안겨준다. 따라서 경쟁자가 따라잡기가 어렵다. 어떤 특정 노선에서 가격을 바닥까지 떨어트린 저가 항공사는 그 노선에서 모든 항공사를 밀어낸 후 가격을 올려서 이익을 얻고자 한다. 만약 경쟁사가 다시 돌아온다면 가격은 금세 낮아져 신규 진입자를 쫓아내 버릴 것이다.

시장지배력을 유지하는 방법은 많이 있다. 새로운 소매 형태(예를 들어 커피숍 프랜차이즈)는 경쟁사가 대응하기 전에 가장 적절한 위치를 모두 확보할 것이다. 시장 지위를 얻기가 어려운 것처럼 보이는 시장(예를 들어 인터넷 시대 이전의 책 소매 판매)에서의 사업은 새로운 인터넷 채널을 통한 시장 선점 전략에 의해 지속 가능한 시장 지위를 얻어낼 수 있는 사업으로 전환될 것이다.

투자수익률이 높은 성공적인 사업을 생각해 보자. 유심히 살펴보면 어떤 식으로든 시장 지배력을 갖추고 있다는 것을 알게 될 것이다.

3) 매우 높은 매출총이익

어느 정도까지는 높은 매출총이익률이 시장 지배력의 당연한 결과이다.

만약 그런 높은 이익(70%)을 얻을 수 없다면 투자자는 진정으로 고객을 위한 최고의 가치 제안이 있는지, 시장 지배력을 행사할 수 있는지에 대해 당연히 의문을 제기할 것이다.

분명히 저비용 전략에 의해 고수익을 얻는 사업(예를 들어 저가 항공)이 있다. 하지만 초기 기업 투자자 관점에서 가장 매력적인 사업은 고가격 고마진 전략이다. 일반적으로 이러한 사업들이 훨씬 높게 평가된다.

벤처창업과 사업계획서 작성방법

| Action 5 | 유능하고, 목표가 뚜렷하며, 신뢰할 만한 경영진 |

경영진의 실행력이 회사의 성공과 실패에 얼마나 큰 영향을 미치는지는 말할 필요가 없다. 이상적인 세상에서는 모든 팀이 성공한 경험이 있는 기업가들로 가득 차 있을 것이다. 그러한 기업가들은 회사가 잘 나갈 때와 그렇지 않을 때를 경험했을 것이고, 대기업에서 일했던 관리자보다 훨씬 더 초기 기업의 환경을 잘 버텨나갈 것이다. 그러나 성공 경험이 있는 기업가, 경영진을 구하는 일이란 쉽지 않다. 따라서 투자자들은 다음과 같은 특징을 가진 경영진/기업가를 찾게 된다.

- **균형 잡힌 팀**: 기술개발, 영업, 마케팅 역량을 고루 갖춘 팀 구성원이어야 한다. 보통의 초기 기업이 기술개발 역량만으로 시작하지만, 영업이나 마케팅 역량이 필요한 시기가 금방 닥칠 것이다. CEO는 초기 기업에서 어떤 팀의 일원에 속하게 될 것이다. 혹은 기회가 존재한다는 사실을 입증해 나가면서 CEO가 영입되기도 할 것이다. 이러한 과정을 통해서 매우 역량 있는 인재를 영입하게 된다. 투자자들은 어떤 특정 개인을 보고 투자하는 것이 아니라 능력 있는 팀에게 투자하는 것이다.(한국에서는 초기 기업의 CEO가 개발에서 판매까지 대부분의 역할을 다 하게 되고, 새로운 CEO가 영입되는 일은 드물다. 하지만 경영권을 잃지 않기 위해 인재를 좋은 조건으로 영입하는 데 주저하는 초기 기업 CEO는 투자 유치도 어려울뿐더러, 성공하지 못한다는 것이 정설이다.)

- **해박한 영역 지식**: 전문적인 지식과 기술로 무장한, 업종에서 뛰어난 경영진만큼 투자자를 안심시켜주는 것도 없다. 관련 산업 분야의 동향을 누구보다도 잘 알고 있어서 깊은 통찰이 있고, 개발하려는 대상에 대한 세밀한 지식까지도 파악하고 있는 팀이야말로 투자자를 가장 편안하게 만들어 준다.

- **성공경험**: 당연히 이미 성공해 본 경험이 있는 경영진에게 투자하는 것을 선호한다. 좋은 경력을 가지고 있는 경영진의 이력서가 있다면 투자자를 설득하는 데 첫 단추를 잘 끼울 수 있을 것이다.

- **생활 유지 지향이 아닌 열망에 대한 투자**: 투자자들이 항상 가지는 관심 중 하나는 회사가 주주의 이익이 아니라 창업자나 경영진의 이익을 위해서 운영되는 것이 아닌가 하는 점이다. 계약으로 법적으로 이해 상충을 방지하고 있지만, 투자자들은 기업가의 스타일이나 동기에 대해서도 편안하게 느낄 수 있어야 한다. 또한, 결코 창

업자의 생활 유지를 위한 수준의 사업이 되는 것이 아니라, 자본이득을 창출해내기 위해 노력한다는 믿음을 가질 수 있어야 한다.

요약하자면 지금까지 이야기한 세 가지 요소는 '기회'의 절대적 크기에 관해 정의한 것이다. 투자자가 이러한 기회에 대해서 매력을 느낄 때 비로소 투자에 관한 이야기를 꺼낼 수 있는 단계로 나아갈 수 있는 것이다.

| Action 6 | 단계별 가치 제안이 뚜렷한 성장 계획 |

각 투자자는 지금 하는 투자가 다음 성장 단계까지 회사를 밀어주는 원동력이 되리라 확신한다. 다음 성장 단계에서는 더 높은 회사 가치(더 높은 주당 가격)로 자금을 조달할 수 있을 것이다. 초기 기업의 이러한 측면은 제7절에서 자세히 살펴보았다.

사업 계획은 이러한 성장 단계의 개요를 보여줄 필요가 있는데, 각 성장 단계를 달성하게 되면 회사의 가치가 어떻게, 얼마나 증진되는지도 포함되어야 한다. 대부분의 사업계획서는 이러한 사항들을 명확히 표현하지 않고 있다. 꼭 표현해야 한다.

기업가는 사업의 성장 단계를 대강 설명하거나 투자를 통해 어떤 성장 단계로 나아갈 것인지에 집중해서 표현하지 않는 경향이 있다. 주요한 성장 단계가 표현되어 있지 않으니 대안으로 제시할 목표가 없는 것은 당연하다. 대부분의 투자자는 이런 성장 방향에 관한 대화를 즐길 것이다. 그리고 그러한 대화를 통해 투자자들이 기업가와 각각의 성장 단계가 가지는 가치 증진에 대해서 얼마나 다르게 생각하고 있는지 확인하게 될 것이다.

| Action 7 | 현실성 있는 가치평가 |

투자자들은 회사가 잘될 경우, 그 회사가 투자한 결과가 매우 큰 이익을 가져다줄 수 있다는 확신을 원한다. 따라서 사업 계획은 제11절에서 설명될 내용을 입증할 만한 증거를 끌어모아서 모두 포함하고 있어야 한다. 사업 계획은 궁극적인 목표 단계에서의 회사가치 혹은 다음 라운드에서의 회사가치가 어느 정도인지 표현하면 좋을 것이다.

Action 8 | 투자비 회수가능성

　외부 투자자가 투자할 정도로 가치 있으려면 큰 회사의 한 부분이 아니라 회사 독자적으로 가능성을 실현할 수 있어야 한다. 투자자는 투자금을 회수할 수 있어야 하므로 회사의 IPO 가능성에 대해 매우 큰 믿음을 가질 수 있어야 한다. 물론 투자자와 기업가는 회사의 좋은(기꺼이 회사의 가치를 높게 인정하고 인수해줄 수 있는) 주인에 관한 의견 또한, 가지고 있을 것이다.

부록_ [사업계획서 작성 요령_ 중소기업진흥공단]

사업계획서 작성 요령

중소기업진흥공단 창업기술처

벤처창업과 사업계획서 작성방법

1. 사업계획서 작성 시 주의점
2. 사업계획서와 관련된 중요한 질문들
3. 사업계획서 핵심 Process 9단계
4. 사업계획서 작성 요령

부록.-사업계획서 작성 요령

1. 사업계획서 작성 시 주의점

▶ **구체적이고 객관적으로 작성해야 한다**
 - 정확한 분석을 바탕으로 구체적이고 객관적으로 작성한다
 - 창업자 스스로 뿐 아니라 읽는 사람으로 하여금 신뢰감을 갖도록 해야한다

▶ **논리적이고 명료하게 작성해야 한다**
 - 연관성 있는 근거들을 통해 설득력을 가져야 한다

▶ **실현 가능성이 있어야 한다**
 - 무리한 가정이나 예상은 피하고, 최대한 현실적으로 작성한다

▶ **향후 발생 가능한 위험 요소에 대한 분석이 있어야 한다**
 - 잠재되어 있는 문제점에 대해 다각도로 점검한다

▶ **지속적으로 수정·보완해야 한다**
 - 사업을 시작하고 영위해 가는 과정에서, 사업계획서의 내용을 보완해 매뉴얼화 한다

벤처창업과 사업계획서 작성방법

1. 사업계획서 작성 시 주의점

▶ **IR현장에서 느끼는 기업들의 공통적인 실수**
- "우리 기술이 최고다." / "우리가 세계 최초다."
- "우리와 똑같은 것을 만드는 경쟁사는 없다."
- "시장은 매우 크다고 판단된다."(근거 제시 없이 주장)
- 시장에 대한 정의 및 세분화가 명확하지 않음
- 발표자료, 회사자료 등에 오탈자 등이 나타남
- 투자가들에게 언제, 어느 정도의 수익을 올릴 수 있을지 윤곽을 주지 못함
- 투자회수전략(Exit Strategy)이 명확하지 않음
- 고려할 수 있는 제반 위험요인에 대한 언급이나 대응방안 모색이 미흡함

부록.-사업계획서 작성 요령

2. 사업계획서와 관련된 중요한 질문들

▶ **시장조사(Market Research) 관련사항**
  - 주변 사람들과 미디어에서는 이 사업에 대해 어떻게 생각하는가?
  - 인터뷰를 통해 나타난 전문가들의 의견은 어떤가? (필요 시 컨설턴트 활용)
  - 시장조사 결과로 나타난 숫자를 어떻게 해석해야 하나? (자료원천의 신뢰도 중요)

▶ **경쟁(Competition) 관련사항**
  - 경쟁사가 누구이고, 그들이 무엇을 하고 있나?
  - 경쟁사가 제시하는 제품/서비스의 주된 가치는 무엇인가?
  - 경쟁사들의 핵심역량/경쟁원천은 무엇인가?

▶ **제품(Product) 관련사항**
  - 왜 사람들이 이 제품을 사야 하는가?
  - 이 제품이 경쟁사 제품과는 어떻게 다른가?
  - 제품 출하 전 시험사용 등 시뮬레이션이 필요한가?
  - 제품명은 무엇인가?

벤처창업과 사업계획서 작성방법

2. 사업계획서와 관련된 중요한 질문들

▶ **고객(Customer) 관련사항**
- 고객들이 이 제품/서비스를 좋은 아이디어라고 생각할 것인가?
- 특정 그룹에 초점을 맞출 것인가?
- 구매할 "진짜"(Real) 고객은 누구인가? (구매시의 전제조건, 필요설비 등)
- 고객들이 이 제품에 대해 얼마까지 지불할 수 있을까?

▶ **마케팅전략(Marketing Strategy) 관련사항**
- 귀사의 전략목표와 마케팅목표는 무엇인가?
- 제품을 어떻게 판매할 것인가?
- 누가 수요를 창출할 것인가?
- 구체적인 마케팅 계획은 어떠한가?

▶ **자금조달(Raising Money) 관련사항**
- 당신은 귀사에 얼마나 투자할 것인가?
- 잠재적인 투자가들에게 어떻게 말할 것인가?
- 당신은 벤처캐피탈리스트들을 설득시킬 자신이 있는가?
- 당신을 도와줄 수 있는 친구는 누구인가?

부록.-사업계획서 작성 요령

3. 사업계획서 핵심 Process 9단계

1. 표지/목차
- 제목 / 연락처
- 홈페이지 / 담당자
- 목차는 9단계 기재

2. 요약
- 비전/Goal
- 핵심제품(서비스)
- 차별화 특징
- 수익성
- 투자요청/회수방안

3. 회사 개요
- 회사개요(현황)
- 비전/ Goal
- CEO 및 핵심인력
- 조직구성도(표)
- 제품(서비스)
- 핵심역량/주요시장
- 주요 주주현황

4. 외부환경분석
- 거시경제분석
- 해당산업/시장분석
- 5 Forces 분석
 -경쟁자,잠재적 진입 대체재,공급/구매자
- 입지(상권)분석

5. 사업 전략
- 전략(SWOT분석)
- 마케팅(4P, STP-D)
- 연구개발계획
- 생산/운영전략
- 광고/홍보전략
- 차별화 전략 등

6. 재무 계획
- 추정재무제표
- 예상매출계획
- 투자자금/용도
- 투자회수방안

7. 위기/대응
- 시기별 위기예측 (6개월 ~ 1년, 장기)
- 대응계획 수립
- 위기를 기회로 핵심성공요인

8. 실행일정
- 단계별 추진일정
- 창업준비업무별 실행일정 (주 단위,월/년간)

9. 첨부자료
- 특허/면허자료
- 수상자료
- 기타 인허가자료

SBC 중소기업진흥공단

4. 사업계획서 샘플

1. 표지/목차

OOOO 사업계획서
부제 : ooo 활성화를 위한 사업전략

2020. 2.

회사로고 또는 회사명
www.homepage.co.kr

서울시 강남구 대치동 123-456번지   TEL : 02-0000-0000   HP : 010-0000-0000

벤처창업과 사업계획서 작성방법

 **1. 표지/목차**

목 차 Index

1. 요약

2. 회사 개요

3. 외부환경 분석

4. 사업 전략

5. 재무 계획

6. 위기/대응

7. 실행 일정

8. 첨부 자료

부록.-사업계획서 작성 요령

 ## 2. 요약

▶ 사업 개요
- 제품 및 서비스에 대한 설명 : 고객니즈 및 고객니즈 창출 측면 고려/고객에게 제공하고자 하는 제품 및 서비스의 구체화
- 특허보유현황
- 향후 개발계획 : 기술/제품/서비스별로 명시
- 경쟁우위 요소 : 경쟁사 대비 우위성 및 자체 경영우위 요소가 고객입장에서 차별화 될 수 있어야 한다

▶ 시 장 성
- 시장규모 및 성장성(5개년간)
- 제품/시장별/지역별 세분화가 가능할 경우 세분화하여야 함

▶ 마 케 팅
- 지역별 목표고객 및 목표시장/시장 및 고객의 특성
- 제품/서비스별/지역별/on-offline별 판촉 및 영업 전략 구체화

벤처창업과 사업계획서 작성방법

 **2. 요약**

▶ **수 익 성**
  - 제품/서비스별 매출계획/시장점유율(5개년)
  - 추정 재무제표(5개년), 손익분기점, 성장성/수익성/안정성 등
  - 추정 재무제표 산출근거를 위한 Back Data : 재무제표중 큰 항목에 대한 세부내용

▶ **자본금 및 주주현황**
  - 설립 이후 현재까지의 자본금 변동현황
  - 차입금(현재)
  - 주주현황(현재) /사외 투자자로부터 자금조달 하였을 경우에는 투자액/지분율 표시

▶ **투자요청 규모 및 투자회수방안**
  - 투자요청 내역 및 자금규모(5개년)
  - 코스닥 등록 예정 시기

▶ **회사 개요**
  - 연혁/CEO 및 경영층 약력(최종학력 및 경력 중심으로)

2. 요약

▶ 피해야 할 일반적 실수들
  - 집중의 결여
  - 만연체의 문장, 요점이 없음
  - 모든 내용을 다 포함시키려고 함
  - 특별한 or 놓칠 수 없는 투자기회임을 입증하지 못함
  - 투자조건에 관한 사항을 분명히 설명하지 못함
  - 요약을 읽는 사람에게 (4~5분 이내에) 강한 인상을 주지 못함

▶ 훌륭한 요약
  - 명확한 사업개념
  - 능력 있는 Management Team & 기술개발인력
  - 분명한 목표시장과 시장규모 및 성장성
  - 자사의 중요한 경쟁우위 요소
  - 타당성 있는 재무계획 및 수익성
  - 투자규모 및 내역과 투자자들의 투자회수를 위한 계획

☞ 요약문은 본문작성 후 제일 뒤에 작성하며, 도표나 그래프를 함께 활용한다
  문장은 명확하고 간결하게 Key-word중심으로, 한 문장은 최대 3줄을 넘지 않도록 한다
  3~5쪽 내외로 작성한다

벤처창업과 사업계획서 작성방법

3. 회사 개요

● **회사 현황**

회 사 명	
설 립 일	설립 년월일
대표이사	한글(한자)
자 본 금	0억원(2015. 02. 00 현재)
매 출 액	00억원(지난해 실적)
	00억원(금년도 목표)
종업원수	0명(2001. 02. 00 현재)
본 사	주소지(등기부상의 주소)
주요사업	
대표자약력	

→ **작성 방법**

- 주요사업은 매출액 순으로 핵심사업을 3~5개 작성( )안에 전년도 및 금년도 매출액을 표시하면 좋음

- 코스닥 등록 또는 증권거래소 상장이 된 경우에는 항목 및 그 일자를 추가

- 필요시 CEO를 비롯한 임원진을 경력/학력 중심으로 추가하여 소개하여도 됨
  - CEO의 경우 사진도 포함

부록.-사업계획서 작성 요령

3. 회사 개요

● **회사 연혁**

•2001.12	기술연구소 등록
•2001.08	000대표이사 벤처기업협회장 피선
•2001.08	자본증자(자본금 10억원)
•2001.08	신상품 000 출시
•2001.06	홈페이지 2차 오픈
•2001.04	우수벤처기업상(정통부장관)
•2001.02	벤처기업 확인
•2001.01	장영실상 수상(0000기술)
•2000.12	병역특례업체 지정
•2000.12	000社와 국내 유통망 제휴
•2000.08	홈페이지 1차 오픈
•2000.06	㈜00설립(대표이사 홍길동)
	자본금 5천만원

→ **작성 방법**

회사성장에 있어서 중요한 사건들을 중심으로 서술하되, 지나치게 많지 않도록 함

<주요 예시>
- 설립 및 대표이사
- 등기변경사항(상호/자본금/대표이사 등 변경)
- 홈페이지 오픈 및 서비스 개시
- 수상실적
- 벤처등록
- 병역특례업체 지정
- 기술연구소 설립
- 회사성장의 Reputation과 관련된 사항 기록
- 중요한 재무목표 달성
- 新 시장 개척(관련 법인 설립)
- 新 상품/서비스 출시
- 영업용 홈페이지 오픈 및 서비스 개시
- 지적재산권/신기술 등
- 중요한 유통망 개설
- 중요한 전략적 제휴

SBC 중소기업진흥공단

벤처창업과 사업계획서 작성방법

3. 회사 개요

● 비전/경영이념

▣ 조직의 방향을 설정하는 3가지 요소
: 비전/미션/목적(vision, mission, and objective)

① 조직 비전 : 조직이 나아가야 할 목표 및 방향
▶ 조직이 창출하고자 하는 것/가치는 무엇인가?

② 조직 사명/미션 : 조직이 존재하는 이유…Vision statement라고도 함
▶ 회사의 핵심 가치, 제품/서비스, 시장, 기술, 철학/이념, 회사 이미지 등

③ 조직 목적 : 조직이 달성하고자 하는 특정 목표(targets)
▶ 관리자의 의사결정, 조직의 효율성 및 성과 제고를 위한 가이드 라인 역할을 함
▶ 단기-중기-장기 목표

부록.-사업계획서 작성 요령

3. 회사 개요

● 비전/경영이념

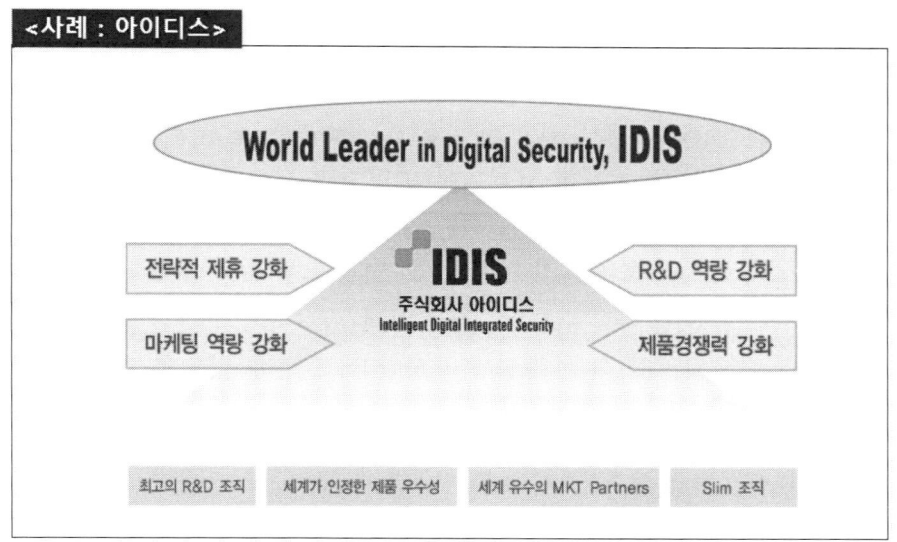

벤처창업과 사업계획서 작성방법

 ## 3. 회사 개요

● 조직 및 인원구성

▶ CEO의 경력/학력 및 능력이 본 사업을 훌륭하게 수행할 수 있어야 함을 이해시킬 정도이어야 함

▶ 경영층 및 핵심인력의 경력/학력 및 능력이 현재는 물론 미래 회사가치 창출에 중요한 역할을 수행할 사람들로 구성되어 있음을 보여 주어야 함

▶ 추진하고자 하는 사업이 생산/제조, 연구개발, 마케팅 등 어느 분야에 특화되어 있는가를 인적자원 구성에서 명확하게 알 수 있도록 함이 좋을 것임

▶ 사내의 전문인력이 부족할 경우, 사외 전문인력을 경영에 간접적으로 참여 시킴으로써 회사의 대외적 신뢰도/인지도를 제고할 수 있도록 고려하여야 함

▶ 경우에 따라서는 조직도 및 핵심인력 프로파일 만을 작성하여도 됨

부록.-사업계획서 작성 요령

3. 회사 개요

● 조직 및 인원구성

▶ 조직도(예시)

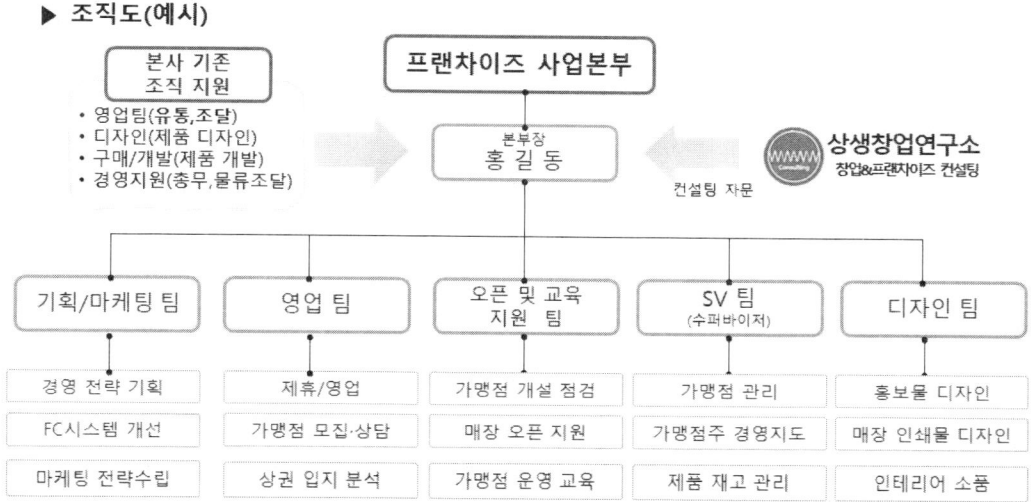

벤처창업과 사업계획서 작성방법

3. 회사 개요

● 조직 및 인원구성

▶ 이사회 구성

구 분	성 명	출생년도	주요학력	주요경력	대표이사와 관 계
대표이사	홍길동	1965	• 00대 경영학과(학사) • 00대 MBA	• 00사 기획담당이사 •	본인
이 사					
이 사					
감 사					

▶ 자문위원

현 소 속	직 위	성 명	출생년도	주요학력	주요경력
00대 경영학과	부교수	임꺽정	1960	• 00대 학사(경영학) • 00대 박사(경영전략)	• 00연구소 연구위원

부록.-사업계획서 작성 요령

3. 회사 개요

● 제품/서비스

▶ 주요 제품 소개

<작성 방법>

- 제품/서비스 현황을 요약함
- 필요에 따라서는 개발 기본방향이나 시장출시 우선순위 등을 추가하여 투자자의 이해도를 제고할 수 있음

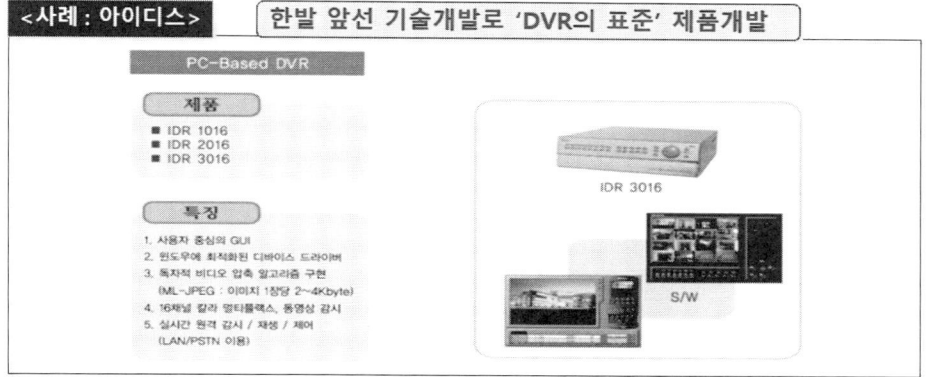

벤처창업과 사업계획서 작성방법

3. 회사 개요

● 제품/서비스

▶ 예시

e-Learning 창업 강좌	· 인터넷을 통한 창업적성 및 환경 분석, 유료 창업상담 비즈니스 · 창업 리더십 등의 단과 강좌로부터 창업 e-MBA 과정 체계적 구축 · 과목별 유료 강좌부터 전 과정 서비스를 받는 골드 멤버십 유료서비스
벤처기업/ 점포 창업컨설팅	· 벤처기업/ 소상공인 초기단계 창업 컨설팅 (Mentoring Program 체제) · 창업자금/인력, 신규개발 제품 Launching 및 마케팅.광고/홍보 컨설팅 · 중소기업 창업지원법 제 19조에 규정된 중소기업 상담회사의 주요 업무분야 (사업타당성검토/창업절차대행/경영기술지도/자금 및 사업알선업무 등)
오프라인 창업강좌 위탁교육	· 대학 및 정부,지자체,창업 관련 단체의 위탁 창업교육 실시 · 체인본사 직원 양성교육 및 보수교육, 가맹점 성공전략 등 기업 위탁교육
창업체험 인턴십 서비스	· 기업체 제휴와 전문가 네트워킹을 통해 업종별 인턴십 가능 업체 선정 · 장.단기별 창업기업 체험 교육 실시

SBC 중소기업진흥공단

부록.-사업계획서 작성 요령

3. 회사 개요

● 제품/서비스

▶ 예시

제품 및 서비스 Flow

벤처창업과 사업계획서 작성방법

 **3. 회사 개요**

● **자본금 현황 및 주주 구성**

▶ 자본금 현황

일 자	원 인	증가(감소)한 주식의 내용				증(감)자 후 자본금	신 주 배정방법	비 고
		종 류	수 량	주 당 액면가액	주 당 발행가액			
2001.02.02	유상증자	보통주	10,000	5,000	5,000	50,000,000		설립자본금
2001.06.06	유상증자	보통주	5,000	5,000	10,000	75,000,000	구주주	
2001.12.12	공모증자	보통주	10,000	5,000	10,000	125,000,000	일반공모	

↳ **작성 방법**
- 자본금 변동현황이 중요한 경우에만 작성토록 함
- 기타의 경우에는 회사연혁에 포함시키면 됨

부록.-사업계획서 작성 요령

 3. 회사 개요

자본금 현황 및 주주 구성

▶ 주주 구성

구 분	성 명	주식수(주)	지분율	대표이사와 관계
대표이사	홍길동	5,000	45.5%	본인
	임꺽정			
	이방원			
	왕 건			
	기 타			

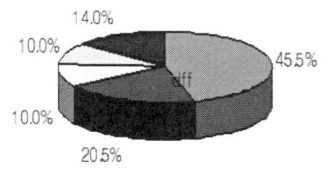

→ 작성 방법

- 최대주주 3~5명, 나머지는 기타로 표시

- 기관투자자(창투사/금융기관)나 타사로부터 투자를 받은 경우 등이 있을 경우 표시

- 종업원 소유지분 표시(필요시)

- 투자유치 목적 Biz Plan작성시 CEO 지분율은 1차시 50%, 2차시 30% 이상이 되도록 함이 일반적 요청이라고 함

- 투자유치 목적일 경우에는 투자유치 전후의 주주구성 변화(지분율) 도표를 비교하여 작성

벤처창업과 사업계획서 작성방법

 **4. 외부 환경 분석**

● **시장/고객 세분화와 타게팅**

▶ **시장 세분화**
 - 하나의 시장을 구매자의 니즈·특성·행동양식 등에 기초하여 특성있는 구매자 그룹으로 나누는 것.
 - 세분화된 시장에서 어떠한 마케팅 기본전략을 구사할 것인가
  ex)코스트 리더쉽, 차별화, 집중화 전략 등
  自社의 개발상품이 ①일반 소비자를 대상으로 한 것인가,
  아니면 ②기업이나 일정 사업군을 대상으로 한 제품인가에 따라 변수를 선택함.
 - 이 경우 ①, ② 모두에서 교차적으로 관련 변수를 선택하여도 됨.
  ▷ **세분화된 시장은**
   ①측정 가능성, ②접근 가능성, ③충분한 수익창출 가능성,
   ④차별성을 갖고 있어야 하며, ⑤행동으로 옮길 만큼 매력이 있어야 함

4. 외부 환경 분석

● **시장/고객 세분화와 타게팅**

▶ 소비자 시장(Consumer market)을 대상으로 한 시장 세분화 변수
 - 지리적 : 세계적, 국내, 도시 규모, 인구 밀집 정도, 기후
 - 인구 통계학적 : 연령, 성별/결혼, 가족수, 세대구성, 라이프스타일, 수입, 직업, 교육, 종교, 인종, 국적
 - 심리학적 : 사회적 신분, 라이프스타일, 인성.성격
 - 행동학적 : 상황조건(규칙적, 특별한 경우), 혜택(품질/서비스/경제성/편리성/속도 등), 사용자 유형, 사용률, 충성 정도, 준비단계, 제품에 대한 태도

▶ 비즈니스 시장(Business market)을 대상으로 한 시장 세분화 변수
 - 인구 통계학적 : 산업, 회사규모, 지역
 - 운영 : 기술, 사용자/비사용자, 고객능력(고객에게 제공해야 할 서비스의 양과 질에 따른 분류)
 - 구매접근 : 구매기능조직, 권력구조, 기존관계의 성격, 일반적 구매정책(리스/서비스 계약/시스템구매/경매, 구매기준(QCD/서비스))
 - 상황요인 : 긴급성(신속한 배송 or 서비스), 적용의 특별성, 주문 규모
 - 개별적 특성 : 구매자-판매자 유사성(구매자측의 인적구성/가치가 당사와 유사한가), 리스크에 대한 태도(수용/회피), 충성도(공급자에 대한 충성도 정도)

벤처창업과 사업계획서 작성방법

 **4. 외부 환경 분석**

● 시장/고객 세분화와 타게팅

▶ 시장 세분화 방법
- Four generic dimensions에 의한 분류

Segmentation category	Description
Products	크기, 가격 수준, 제품 외형 특성/패키징, 성능 특성, 기술/디자인, 투입물, 원가구조 등
Customer	인구통계학, 구매행위, 경제적 특성 등
Geography	지역, 국내, 해외 등
Distribution channels	도소매, 국내외 체인, 특별 판매점, 우편주문, 전자상거래 등

▶ 시장 세분화 例

Characteristic	Segment 1	Segment 2	Segment 3	Segment 4
인구통계적 Demographics	•40-55 •부모	18-25	•55-70 •조부모	•25-40 •대가족 •젊은 자녀들
지역적 Geography	•도시 •교외	•교외 •시골	•도시거주	•도시 •교외
구매행위 Behavior	•건강 의식 •포장하지 않은 상품에 대한 불신	•건강의식하지 않음	•맛과 스타일	•맛과 스타일 •유행
교육배경 Educational background	•대부분 대학교육	•다양성	•다양함	•대부분 대학교육

부록.-사업계획서 작성 요령

4. 외부 환경 분석

● **시장/고객 세분화와 타게팅**

▶ 시장 세분화 평가

평가 요소	주요 내용	개발제품 평가
규모 및 성장	•현재 및 미래의 시장규모	
	•년평균 성장율	
	•예상 수익율(매출원가, 영업이익 등)	
매 력 도 (Five Forces)	•기존 경쟁자의 수/경쟁강도	
	•대체품의 존재 여부 및 가능성	
	•구매자의 협상력	
	•공급자의 협상력	
	•시장 진입장벽	
회사의 목표 및 자원	•시장의 성격이 회사의 중장기 목표와 합치하는 시장인가	
	•세분화 시장에서 성공하기 위해 요구되는 경영자원을 조달할 수 있는가	

↳ 주요 평가 내용을 바탕으로 시장조사를 하여 도표 및 그래프를 통해 한 눈에 파악하기 쉽게 나타냄

벤처창업과 사업계획서 작성방법

4. 외부 환경 분석

● 동종업계 현황 및 경쟁사 분석

- 시장에서 동종업계의 동향을 파악하고, 경쟁사의 사업현황 등을 기술한다.

긍정적인 업계 현황 ⇐ 전문 연구소의 연구동향 자료 or 언론 보도 자료 등을 스크랩하여, 긍정적인 부분을 어필하도록 한다.

비교항목	A사	B사	C사	자사
주요 특징				
주요 실적 or 매출현황				
장점				
단점				

⇐ 경쟁사의 서비스를 도표를 통해 비교 분석 해보도록 한다.

매장창업 사업계획서의 경우, 타사의 주요 메뉴와 상품, 서비스 경쟁력 등을 조사하여 비교 분석하면 된다.

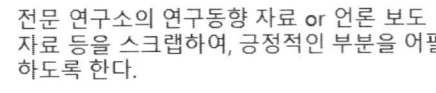

부록.-사업계획서 작성 요령

5. 사업 전략

● 전략(SWOT) 분석

▶ 내부적/외부적 요소

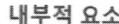
내부적 요소

외부적 요소

▶ 전략적 접근방법   집중요소   보완요소

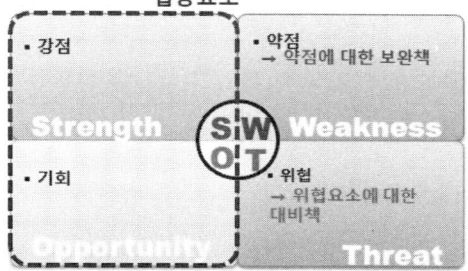

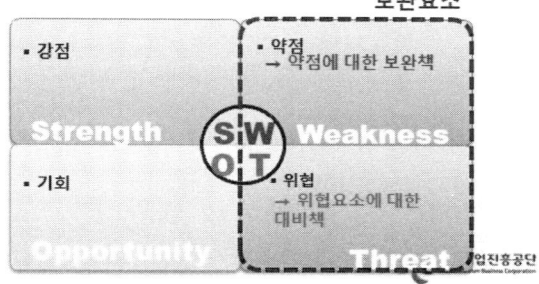

265

벤처창업과 사업계획서 작성방법

5. 사업 전략

● STP 전략

▶ 시장세분화(Market Segmentation)
- 하나의 시장을 구매자의 니즈, 특성, 행동양식 등에 기초하여 특성있는 구매자 그룹으로 나누는 것
- 시장분석을 통한 자료를 통해, 소비자의 구매능력, 구매욕구, 구매동기 등 다양한 소비자들의 특성을 고려하여 시장을 세분화하고 표적시장을 선정하여 고객에게 어떤 위치로 포지셔닝 시킬 것인가를 도식 등을 통해 기술 한다.

▶ 표적시장(Market Targeting)
- 목표시장 선정
- 유사성을 갖는 각각의 구매자 그룹의 매력도를 평가하여, 주어진 시장에 진입하기 위하여 구매자 그룹을 선택하는 과정

부록.-사업계획서 작성 요령

5. 사업 전략

● STP 전략
  ▶ 포지셔닝(Market Positioning)
    - 목표 고객들의 마음에 경쟁제품과 비교하여 명백하고 독특하며 바람직한 지위를 갖도록 자사 제품을 배열하는 것

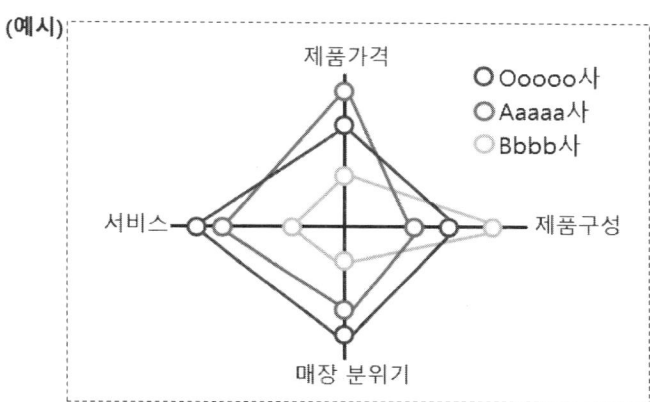

벤처창업과 사업계획서 작성방법

5. 사업 전략

● 4C의 의미

▶ **Customer Value**
- 마케터들이 자신들을 제품을 파는 사람으로 여기는 반면, 과거의 고객들이 단순히 제품을 산다는 개념에서 오늘날 고객들은 자신들을 가치(value) 또는 어떤 문제에 대한 솔루션을 사는 사람으로 여긴다는 의미

▶ **Cost to the Customer**
- 과거에는 제품의 가격에 중점을 두었으나, 오늘날 고객들은 가격 이상의 것에 관심을 갖고 있다는 의미
- 즉, 그들은 제품 구매가격 뿐만 아니라 사용 및 처분 비용을 포함하는 총 비용에 관심을 갖게 되었다는 의미

▶ **Convenience**
- 고객들은 제품/서비스에의 접근이 가능한 한 편리하기를 원한다는 의미

▶ **Communication**
- 오늘날 고객들은 생산자나 공급자의 일방적인 프로모션을 원하지 않으며, 그들과의 쌍방향 커뮤니케이션을 원한다는 의미

5. 사업 전략

● 가격 및 유통 전략 / 판촉 계획

▶ 가격(Price) 전략
- 제품(서비스)의 원가, 고객 가치, 가격 민감성과 투명성 등을 고려하여 시장 진입을 위한 가격(Price) 정책을 수립한다.

▶ 유통(Place) 전략
- 차별화된 유통경로(Place) 구축을 위한 계획 및 방안 등을 기술한다.

▶ 판촉(Promotion) 전략
- 제품(서비스)를 효과적으로 알리고 구입까지 연결시키기 위한 다양한 광고, 홍보 계획 및 예산, 실제 액션플랜을 기술한다.

> **매장창업 사업계획서의 경우**, Place 부분에서 매장이 위치할 상권에 따른 입지분석을 별도로 할애하는 것이 좋다.

벤처창업과 사업계획서 작성방법

 5. 사업 전략

● **운영 계획** 단계별로 사업 추진계획을 수립한다.

▶ **단계별 사업 추진 계획**

단계	추진 내용	일정
1단계	1. 사업 추진 인력 구성 2. 세부 사업 계획 및 사업 방향 재고	2012년 2월 중
2단계	1. 법인설립 및 사업 목표 확정 2. 인력Pool 구성 - 취약계층 디자이너 구인 및 프리랜서 인력 Pool 구축	2012년 3월~
3단계	1. 사회적기업 인증 2. 대기업 위주의 고객사 확보	2012년 5월~
4단계	1. 취약계층 디자인 교육 사업 추진 2. 참여 고객사 확대	2012년 10월~
5단계	1. 해외 고객사 유치 - 글로벌 사회적기업으로 도약	2013년 1월~

▶ **조직 및 인력 채용 계획**
- 회사소개 상의 조직 구성도와는 별개로 본 사업 프로젝트에 필요한 핵심 조직구성안을 별도로 작성하고, 충원 인력 세팅 계획 등을 기술한다.

6. 재무 계획

● 재무 계획

▶ 향후 5개년 간의 계량적 목표를 도표와 그래프로 작성
- 수익성/성장성/안정성
- 주요 재무제표 및 재무비율분석
- 손익분기점 분석 등
- 재무분석 시에는 산업 평균 및 최대 경쟁사의 재무자료와 비교/분석하면 보다 객관성과 타당성을 확보할 수 있음
- 사업타당성 검토 : IRR, NPV, 회수기간법 등을 활용

▶ 가치 평가
- 유가증권의 발행 및 공시 등에 관한 규정 시행세칙에 의한 주당 본질가치 산정
- 기타 DCF 및 실물옵션 등등의 여러 방법이 있음

벤처창업과 사업계획서 작성방법

 **6. 재무 계획**

● 제품(서비스)의 주요 수익 모델

제품(서비스)의 구체적인 수익 확보 내역을 수익 항목별로 정리한다.

수익 모델 명	내용	금액	예상매출(월)
뮤직 아이템	리믹스, 음악방송, 댄스 배틀을 위한 음원 판매	500원/곡 3,000원/월(스트리밍)	15,000 만원
캐릭터 꾸미기, 선물하기	캐릭터 꾸미기 아이템 판매	500원/건 1,500원/Set	35,000 만원
댄스 아카데미	3D 캐릭터로 배우는 댄스 강좌 유료 결제	500원/편 3,000원/월(5편)	5,000 만원

매장창업 사업계획서의 경우, 주요 메뉴군 별로, 주요 매출 상품군 별로 객단가와 월 예상 매출을 구분하여 표기하는 것이 좋다.

SBC 중소기업진흥공단

부록.-사업계획서 작성 요령

6. 재무 계획

● **추정 손익계산서** 제품(서비스)의 종목, 업태에 맞게 추정 손익계산서를 작성한다.

(예시)

계정명		금액	구성비
매출	일 평균 매출	1,500,000	
	월매출(30일영업기준)	45,000,000	100%
원가	주 아이템	20,250,000	45.00%
	기타 아이템 (커피 등)	4,500,000	10.00%
매출원가 합계		24,750,000	55.00%
매출이익		20,250,000	45%
판관비	임차료(관리포함)	3,500,000	7.78%
	인건비	4,500,000	10.00%
	*기타 비용	1,000,000	2.22%
	카드수수료	972,000	2.16%
판매 관리비 합계		9,972,000	22.16%
영업이익		10,278,000	22.84%

SBC 중소기업진흥공단

 벤처창업과 사업계획서 작성방법

6. 재무 계획

● 추정 요약 대차대조표

(단위 : 백만원)

(예시)	2009년	2010년	2011년	2012년	2013년
유동자산	11,291	16,099	17,439	19,391	24,834
고정자산	9,942	11,794	13,133	15,650	17,910
자산총계	21,233	27,893	30,572	35,041	42,744
유동부채	5,091	6,138	6,263	6,150	6,770
고정부채	1,057	1,372	1,480	1,550	1,700
부채총계	6,148	7,510	7,743	7,700	8,470
자 본 금	2,500	4,000	4,000	4,000	4,000
자본잉여금	5,579	8,363	8,363	8,363	8,363
이익잉여금	7,006	8,020	10,466	14,978	21,911
자본총계	15,085	20,383	22,829	27,341	34,274
부채와 자본계	21,233	27,893	30,572	35,041	42,744

부록.-사업계획서 작성 요령

6. 재무 계획

● **매출 계획**
- 시장점유율을 알 수 있을 경우, 관련 그래프를 5년간 추정치로 작성한다
- 투자자를 합리적으로 이해시킬 수 있는 매출계획이 중요함

(단위 : 천원)

(예시)

구 분		2014 4/4분기	2015 (計)	2016 (計)	2017 (計)	비 고
전자상거래		1,200,000	9,500,000	15,600,000		▶전자상거래 비중 매출액의
	문구류/사무용품	1,000,000	5,000,000	7,500,000		2002년 매출액의 10%
	PC/OA용품	100,000	1,500,000	3,000,000		2003년 매출액의 15%
	사무용 가구		1,200,000	2,400,000		
	사무용 기계		600,000	1,200,000		
	경매	100,000	1,200,000	1,500,000		재고물량 처분
비즈니스 서비스			30,000	180,000		
	e-Solution/ASP		30,000	120,000		EC 사업지원 ASP
	오피스 손해보험			60,000		대리점/오피스의 손해보험업무 대행
디자인 벤처			310,000	1,560,000		
	캐릭터/팬시		300,000	1,200,000		라이센싱 포함
	IT컨텐츠		10,000	120,000		성공 캐릭터 등을 Imode등에 유료화
	공간 디자인			240,000		오피스 디자인/컨설팅
기 타		50,000	100,000	2,600,000		
	문구券	50,000	100,000	200,000		
	오피스시스템			600,000		오피스 IT시스템 설계/구축/省에너지 등
	물류			600,000		물류 시스템 구축에 의한 매출발생
	교육/영상물			600,000		성공 캐릭터 응용 교육/영상물
	엔터테인먼트			600,000		테마파크 등
매출 합계		1,250,000	9,940,000	19,940,000		

벤처창업과 사업계획서 작성방법

6. 재무 계획

● 소요 자금 및 자금조달 계획

<작성방법>

▶ 조달목적 및 조달규모
- 반드시 투자목적이 분명하여야 함. 단순히 현상유지를 위한 자금조달은 적절하지 않음
- 투자 및 운영자금의 규모와 자금 유출입을 고려하여 그 규모와 시기를 결정함
- 투자자금 : 부지 및 공장건설, 설비/기계, 장비, S/W, 리스, 개발비 등
- 운영자금 : 판관비 및 기타 운전자금 등

▶ 조달시기
- 재무제표 및 타인자본 조달 등을 고려하여 단기-중기-장기적 측면에서 자금조달시기를 결정함

▶ 조달방법
- 유상증자, 무상증자 등/공모증자, 사모증자 등
- 타인자본(차입금) 조달

부록.-사업계획서 작성 요령

6. 재무 계획

● 소요 자금 및 자금조달 계획

▶ 소요 자금(투자 자금) 계획 초기 사업 투자자금에 대한 세부 내역 및 조달 방법을 제시한다.

(예시)

구분	항목	금액	비고
매장 임대	권리금	5,000만	XX상권 시세 적용
	보증금	2,000만	
주방 시설	설비	500만	냉장고 포함
	기구/비품	500만	테이블, 의자
	식기	50만	그릇, 접시, 컵, 소도구류
	가스 설비	50만	잘못된 계산식 LNG 배관
인테리어	내외장 공사	5,000만	화장실, 주방 포함 전면, 프랜카드
홍보 관련	광고, 판촉, 로고, 제작	100만	전단, 현수막, 이벤트, 할인권등
전산통신	전산 장비	150만	매장 관리용 최신 컴퓨터
	홈 페이지	500만	카페 커뮤니티 용
소모품	냅킨 / Bill	50만	소품 포함
초도 상품비	커피, 식재료 등	100만	
합계		14,000만	

▶ 자금 조달 방법

(예시)

조달방법		비고
자 기 자 금	70,000,000	창업자 7명×1,000 만원
금 융 차 입	70,000,000	창업자 7명×1,000 만원
정 부 지 원 자 금	3,000,000	
소상공인지원센타	12,000,000	
합 계	155,000,000	초기투자비용 15,219만

벤처창업과 사업계획서 작성방법

 **7. 위기 / 대응**

▶ 사업 위협 요소와 위기 대응
- 초기 자금조달 문제, 경쟁자 진출, 입지 불리, 사회적 불안 요인 등 위협 요소와 이에 대한 위기 대응 방법을 기술한다.

▶ 위기를 기회로, 핵심 성공 요인

(예시) 기존 e-Learning 진입 업체들의 기술적인 강점들과 경쟁하기 위해서는 기본적인 기술적 해결책을 가져야 하겠으나, 그보다는 우선적으로 국내 최초 창업학 분야 서비스를 하기에 관련 Contents와 학습관리 부분에 경쟁우위 전략을 추구해야 할 것으로 보여진다.

기술적 요인	Contents 개발과 학습관리 요인

• 속도(접속, 서치, 다운로드)
• 콘텐츠(다양성, 분량, 품질)
• 논리적 구조
• Searching, 네비게이션
• 멀티미디어, 동영상 학습시스템
• 정확성, 신뢰성(링크작동여부)
• 계속적 업데이트, 일자표시
• 기타(호환성, 보안, 판권소유 등)
	• 국내 최고 창업학 전문가 집단구성
	• 교수진, 수강생, 분야별 전문가와의
	  다양한 교류 가능
	• 이론과 실무가 결합된 실용적인 교육
	• 철저한 학습관리 (전화, SMS, 메일)
	• 수준에 맞는 프로그램 선택과
	  맞춤 교육 및 컨설팅 지원 가능
	• 기술적 문제점에 대한 신속한 응답
	  (24시간 이내 스피드로 애로 처리)

부록.-사업계획서 작성 요령

8. 실행일정

● 단계별 추진 일정(주 단위, 월/년간)

(예시)

구 분	주 요 추 진 업 무	2015. 1/4			2015. 2/4			2015. 3/4			2015. 4/4		
		1	2	3	4	5	6	7	8	9	10	11	12 月
프로젝트 1	•				●━━━━━━━━━━▶								
	•						●━━▶						
	•							●━━━━▶					
	•												
프로젝트 2	•						●━━━━━▶						
	•							●━━━━━━━▶					
	•							●━━━━━━━━━▶					
	•												
프로젝트 3	•									●━━━▶			
	•												
	•												
	•												

벤처창업과 사업계획서 작성방법

 **9. 첨부자료**

▶ 특허 / 면허자료

▶ 수상자료

▶ 기타 인허가 자료

부록.-사업계획서 작성 요령

[SW개발환경 사업계획서 양식 1]

클라우드 기반 SW개발환경 지원 신청서

접수번호	※ 미기재			
신청기업 정보 **(해당사항만 기재)**	기업명			
	구 분	( )예비창업자 ( )스타트업/벤처기업 ( )중소기업 ( )기타		
	홈페이지			
	임직원수 (대표자포함)			
	대표자		사업자 등록번호	
	주 소			
	창업(예정)일			
신청자	부서명		직 위	
	성 명		담당업무	
	유선전화		무선전화	
	E-mail			
사업 공고를 접한 경로	( ) 정보통신산업진흥원 또는 클라우드혁신센터 홈페이지 ( ) 관련기관의 홍보 이메일 (단체/기관명 :) ( ) 웹사이트의 공지사항 등 (단체/기관명 :) ( ) 배너광고 ( ) 온라인매체광고			
개발환경 활용계획 **(필수입력)**	※ 간략하게 작성			

필 요 한 개 발 환 경	1. 민간 클라우드 서비스 사업자 선택(우선순위 : 숫자로 표기) ( ) kt ( ) NBP ( ) NHN toast ( ) 상관없음 ※ 서비스 사업자 선정은 수요 상황에 따라 임의로 조정될 수 있음 2. 필요한 부가 서비스(중복선택 가능) ( ) 고성능컴퓨팅(GPU/SSD) ( ) 인공지능 ( ) 빅데이터 ( ) PaaS ( ) 기타( )
현재 개발 진 행 단 계	( ) 기획 단계 ( ) 개발 단계 (진척률 %) ( ) 개발 완료 ( ) 시범 서비스 단계
상 용 화 예 상 시 기	20 . . ~ 20 . .
사 업 화 컨설팅 요청 분 야	( ) 기술 지원 ( ) 제품 기획 ( ) 마케팅 ( ) 글로벌 진출 ( ) 정보보호 ( ) 정책사업 연계 ( ) 기타( )
컨설팅 요청 내 용	

위의 기재 사항 및 첨부 자료가 사실임을 증명하며, 이와 같이 2019년 「SW개발환경 지원사업」을 신청하고자 합니다.

2019년   월   일

신청기업 :
대표이사 :   (인)

K-ICT 클라우드혁신센터 귀중

부록.-사업계획서 작성 요령

[SW개발환경 사업계획서 양식 2]

클라우드 기반 SW개발환경 지원 사업계획서

서비스(솔루션) 명	

개발 내용
1. 서비스 개요
2. 서비스의 용도, 특징 및 주요 기능
3. 경쟁 제품과의 차별성 (기술기능상의 차이점 위주로 설명)
4. 시장 파급효과
5. 기대 효과
6. 수익모델
7. 국내외 주요 고객 프로파일 및 예상 시장 규모
8. 경쟁상황 및 경쟁우위
9. 상용화 후 판매전략
10. 조직/팀 구성현황 및 조직/팀 구성원의 사업화 적합도

※ 필요시 지원 기업 자체 양식으로 대체하여 작성 가능하나 본 양식에서 요구하는 10개의 사항들은 모두 작성하여야 합니다.

벤처창업과 사업계획서 작성방법

[SW개발환경 사업계획서 양식 3]

클라우드 기반 SW개발환경 지원 신청서(개인개발자)

접수번호	※ 미기재		
신청자	성 명		
	핸드폰		
	E-mail		
	분 야	( ) 대학생　　　　( ) IT분야 회사원　 ( ) 일반분야 회사원　( ) 고등학생	
필요 개발환경	✓ **개발언어** : ( )Java ( )PHP ( )Ruby ( )Python ( )Node.js ( )GO ✓ **DBMS** : ( )MongoDB ( )Cubrid ( )MySQL ✓ **프레임워크** : ( )eGov ✓ **부가서비스** : ( )REDIS ( )RabbitMQ ( )영구볼륨 ( )로깅 ( )형상		
희망 기간	20 . . ~ 20 . . .		
	신 청 일 : 2019년　　　월　　　일 신 청 자 :　　　　　　　　　　　(직인 또는 서명)		

※ 신청해주신 E-mail 주소로 계정정보를 보내드리니 정확한 E-mail 주소를 적어주세요.

부록.-사업계획서 작성 요령

창업진흥원 사업계획서

창업사업화 지원사업 표준사업계획서(일반)

창업사업화 지원사업 사업계획서 작성 목차

항목	세부항목
☐ 일반 현황	- 대표자, 아이템명 등 일반현황 및 제품(서비스) 개요
☐ 창업아이템 개요(요약)	- 창업아이템 소개, 차별성, 개발경과, 국내외 목표시장, 창업아이템 이미지 등을 요약하여 기재
1. 문제인식 (Problem)	**1-1. 창업아이템의 개발동기** - 창업아이템의 부재로 불편한 점, 국내·외 시장(사회·경제·기술)의 문제점을 혁신적으로 해결하기 위한 방안 등을 기재 **1-2 창업아이템의 목적(필요성)** - 창업아이템의 구현하고자 하는 목적, 국내·외 시장(사회·경제·기술)의 문제점을 혁신적으로 해결하기 위한 방안 등을 기재
2. 실현가능성 (Solution)	**2-1. 창업아이템의 사업화 전략** - 비즈니스 모델(BM), 제품(서비스) 구현정도, 제작 소요기간 및 제작방법(자체, 외주), 추진일정 등을 기재 **2-2. 창업아이템의 시장분석 및 경쟁력 확보방안** - 기능·효용·성분·디자인·스타일 등의 측면에서 현재 시장에서의 대체재(경쟁사) 대비 우위요소, 차별화 전략 등을 기재
3. 성장전략 (Scale-up)	**3-1. 자금소요 및 조달계획** - 자금의 필요성, 금액의 적정성 여부를 판단할 수 있도록 사업비 (정부지원금+대응자금(현금))의 사용계획 등을 기재 **3-2. 시장진입 및 성과창출 전략** - 내수시장 : 주 소비자층, 시장진출 전략, 그간 실적 등 - 해외시장 : 글로벌 진출 실적, 역량, 수출망 확보계획 등 **3-3 출구(EXIT) 목표 및 전략** - 투자유치 : 엔젤투자, VC(벤처캐피탈), 크라우드 펀딩 등의 투자처, 향후 투자유치 추진전략 및 방법 등 - 인수·합병(M&A) : M&A를 통한 사업확장 또는 출구전략에 대한 중·장기 전략 - 기업공개(IPO) : 기업의 경쟁력 강화, 투자자금 회수 등을 위한 IPO 중·장기 전략 - 정부지원금 : R&D, 정책자금 등 정부지원금을 통한 자금 확보 전략
4. 팀 구성 (Team)	**4-1. 대표자 및 팀원의 보유역량** - 대표자 및 팀원(업무파트너 포함) 보유하고 있는 경험, 기술력, 노하우 등 기재 **4-2. 사회적 가치 실천계획** - 양질의 일자리 창출을 위한 중소기업 성과공유제, 비정규직의 정규직화, 근로시간 단축 등 사회적 가치 실천계획을 기재

벤처창업과 사업계획서 작성방법

창업사업화 지원사업 사업계획서

※ 본문 10page 내외로 작성(증빙서류 등은 제한 없음), '파란색 안내 문구'는 삭제하고 검정색 글씨로 작성하여 제출, 양식의 목차, 표는 변경 또는 삭제 불가(행추가는 가능, 해당사항이 없는 경우 공란으로 유지)하며, 필요시 사진(이미지) 또는 표 추가 가능

☐ 일반현황 (* 사업별 특성에 따라 일반현황 작성항목은 변경 가능)

※ 개인사업자는 '개업연월일', 법인사업자는 '회사성립연월일'을 기재 (최초 설립한 사업자 기준)

창업아이템명				
신청자 성명		생년월일	1900.00.00	성별 / 남 / 여
직업	교수 / 연구원 / 일반인 / 대학생...	창업유무	예비창업자 / 기창업자(○년차)	
기업명	○○○○	사업장 소재지	○○도 ○○시	
개업연월일 (회사성립연월일)	2000. 00. 00	사업자 구분	예비창업자 / 예비창업팀 / 개인사업자 / 법인사업자 / 공동대표(개인, 법인)	
기술분야	정보·통신, 기계·소재 (* 온라인 신청서와 동일하게 작성)			
사업비 구성계획 (백만원)	정부지원금	00백만원	주요성과 ('17년 기준)	고용(명)	0명(대표자 제외) ※ 신청일 기준 현재 고용인원
	대응자금 현금	00백만원		매출 (백만원)	00백만원 ※ '17년 총 매출
	대응자금 현물	00백만원		수출 (백만원)	00백만원 ※ '17년 총 수출 (수출실적 발생 당월 기준환율 기준)
	합계	00백만원		투자 (백만원)	00백만원 ※ '17년 총 투자유치

팀 구성 (신청자 제외)						
순번	직급	성명	담당업무	주요경력	비고
1	공동대표	○○○	S/W 개발 총괄	컴퓨터공학과 교수	공동대표
2	대리	○○○	해외 영업	미국 ○○대 경영학 전공	팀원
...					
...					
...					
...					

부록.-사업계획서 작성 요령

☐ 창업아이템 개요(요약)

창업아이템 소개	※ 핵심기능, 소비자층, 사용처 등 주요 내용을 중심으로 간략히 기재
창업아이템의 차별성	※ 창업아이템의 현재 개발단계를 기재 예) 아이디어, 시제품 제작 중, 프로토타입 개발 완료 등
국내외 목표시장	※ 국내 외 목표시장, 판매 전략 등을 간략히 기재

이미지	※ 아이템의 특징을 나타낼 수 있는 참고 사진(이미지) 또는 설계도 삽입	※ 아이템의 특징을 나타낼 수 있는 참고 사진(이미지) 또는 설계도 삽입
	< 사진(이미지) 또는 설계도 제목 >	< 사진(이미지) 또는 설계도 제목 >
	※ 아이템의 특징을 나타낼 수 있는 참고 사진(이미지) 또는 설계도 삽입	※ 아이템의 특징을 나타낼 수 있는 참고 사진(이미지) 또는 설계도 삽입
	< 사진(이미지) 또는 설계도 제목 >	< 사진(이미지) 또는 설계도 제목 >

벤처창업과 사업계획서 작성방법

1. 문제인식 (Problem)

1-1. 창업아이템의 개발동기

※ 국내·외 시장(사회·경제·기술)의 문제점을 혁신적으로 해결하기 위한 방안 등을 기재

○

-

-

○

-

-

1-2 창업아이템의 목적(필요성)

※ 창업아이템의 구현하고자 하는 목적, 국내·외 시장(사회·경제·기술)의 문제점을 혁신적으로 해결하기 위한 방안 등을 기재

○

-

-

○

-

-

2. 실현가능성 (Solution)

2-1. 창업아이템의 사업화 전략

※ 비즈니스 모델(BM), 제품(서비스) 구현정도, 제작 소요기간 및 제작방법(자체, 외주), 추진일정 등을 기재

○

－

○

－

< 사업 추진일정 >

추진내용	추진기간	세부내용
제품보완, 신제품 출시	2016.0.0. ~ 2016.0.0.	OO 기능 보완, 신제품 출시
홈페이지 제작	2016.0.0. ~ 2016.0.0.	홍보용 홈페이지 제작
글로벌 진출	2016.0.0. ~ 2016.0.0.	베트남 OO업체 계약체결
투자유치 등	2016.0.0. ~ 2016.0.0.	VC, AC 등
...		

2-2. 창업아이템의 시장분석 및 경쟁력 확보방안

※ 기능·효용·성분·디자인·스타일 등의 측면에서 현재 시장에서의 대체재(경쟁사) 대비 우위요소, 차별화 전략 등을 기재

○

－

－

○

－

벤처창업과 사업계획서 작성방법

3. 성장전략 (Scale-up)

3-1. 자금소요 및 조달계획

> ※ 자금의 필요성, 금액의 적정성 여부를 판단할 수 있도록 사업비(정부지원금+대응자금(현금)+현물)의 사용계획 등을 기재(신청사업의 운영지침 및 사업비관리기준에 근거하여 작성)

○

-

-

○

-

-

< 정부지원금 집행계획(정부예산+대응자금(현금)) >

비 목	산출근거	금액(원)	
		정부지원금	대응자금(현금)
재료비	• DMD소켓 구입(00개×0000원)	3,448,000	
	• 전원IC류 구입(00개×000원)	7,652,000	
외주용역비	• 시금형제작 외주용역(OOO제품 …. 플라스틱금형제작)		7,000,000
지급수수료	• 국내 OOO전시회 참가비(부스임차, 집기류 임차 등 포함)		
…			
…			
…			
…			
합 계			

3-2. 시장진입 및 성과창출 전략

3-2-1. 내수시장 확보 방안 (경쟁 및 판매가능성)

※ 내수시장을 중심으로 주 소비자층, 주 타겟시장, 진출시기, 시장진출 및 판매 전략, 그간 성과 등을 구체적으로 기재

○

-

○ 내수시장 진출 실적 ※ 관련실적이 없는 경우 '해당사항 없음'으로 기재

유통채널명	진출시기	판매 아이템	판매금액
롯데마트	2014.2.14.~2014.2.22.		○○○백만원
…			
…			

○ 내수시장 매출 예상

유통채널명	진출시기	판매 아이템	판매금액
롯데마트	2018.2.14.~2018.2.22.		○○○백만원
…			
…			

3-2-2. 해외시장 진출 방안 (경쟁 및 판매가능성)

※ 해외시장을 중심으로 주 소비자층, 주 타겟시장, 진출시기, 시장진출 및 판매 전략, 그간 성과 등을 구체적으로 기재

○

-

○

벤처창업과 사업계획서 작성방법

5. 사업 전략

● 가격 및 유통 전략 / 판촉 계획

▶ 가격(Price) 전략
- 제품(서비스)의 원가, 고객 가치, 가격 민감성과 투명성 등을 고려하여 시장 진입을 위한 가격(Price) 정책을 수립한다.

▶ 유통(Place) 전략
- 차별화된 유통경로(Place) 구축을 위한 계획 및 방안 등을 기술한다.

▶ 판촉(Promotion) 전략
- 제품(서비스)를 효과적으로 알리고 구입까지 연결시키기 위한 다양한 광고, 홍보 계획 및 예산, 실제 액션플랜을 기술한다.

> **매장창업 사업계획서의 경우**, Place 부분에서 매장이 위치할 상권에 따른 입지분석을 별도로 할애하는 것이 좋다.

5. 사업 전략

● **운영 계획** 단계별로 사업 추진계획을 수립한다.

▶ **단계별 사업 추진 계획**

단계	추진 내용	일정
1단계	1. 사업 추진 인력 구성 2. 세부 사업 계획 및 사업 방향 재고	2012년 2월 중
2단계	1. 법인설립 및 사업 목표 확정 2. 인력Pool 구성 - 취약계층 디자이너 구인 및 프리랜서 인력 Pool 구축	2012년 3월~
3단계	1. 사회적기업 인증 2. 대기업 위주의 고객사 확보	2012년 5월~
4단계	1. 취약계층 디자인 교육 사업 추진 2. 참여 고객사 확대	2012년 10월~
5단계	1. 해외 고객사 유치 - 글로벌 사회적기업으로 도약	2013년 1월~

▶ **조직 및 인력 채용 계획**
- 회사소개 상의 조직 구성도와는 별개로 본 사업 프로젝트에 필요한 핵심 조직구성안을 별도로 작성하고, 충원 인력 세팅 계획 등을 기술한다.

벤처창업과 사업계획서 작성방법

 6. 재무 계획

● 재무 계획

▶ **향후 5개년 간의 계량적 목표를 도표와 그래프로 작성**
  - 수익성/성장성/안정성
  - 주요 재무제표 및 재무비율분석
  - 손익분기점 분석 등
  - 재무분석 시에는 산업 평균 및 최대 경쟁사의 재무자료와 비교/분석하면 보다 객관성과 타당성을 확보할 수 있음
  - 사업타당성 검토 : IRR, NPV, 회수기간법 등을 활용

▶ **가치 평가**
  - 유가증권의 발행 및 공시 등에 관한 규정 시행세칙에 의한 주당 본질가치 산정
  - 기타 DCF 및 실물옵션 등등의 여러 방법이 있음

부록.-사업계획서 작성 요령

6. 재무 계획

● 제품(서비스)의 주요 수익 모델

제품(서비스)의 구체적인 수익 확보 내역을 수익 항목별로 정리한다.

수익 모델 명	내용	금액	예상매출(월)
뮤직 아이템	리믹스, 음악방송, 댄스 베틀을 위한 음원 판매	500원/곡 3,000원/월(스트리밍)	15,000 만원
캐릭터 꾸미기, 선물하기	캐릭터 꾸미기 아이템 판매	500원/건 1,500원/Set	35,000 만원
댄스 아카데미	3D 캐릭터로 배우는 댄스 강좌 유료 결제	500원/편 3,000원/월(5편)	5,000 만원

매장창업 사업계획서의 경우, 주요 메뉴군 별로, 주요 매출 상품군 별로 객단가와 월 예상 매출을 구분하여 표기하는 것이 좋다.

SBC 중소기업진흥공단

6. 재무 계획

● **추정 손익계산서**   제품(서비스)의 종목, 업태에 맞게 추정 손익계산서를 작성한다.

(예시)

계정명		금액	구성비
매출	일 평균 매출	1,500,000	
	월매출(30일영업기준)	45,000,000	100%
원가	주 아이템	20,250,000	45.00%
	기타 아이템 (커피 등)	4,500,000	10.00%
매출원가 합계		24,750,000	55.00%
매출이익		20,250,000	45%
판관비	임차료(관리포함)	3,500,000	7.78%
	인건비	4,500,000	10.00%
	*기타 비용	1,000,000	2.22%
	카드수수료	972,000	2.16%
판매 관리비 합계		9,972,000	22.16%
영업이익		10,278,000	22.84%

6. 재무 계획

● 추정 요약 대차대조표

(단위 : 백만원)

(예시)	2009년	2010년	2011년	2012년	2013년
유동자산	11,291	16,099	17,439	19,391	24,834
고정자산	9,942	11,794	13,133	15,650	17,910
자산총계	21,233	27,893	30,572	35,041	42,744
유동부채	5,091	6,138	6,263	6,150	6,770
고정부채	1,057	1,372	1,480	1,550	1,700
부채총계	6,148	7,510	7,743	7,700	8,470
자 본 금	2,500	4,000	4,000	4,000	4,000
자본잉여금	5,579	8,363	8,363	8,363	8,363
이익잉여금	7,006	8,020	10,466	14,978	21,911
자본총계	15,085	20,383	22,829	27,341	34,274
부채와 자본계	21,233	27,893	30,572	35,041	42,744

벤처창업과 사업계획서 작성방법

6. 재무 계획

● **매출 계획**
· 시장점유율을 알 수 있을 경우, 관련 그래프를 5년간 추정치로 작성한다
· 투자자를 합리적으로 이해시킬 수 있는 매출계획이 중요함

(단위 : 천원)

(예시)

구 분		2014 4/4분기	2015 (計)	2016 (計)	2017 (計)	비 고
전자상거래		1,200,000	9,500,000	15,600,000		▶전자상거래 비중 매출액의
	문구류/사무용품	1,000,000	5,000,000	7,500,000		2002년 매출액의 10%
	PC/OA용품	100,000	1,500,000	3,000,000		2003년 매출액의 15%
	사무용 가구		1,200,000	2,400,000		
	사무용 기계		600,000	1,200,000		
	경매	100,000	1,200,000	1,500,000		재고물량 처분
비즈니스 서비스			30,000	180,000		
	e-Solution/ASP		30,000	120,000		EC 사업지원 ASP
	오피스 손해보험			60,000		대리점/오피스의 손해보험업무 대행
디자인 벤처			310,000	1,560,000		
	캐릭터/팬시		300,000	1,200,000		라이센싱 포함
	IT컨텐츠		10,000	120,000		성공 캐릭터 등을 Imode등에 유료화
	공간 디자인			240,000		오피스 디자인/컨설팅
기 타		50,000	100,000	2,600,000		
	문구券	50,000	100,000	200,000		
	오피스시스템			600,000		오피스 IT시스템 설계/구축/省에너지 등
	물류			600,000		물류 시스템 구축에 의한 매출발생
	교육/영상물			600,000		성공 캐릭터 응용 교육/영상물
	엔터테인먼트			600,000		테마파크 등
매출 합계		1,250,000	9,940,000	19,940,000		

6. 재무 계획

● 소요 자금 및 자금조달 계획

<작성방법>

▶ 조달목적 및 조달규모
- 반드시 투자목적이 분명하여야 함. 단순히 현상유지를 위한 자금조달은 적절하지 않음
- 투자 및 운영자금의 규모와 자금 유출입을 고려하여 그 규모와 시기를 결정함
- 투자자금 : 부지 및 공장건설, 설비/기계, 장비, S/W, 리스, 개발비 등
- 운영자금 : 판관비 및 기타 운전자금 등

▶ 조달시기
- 재무제표 및 타인자본 조달 등을 고려하여 단기-중기-장기적 측면에서 자금조달시기를 결정함

▶ 조달방법
- 유상증자, 무상증자 등/공모증자, 사모증자 등
- 타인자본(차입금) 조달

벤처창업과 사업계획서 작성방법

6. 재무 계획

● 소요 자금 및 자금조달 계획

▶ **소요 자금(투자 자금) 계획**   초기 사업 투자자금에 대한 세부 내역 및 조달 방법을 제시한다.

(예시)

구분	항목	금액	비고
매장 임대	권리금	5,000만	XX상권 시세 적용
	보증금	2,000만	
주방 시설	설비	500만	냉장고 포함
	기구/비품	500만	테이블, 의자
	식기	50만	그릇, 접시, 컵, 소도구류
	가스 설비	50만	잘못된 계산식 LNG 배관
인테리어	내외장 공사	5,000만	화장실, 주방 포함 전면, 프랜카드
홍보 관련	광고, 판촉, 로고,제작	100만	전단, 현수막, 이벤트, 할인권등
전산통신	전산 장비	150만	매장 관리용 최신 컴퓨터
	홈 페이지	500만	카페 커뮤니티 용
소모품	냅킨 / Bill	50만	소품 포함
초도 상품비	커피, 식재료 등	100만	
합계		14,000만	

▶ **자금 조달 방법**

(예시)

조달방법		비고
자 기 자 금	70,000,000	창업자 7명×1,000 만원
금 융 차 입	70,000,000	창업자 7명×1,000 만원
정 부 지 원 자 금	3,000,000	
소상공인지원센타	12,000,000	
합 계	155,000,000	초기투자비용 15,219만

부록.-사업계획서 작성 요령

7. 위기 / 대응

▶ **사업 위협 요소와 위기 대응**
 - 초기 자금조달 문제, 경쟁자 진출, 입지 불리, 사회적 불안 요인 등 위협 요소와 이에 대한 위기 대응 방법을 기술한다.

▶ **위기를 기회로, 핵심 성공 요인**

(예시)

기존 e-Learning 진입 업체들의 기술적인 강점들과 경쟁하기 위해서는 기본적인 기술적 해결책을 가져야 하겠으나, 그보다는 우선적으로 국내 최초 창업학 분야 서비스를 하기에 관련 Contents와 학습관리 부분에 경쟁우위 전략을 추구해야 할 것으로 보여진다.

기술적 요인
- 속도 (접속, 서치, 다운로드)
- 콘텐츠 (다양성, 분량, 품질)
- 논리적 구조
- Searching, 네비게이션
- 멀티미디어, 동영상 학습시스템
- 정확성, 신뢰성 (링크작동여부)
- 계속적 업데이트, 일자표시
- 기타 (호환성, 보안, 판권소유 등)

Contents 개발과 학습관리 요인
- 국내 최고 창업학 전문가 집단구성
- 교수진, 수강생, 분야별 전문가와의
- 다양한 교류 가능
- 이론과 실무가 결합된 실용적인 교육
- 철저한 학습관리 (전화, SMS, 메일)
- 수준에 맞는 프로그램 선택과 맞춤 교육 및 컨설팅 지원 가능
- 기술적 문제점에 대한 신속한 응답 (24시간 이내 스피드로 애로 처리)

SBC 중소기업진흥공단

8. 실행일정

● 단계별 추진 일정(주 단위, 월/년간)

(예시)

구 분	주요 추진업무	2015. 1/4			2015. 2/4			2015. 3/4			2015. 4/4		
		1	2	3	4	5	6	7	8	9	10	11	12 月
프로젝트 1	·												
	·												
	·												
프로젝트 2	·												
	·												
	·												
프로젝트 3	·												
	·												
	·												

9. 첨부자료

▶ 특허 / 면허자료

▶ 수상자료

▶ 기타 인허가 자료

벤처창업과 사업계획서 작성방법

[SW개발환경 사업계획서 양식 1]

클라우드 기반 SW개발환경 지원 신청서

접수번호	※ 미기재			
신청기업 정보 (해당사항만 기재)	기 업 명			
	구 분	( )예비창업자　( )스타트업/벤처기업 ( )중소기업　　( )기타		
	홈페이지			
	임직원수 (대표자포함)			
	대 표 자		사업자 등록번호	
	주 소			
	창업(예정)일			
신 청 자	부 서 명		직 위	
	성 명		담당업무	
	유선 전화		무선 전화	
	E-mail			
사업 공고를 접한 경로	( ) 정보통신산업진흥원 또는 클라우드혁신센터 홈페이지 ( ) 관련기관의 홍보 이메일 (단체/기관명 :　　　　　) ( ) 웹사이트의 공지사항 등 (단체/기관명 :　　　　　) ( ) 배너광고　　　　　　　　( ) 온라인매체광고			
개발환경 활용계획 (필수입력)	※ 간략하게 작성			

부록.-사업계획서 작성 요령

필요한 개발환경	1. 민간 클라우드 서비스 사업자 선택(우선순위 : 숫자로 표기) ( ) kt　　　　　( ) NBP　　　　　( ) NHN toast ( ) 상관없음 ※서비스 사업자 선정은 수요 상황에 따라 임의로 조정될 수 있음 2. 필요한 부가 서비스(중복선택 가능) ( ) 고성능컴퓨팅(GPU/SSD)　( ) 인공지능　( ) 빅데이터 ( ) PaaS　　( ) 기타(　　　　　　　　　　　)
현재 개발 진행단계	( ) 기획 단계　　　　　　　( ) 개발 단계 (진척률　　%) ( ) 개발 완료　　　　　　　( ) 시범 서비스 단계
상용화 예상시기	20 . . . ~ 20 . . .
사업화 컨설팅 요청 분야	( ) 기술 지원　　( ) 제품 기획　　( ) 마케팅 ( ) 글로벌 진출　( ) 정보보호　　( ) 정책사업 연계 ( ) 기타(　　　　　　　　　　　　　　　　　)
컨설팅 요청 내용	

위의 기재 사항 및 첨부 자료가 사실임을 증명하며, 이와 같이 2019년 「SW개발환경 지원사업」을 신청하고자 합니다.

2019년　월　일

신청기업 :
대표이사 :　　　　　　(인)

K-ICT 클라우드혁신센터 귀중

[SW개발환경 사업계획서 양식 2]

클라우드 기반 SW개발환경 지원 사업계획서

서비스(솔루션) 명	

개발 내용
1. 서비스 개요
2. 서비스의 용도, 특징 및 주요 기능
3. 경쟁 제품과의 차별성 (기술기능상의 차이점 위주로 설명)
4. 시장 파급효과
5. 기대 효과
6. 수익모델
7. 국내외 주요 고객 프로파일 및 예상 시장 규모
8. 경쟁상황 및 경쟁우위
9. 상용화 후 판매전략
10. 조직/팀 구성현황 및 조직/팀 구성원의 사업화 적합도

※ 필요시 지원 기업 자체 양식으로 대체하여 작성 가능하나 본 양식에서 요구하는 10개의 사항들은 모두 작성하여야 합니다.

부록.-사업계획서 작성 요령

[SW개발환경 사업계획서 양식 3]

클라우드 기반 SW개발환경 지원 신청서(개인개발자)

접수번호	※ 미기재	
신청자	성 명	
	핸드폰	
	E-mail	
	분 야	( ) 대학생　　　　( ) IT분야 회사원 ( ) 일반분야 회사원　( ) 고등학생
필요 개발환경	✓ **개발언어** : ( )Java ( )PHP ( )Ruby ( )Python ( )Node.js ( )GO ✓ **DBMS** : ( )MongoDB ( )Cubrid ( )MySQL ✓ **프레임워크** : ( )eGov ✓ **부가서비스** : ( )REDIS ( )RabbitMQ ( )영구볼륨 ( )로깅 ( )형상	
희망 기간	20 . . . ~ 20 . . .	
	신 청 일 : 2019년　　월　　일 신 청 자 :　　　　　　　　　　(직인 또는 서명)	

※ 신청해주신 E-mail 주소로 계정정보를 보내드리니 정확한 E-mail 주소를 적어주세요.

벤처창업과 사업계획서 작성방법

창업진흥원 사업계획서
창업사업화 지원사업 표준사업계획서(일반)

창업사업화 지원사업 사업계획서 작성 목차

항목	세부항목
☐ 일반 현황	- 대표자, 아이템명 등 일반현황 및 제품(서비스) 개요
☐ 창업아이템 개요(요약)	- 창업아이템 소개, 차별성, 개발경과, 국내외 목표시장, 창업아이템 이미지 등을 요약하여 기재
1. 문제인식 (Problem)	**1-1. 창업아이템의 개발동기** - 창업아이템의 부재로 불편한 점, 국내·외 시장(사회·경제·기술)의 문제점을 혁신적으로 해결하기 위한 방안 등을 기재 **1-2 창업아이템의 목적(필요성)** - 창업아이템의 구현하고자 하는 목적, 국내·외 시장(사회·경제·기술)의 문제점을 혁신적으로 해결하기 위한 방안 등을 기재
2. 실현가능성 (Solution)	**2-1. 창업아이템의 사업화 전략** - 비즈니스 모델(BM), 제품(서비스) 구현정도, 제작 소요기간 및 제작방법(자체, 외주), 추진일정 등을 기재 **2-2. 창업아이템의 시장분석 및 경쟁력 확보방안** - 기능·효용·성분·디자인·스타일 등의 측면에서 현재 시장에서의 대체재(경쟁사) 대비 우위요소, 차별화 전략 등을 기재
3. 성장전략 (Scale-up)	**3-1. 자금소요 및 조달계획** - 자금의 필요성, 금액의 적정성 여부를 판단할 수 있도록 사업비 (정부지원금+대응 자금(현금))의 사용계획 등을 기재 **3-2. 시장진입 및 성과창출 전략** - 내수시장 : 주 소비자층, 시장진출 전략, 그간 실적 등 - 해외시장 : 글로벌 진출 실적, 역량, 수출망 확보계획 등 **3-3 출구(EXIT) 목표 및 전략** - 투자유치 : 엔젤투자, VC(벤처캐피탈), 크라우드 펀딩 등의 투자처, 향후 투자유치 추진전략 및 방법 등 - 인수·합병(M&A) : M&A를 통한 사업확장 또는 출구전략에 대한 중·장기 전략 - 기업공개(IPO) : 기업의 경쟁력 강화, 투자자금 회수 등을 위한 IPO 중·장기 전략 - 정부지원금 : R&D, 정책자금 등 정부지원금을 통한 자금 확보 전략
4. 팀 구성 (Team)	**4-1. 대표자 및 팀원의 보유역량** - 대표자 및 팀원(업무파트너 포함) 보유하고 있는 경험, 기술력, 노하우 등 기재 **4-2. 사회적 가치 실천계획** - 양질의 일자리 창출을 위한 중소기업 성과공유제, 비정규직의 정규직화, 근로시간 단축 등 사회적 가치 실천계획을 기재

부록.-사업계획서 작성 요령

창업사업화 지원사업 사업계획서

※ 본문 10page 내외로 작성(증빙서류 등은 제한 없음), '파란색 안내 문구'는 삭제하고 검정색 글씨로 작성하여 제출, 양식의 목차, 표는 변경 또는 삭제 불가(행추가는 가능, 해당사항이 없는 경우 공란으로 유지)하며, 필요시 사진(이미지) 또는 표 추가 가능

☐ **일반현황** (* 사업별 특성에 따라 일반현황 작성항목은 변경 가능)

※ 개인사업자는 '개업연월일', 법인사업자는 '회사성립연월일'을 기재 (최초 설립한 사업자 기준)

창업아이템명				
신청자 성명		생년월일	1900.00.00	성별	남 / 여
직업	교수 / 연구원 / 일반인 / 대학생...	창업유무	예비창업자 / 기창업자(O년차)	
기업명	○○○○	사업장 소재지	○○도 ○○시	
개업연월일 (회사성립연월일)	2000. 00. 00	사업자 구분	예비창업자 / 예비창업팀 / 개인사업자 / 법인사업자 / 공동대표(개인, 법인)	
기술분야	정보·통신, 기계·소재 (* 온라인 신청서와 동일하게 작성)			

사업비 구성계획 (백만원)	정부지원금		00백만원	주요성과 ('17년 기준)	고용(명)	0명(대표자 제외) ※ 신청일 기준 현재 고용인원
	대응 자금	현금	00백만원		매출 (백만원)	00백만원 ※ '17년 총 매출
		현물	00백만원		수출 (백만원)	00백만원 ※ '17년 총 수출 (수출실적 발생 당월 기준환율 기준)
	합계		00백만원		투자 (백만원)	00백만원 ※ '17년 총 투자유치

팀 구성 (신청자 제외)						
순번	직급	성명	담당업무	주요경력	비고
1	공동대표	○○○	S/W 개발 총괄	컴퓨터공학과 교수	공동대표
2	대리	○○○	해외 영업	미국 ○○대 경영학 전공	팀원
...					
...					
...					
...					

□ 창업아이템 개요(요약)

창업아이템 소개	※ 핵심기능, 소비자층, 사용처 등 주요 내용을 중심으로 간략히 기재	
창업아이템의 차별성	※ 창업아이템의 현재 개발단계를 기재 예) 아이디어, 시제품 제작 중, 프로토타입 개발 완료 등	
국내외 목표시장	※ 국내 외 목표시장, 판매 전략 등을 간략히 기재	
이미지	※ 아이템의 특징을 나타낼 수 있는 참고 사진(이미지) 또는 설계도 삽입 < 사진(이미지) 또는 설계도 제목 >	※ 아이템의 특징을 나타낼 수 있는 참고 사진(이미지) 또는 설계도 삽입 < 사진(이미지) 또는 설계도 제목 >
	※ 아이템의 특징을 나타낼 수 있는 참고 사진(이미지) 또는 설계도 삽입 < 사진(이미지) 또는 설계도 제목 >	※ 아이템의 특징을 나타낼 수 있는 참고 사진(이미지) 또는 설계도 삽입 < 사진(이미지) 또는 설계도 제목 >

1. 문제인식 (Problem)

1-1. 창업아이템의 개발동기

※ 국내·외 시장(사회·경제·기술)의 문제점을 혁신적으로 해결하기 위한 방안 등을 기재

○
 -
 -

○
 -
 -

1-2 창업아이템의 목적(필요성)

※ 창업아이템의 구현하고자 하는 목적, 국내·외 시장(사회·경제·기술)의 문제점을 혁신적으로 해결하기 위한 방안 등을 기재

○
 -
 -

○
 -
 -

2. 실현가능성 (Solution)

2-1. 창업아이템의 사업화 전략

> ※ 비즈니스 모델(BM), 제품(서비스) 구현정도, 제작 소요기간 및 제작방법(자체, 외주), 추진일정 등을 기재

○

  -

○

  -

< 사업 추진일정 >

추진내용	추진기간	세부내용
제품보완, 신제품 출시	2016.0.0. ~ 2016.0.0.	OO 기능 보완, 신제품 출시
홈페이지 제작	2016.0.0. ~ 2016.0.0.	홍보용 홈페이지 제작
글로벌 진출	2016.0.0. ~ 2016.0.0.	베트남 OO업체 계약체결
투자유치 등	2016.0.0. ~ 2016.0.0.	VC, AC 등
...		

2-2. 창업아이템의 시장분석 및 경쟁력 확보방안

> ※ 기능·효용·성분·디자인·스타일 등의 측면에서 현재 시장에서의 대체재(경쟁사) 대비 우위요소, 차별화 전략 등을 기재

○

  -

  -

○

  -

부록.-사업계획서 작성 요령

3. 성장전략(Scale-up)

3-1. 자금소요 및 조달계획

※ 자금의 필요성, 금액의 적정성 여부를 판단할 수 있도록 사업비(정부지원금+대응자금(현금)+현물)의 사용계획 등을 기재(신청사업의 운영지침 및 사업비관리기준에 근거하여 작성)

○

 -

 -

○

 -

 -

< 정부지원금 집행계획(정부예산+대응자금(현금)) >

비 목	산출근거	금액(원)	
		정부지원금	대응자금(현금)
재료비	• DMD소켓 구입(00개×0000원)	3,448,000	
	• 전원IC류 구입(00개×000원)	7,652,000	
외주용역비	• 시금형제작 외주용역(OOO제품 .... 플라스틱금형제작)		7,000,000
지급수수료	• 국내 OOO전시회 참가비(부스임차, 집기류 임차 등 포함)		
...			
...			
...			
...			
합 계			

벤처창업과 사업계획서 작성방법

3-2. 시장진입 및 성과창출 전략

3-2-1. 내수시장 확보 방안 (경쟁 및 판매가능성)

※ 내수시장을 중심으로 주 소비자층, 주 타겟시장, 진출시기, 시장진출 및 판매 전략, 그간 성과 등을 구체적으로 기재

○

-

○ 내수시장 진출 실적 ※ 관련실적이 없는 경우 '해당사항 없음'으로 기재

유통채널명	진출시기	판매 아이템	판매금액
롯데마트	2014.2.14. ~ 2014.2.22.		○○○백만원
...			
...			

○ 내수시장 매출 예상

유통채널명	진출시기	판매 아이템	판매금액
롯데마트	2018.2.14. ~ 2018.2.22.		○○○백만원
...			
...			

3-2-2. 해외시장 진출 방안 (경쟁 및 판매가능성)

※ 해외시장을 중심으로 주 소비자층, 주 타겟시장, 진출시기, 시장진출 및 판매 전략, 그간 성과 등을 구체적으로 기재

○

-

○

○ 글로벌 진출 실적 ※ 관련실적이 없는 경우 '해당사항 없음'으로 기재

수출국가수	수출액	수출품목수	수출품목명
○개국	○○○백만원	○○개	○○○, ○○○, ○○○
...			
...			

○ 글로벌 진출 역량 ※ 관련실적이 없는 경우 '해당사항 없음'으로 기재

해외특허 건수 (출원 제외)	국제인증 건수	국제협약체결 건수 (외국 현지기업과 MOU, NDA 등)
○건	○○건	○○건
...		
...		

○ 수출분야 핵심인력 현황 : ○○명

※ 수출인력이 없는 경우 '해당사항 없음'으로 기재
※ 수출분야 핵심인력 예시
 - 임직원 중 수출 또는 무역관련 회사 경력자, 임직원 중 1년 이상 해외 근무 경험자, 임직원 중 해외학위(학사 이상) 보유자 등

성 명	직 급	주요 담당업무	경력 및 학력
○○○	과장	영어권 수출	○○무역회사 경력 3년
...			베트남 현지 무역업체 2년 근무
...			
...			

○ 해외시장 매출 예상

유통채널명	진출시기	판매 아이템	판매금액
아마존	2019.2.14. ~ 2019.2.22.		○○○백만원
...			
...			

벤처창업과 사업계획서 작성방법

3-3. 출구(EXIT) 목표 및 전략

3-3-1. 투자유치

※ 엔젤투자, VC(벤처캐피탈), 크라우드 펀딩 등의 투자처, 향후 투자유치 추진전략 및 방법 등 기재

○
  -

○
  -

3-3-2. 인수·합병 (M&A)

※ M&A를 통한 사업확장 또는 출구전략에 대한 중·장기 전략을 기재

○
  -

○

3-3-3. 기업공개 (IPO)

※ 기업의 경쟁력 강화, 투자자금 회수 등을 위한 IPO 중·장기 전략을 기재

○
  -

3-3-4. 정부지원금

※ R&D, 정책자금 등 정부지원금을 통한 자금 확보

○
  -

부록.-사업계획서 작성 요령

4. 팀 구성 (Team)

4-1. 대표자 및 팀원의 보유역량

○ 대표자 현황 및 역량

※ 창업아이템과 관련하여 대표자가 보유하고 있는 이력, 역량 등을 기재

-

○ 현재 재직인원 및 고용계획

※ 사업 추진에 따른 현재 재직인원 및 향후 고용계획을 기재

-

현재 재직인원 (대표자 제외)	명	추가 고용계획 (협약기간내)	명

○ 팀원현황 및 역량

※ 사업 추진에 따른 현재 고용인원 및 향후 고용계획을 기재
  * 일자리 안정자금이란? : 최저임금 인상에 따른 소상공인 및 영세중소기업의 경영부담을 완화하고, 노동자의 고용불안을 해소하기 위하여 정부에서 근로자 보수를 지원(고용노동부, 근로복지공단)

순번	직급	성명	주요 담당업무	경력 및 학력 등	채용 연월	일자리 안정자금 수혜여부
1	과장	○○○	S/W 개발	컴퓨터공학과 교수	'16. 8	O / X
2	...		해외 영업 (베트남, 인도네시아)	○○기업 해외영업 경력 8년	채용 예정	
3	...		R&D	○○연구원 경력 10년		

○ 추가 인력 고용계획

순번	주요 담당업무	요구되는 경력 및 학력 등	채용시기
1	S/W 개발	IT분야 전공 학사 이상	'16. 8
2	해외 영업(베트남, 인도네시아)	글로벌 업무를 위해 영어회화가 능통한 자	
3	R&D	기계분야 전공 석사 이상	

벤처창업과 사업계획서 작성방법

○ 업무파트너(협력기업 등) 현황 및 역량

※ 창업아이템 개발에 필요한 협력사의 주요역량 및 협력사항 등을 기재

순번	파트너명	주요역량	주요 협력사항	비고
1	○○전자		테스트 장비 지원	~'18.12
2	...			협력 예정
3	...			

4-2. 사회적 가치 실천계획

※ 양질의 일자리 창출을 위한 중소기업 성과공유제, 비정규직의 정규직화, 근로시간 단축 등 사회적 가치 실천계획을 기재
  * 중소기업 성과공유제 개요 : 중소기업 근로자의 임금 또는 복지 수준 향상을 위해 사업주가 근로자간에 성과를 공유하는 제도(중소기업 인력지원 특별법 제27조의 2)

구분		내용
현금	경영성과급	기업 차원에서 이익 또는 이윤 등의 경영성과가 발생했을 때 해당 성과를 회사 종업원들과 공유하는 경영활동
	직무발명보상	종업원, 법인의 임원 또는 공무원이 개발한 직무발명을 기업이 승계 소유하도록 하고, 종업원 등에서 직무발명의 대가에 상응하는 정당한 보상을 해주는 제도
주식	우리사주	'우리 회사 주식 소유제도'의 줄임말로, 근로자가 자신이 근무하는 회사의 주식을 취득 보유할 수 있도록 하는 제도
	주식매수선택권 (스톡옵션)	회사가 정관으로 정하는 바에 따라 임직원 등에게 미리 정해진 가격으로 신주를 인수하거나 회사의 주식을 매수할 수 있는 권리를 부여하는 것
공제 및 기금	내일채움공제	5년 이상 장기재직한 핵심인력에게 중소기업과 핵심인력의 공동적립금과 복리이자를 성과보상금 형태로 지급하는 제도
	과학기술인공제회	과학기술인에 대한 생활안정과 복리를 도모하기 위해서 설립된 공제기구
	사내근로복지기금	근로자의 복지를 위해 기업이 이익금을 출연해 조성한 기금

* 출처 : 중소기업 성과공유제 활성화 방안, 중소기업연구원, 2016
* 대중소기업 상생협력 촉진에 관한법률 제8조(상생협력 성과의 공평한 배분)의 성과공유제와는 다른 제도임

○

< 중소기업 성과공유제 도입현황 및 계획 >

제도명	도입 여부	주요내용	실적*
내일채움공제	완료('16.10)	정관 취업규칙 등 내부 규정과 주요내용을 발췌하여 기재	근로자 2인 적용
스톡옵션	완료('17.06)	'17.6월 제도도입 이후 기업 주주총회를 통해 스톡옵션 부여	총 0명, 000주 (0000원) 행사
사내근로복지기금	예정('17.06)	기금조성 및 기금법인 설립, 운용규정 마련	00백만원
...			

부록.-사업계획서 작성 요령

창업진흥원 사업계획서

창업사업화 지원사업 표준사업계획서(3~7년차 도약기 사업)

창업사업화 지원사업 사업계획서 작성 목차 [도약기 사업]

항목	세부항목
□ 일반 현황	- 대표자, 제품(서비스) 등 일반현황 및 제품(서비스) 개요
□ 창업제품 개요(요약)	- 창업제품(서비스) 소개, 차별성, 개발경과, 국내외 목표시장, 창업제품(서비스) 이미지 등을 요약하여 기재
1. 문제인식 (Problem)	**1-1. 제품·서비스에 대한 해결과제** - 자사가 개발(보유)하고 있는 제품·서비스에 대해 인지하고 있는 문제점 등 **1-2 고객의 니즈에 대한 개선과제** - 고객의 니즈 및 해당분야 전문가 등에서 개선을 요구하는 문제점 등 **1-3 시장·경쟁자 대비 개선과제** - 시장·경쟁자 등의 제품·서비스 등과 비교 시 개선을 요구하는 문제점 등
2. 실현가능성 (Solution)	**2-1. 제품·서비스의 개발(개선) 방안** - 자사에서 인지한 제품(서비스)에 대한 문제점 개선(개발) 방안, 현재 구현정도, 제작 소요기간 및 제작방법(자체, 외주) 등 **2-2. 고객 요구사항에 대한 대응방안** - 고객 및 해당분야 전문가 등이 요구하는 문제점에 대한 개선 방안 등 **2-3. 시장 경쟁력 확보 및 강화방안** - 시장·경쟁자 등의 제품·서비스 대비 문제점에 대한 개발(개선) 방안, 우위요소, 차별화 전략 등
3. 성장전략 (Scale-up)	**3-1. 자금소요 및 조달계획** - 자금의 필요성, 금액의 적정성 여부를 판단할 수 있도록 사업비 (정부지원금+대응자금(현금))의 사용계획을 기재 **3-2. 시장진입 및 성과창출 전략** - 내수시장 : 주 소비자층, 시장진출 전략, 그간 실적 등 - 해외시장 : 글로벌 진출 실적, 역량, 수출망 확보계획 등 **3-3. 출구(EXIT) 목표 및 전략** - 투자유치 : 엔젤투자, VC(벤처캐피탈), 크라우드 펀딩 등의 투자처, 향후 투자유치 추진전략 및 방법 등 - 인수·합병(M&A) : M&A를 통한 사업확장 또는 출구전략에 대한 중·장기 전략 - 기업공개(IPO) : 기업의 경쟁력 강화, 투자자금 회수 등을 위한 IPO 중·장기 전략 - 정부지원금 : R&D, 정책자금 등 정부지원금을 통한 자금 확보 전략
4. 팀 구성 (Team)	**4-1. 대표자 및 팀원의 보유역량** - 대표자 및 팀원(업무파트너 포함) 보유하고 있는 경험, 기술력, 노하우 등 **4-2. 팀의 기술개발 역량** - 제품·서비스 개발을 위한 팀의 자체 기술개발 역량을 기재 **4-3. 사회적 가치 실천계획** - 양질의 일자리 창출을 위한 중소기업 성과공유제, 비정규직의 정규직화, 근로시간 단축 등 사회적 가치 실천계획을 기재

벤처창업과 사업계획서 작성방법

창업사업화 지원사업 사업계획서 (도약기 사업)

※ 본문 10page 내외로 작성(증빙서류 등은 제한 없음), '파란색 안내 문구'는 삭제하고 검정색 글씨로 작성하여 제출, 양식의 목차, 표는 변경 또는 삭제 불가(행추가는 가능, 해당 사항이 없는 경우 공란으로 유지)하며, 필요시 사진(이미지) 또는 표 추가 가능

☐ **일반현황**

※ 개인사업자는 '개업연월일', 법인사업자는 '회사성립연월일'을 기재 (최초 설립한 사업자 기준)

창업제품(서비스)명				
신청자 성명		생년월일	1900.00.00	성별 남 / 여
직업	창업기업대표	창업유무	기창업자(O년차)	
기업명	○○○○	사업장 소재지	○○도 ○○시	
개업연월일 (회사성립연월일)	2000. 00. 00	사업자 구분	개인사업자 / 법인사업자 / 공동대표(개인, 법인)	
기술분야	정보·통신, 기계·소재 (* 온라인 신청서와 동일하게 작성)			
사업비 구성계획 (백만원)	정부지원금	00백만원	주요성과 ('17년 기준)	고용(명)	0명(대표자 제외) ※ 신청일 기준 현재 고용인원
	대응 자금	현금	00백만원		매출 (백만원)	00백만원 ※ '17년 총 매출
		현물	00백만원		수출 (백만원)	00백만원 ※ '17년 총 수출 (수출실적 발생 당월 기준환율 기준)
	합계	00백만원		투자 (백만원)	00백만원 ※ '17년 총 투자유치

팀 구성 (대표자 제외)

순번	직급	성명	담당업무	주요경력
1	개발이사	○○○	S/W 개발 총괄	컴퓨터공학과 교수
2	대리	○○○	해외 영업	미국 ○○대 경영학 전공
...				
...				
...				
...				

부록.-사업계획서 작성 요령

□ 창업제품(서비스) 개요 (요약)

창업제품 (서비스) 소개	※ 핵심기능, 소비자층, 사용처 등 주요 내용을 중심으로 간략히 기재	
창업제품 (서비스) 차별성	※ 창업제품(서비스)의 현재 개발단계를 기재 예) 아이디어, 시제품 제작 중, 프로토타입 개발 완료 등	
국내외 목표시장	※ 국내 외 목표시장, 판매 전략 등을 간략히 기재	
이미지	※ 제품(서비스)의 특징을 나타낼 수 있는 참고사진(이미지) 또는 설계도 삽입	※ 제품(서비스)의 특징을 나타낼 수 있는 참고사진(이미지) 또는 설계도 삽입
	< 사진(이미지) 또는 설계도 제목 >	< 사진(이미지) 또는 설계도 제목 >
	※ 제품(서비스)의 특징을 나타낼 수 있는 참고사진(이미지) 또는 설계도 삽입	※ 제품(서비스)의 특징을 나타낼 수 있는 참고사진(이미지) 또는 설계도 삽입
	< 사진(이미지) 또는 설계도 제목 >	< 사진(이미지) 또는 설계도 제목 >

1. 문제인식 (Problem)

1-1. 제품·서비스에 대한 해결과제

※ 자사가 개발(보유)하고 있는 제품·서비스에 대해 인지하고 있는 문제점 등

 ○
  -

1-2. 고객의 니즈에 대한 개선과제

※ 고객의 니즈 및 해당분야 전문가 등에서 개선을 요구하는 문제점 등

 ○
  -

1-3. 시장·경쟁자 대비 개선과제

※ 시장·경쟁자 등의 제품·서비스 등과 비교 시 개선을 요구하는 문제점 등

 ○
  -

2. 실현가능성 (Solution)

2-1. 제품·서비스의 개발(개선) 방안

※ 자사에서 인지한 제품(서비스)에 대한 문제점 개선(개발) 방안, 현재 구현정도, 제작 소요기간 및 제작방법(자체, 외주) 등

○
 -

< 사업 추진일정 >

추진내용	추진기간	세부내용
제품보완, 신제품 출시	2016.0.0. ~ 2016.0.0.	OO 기능 보완, 신제품 출시
홈페이지 제작	2016.0.0. ~ 2016.0.0.	홍보용 홈페이지 제작
글로벌 진출	2016.0.0. ~ 2016.0.0.	베트남 OO업체 계약체결
투자유치 등	2016.0.0. ~ 2016.0.0.	VC, AC 등
...		

2-2. 고객 요구사항에 대한 대응방안

※ 고객 및 해당분야 전문가 등이 요구하는 문제점에 대한 개선 방안 등

○
 -

2-3. 시장 경쟁력 확보 및 강화방안

※ 시장·경쟁자 등의 제품·서비스 대비 문제점에 대한 개발(개선) 방안, 우위요소, 차별화 전략 등

○
 -

3. 성장전략 (Scale-up)

3-1. 자금소요 및 조달계획

※ 자금의 필요성, 금액의 적정성 여부를 판단할 수 있도록 사업비(정부지원금+대응자금(현금, 현물))의 사용계획 등을 기재(신청사업의 운영지침 및 사업비관리기준에 근거하여 작성)

<현물 인정기준>
1. 창업기업이 보유하고 있는 견품, 시약 등 재료비
2. 창업기업이 보유하고 있는 시제품제작 관련 기자재의 사용료 및 임차료
   (단, 기자재의 경우 취득가액의 10%, 또는 잔존가치액 이내에서 인정)
3. 주관기관이 창업기업에 무상으로 창업준비공간을 제공 시, 해당공간의 임대료를 계상하며 임대장소의 월 임대료 기준을 적용
4. 창업기업이 창업준비공간을 보유 또는 임차한 경우 해당 공간의 임차료
5. 창업기업이 본인 및 창업제품(서비스) 사업화 수행에 직접 참여하는 고용인력의 인건비

○

-

< 사업비 집행계획 >

(단위 : 천원)

비 목	산출근거	정부지원금 (ⓐ)	창업자 부담금(ⓑ)		합계 ((ⓐ+ⓑ))
			현금	현물	
재료비	• DMD소켓 구입(00개×0000원)	3,448			
	• 전원IC류 구입(00개×000원)	7,652			
외주용역비	• 시금형제작 외주용역(OOO제품 플라스틱금형제작)		7,000		
지급수수료	• 국내 OOO전시회 참가비(부스임차, 집기류 임차 등 포함)				
인건비	• 개발자 인건비(2명)	20,000			
	• 대표자 인건비		8,000		
	...				
	...				
	...				
	...				
합 계					

3-2. 시장진입 및 성과창출 전략

3-2-1. 내수시장 확보 방안 (경쟁 및 판매가능성)

※ 내수시장을 중심으로 주 소비자층, 주 타겟시장, 진출시기, 시장진출 및 판매 전략, 그간 성과 등을 구체적으로 기재

○

　-

○ 내수시장 진출 실적 ※ 관련실적이 없는 경우 '해당사항 없음'으로 기재

유통채널명	진출시기	판매 아이템	판매금액
롯데마트	2014.2.14. ~ 2014.2.22.		○○○백만원
…			
…			

○ 내수시장 매출 예상

유통채널명	진출시기	판매 아이템	판매금액
롯데마트	2018.2.14. ~ 2018.2.22.		○○○백만원
…			
…			

3-2-2. 해외시장 진출 방안 (경쟁 및 판매가능성)

※ 해외시장을 중심으로 주 소비자층, 주 타겟시장, 진출시기, 시장진출 및 판매 전략, 그간 성과 등을 구체적으로 기재

○

　-

○

벤처창업과 사업계획서 작성방법

○ 글로벌 진출 실적 ※ 관련실적이 없는 경우 '해당사항 없음'으로 기재

수출국가수	수출액	수출품목수	수출품목명
○개국	○○○백만원	○○개	○○○, ○○○, ○○○
...			
...			

○ 글로벌 진출 역량 ※ 관련실적이 없는 경우 '해당사항 없음'으로 기재

해외특허 건수 (출원 제외)	국제인증 건수	국제협약체결 건수 (외국 현지기업과 MOU, NDA 등)
○건	○○건	○○건
...		
...		

○ 수출분야 핵심인력 현황 : ○○명

※ 수출인력이 없는 경우 '해당사항 없음'으로 기재
※ 수출분야 핵심인력 예시
 - 임직원 중 수출 또는 무역관련 회사 경력자, 임직원 중 1년 이상 해외 근무 경험자, 임직원 중 해외학위(학사 이상) 보유자 등

성 명	직 급	주요 담당업무	경력 및 학력
○○○	과장	영어권 수출	○○무역회사 경력 3년
...			베트남 현지 무역업체 2년 근무
...			
...			

○ 해외시장 매출 예상

유통채널명	진출시기	판매 아이템	판매금액
아마존	2019.2.14. ~ 2019.2.22.		○○○백만원
...			
...			

3-3. 출구(EXIT) 목표 및 전략

3-3-1. 투자유치

※ 엔젤투자, VC(벤처캐피탈), 크라우드 펀딩 등의 투자처, 향후 투자유치 추진전략 및 방법 등 기재

○

 -

○

3-3-2. 인수·합병 (M&A)

※ 인수합병(M&A)를 통한 사업확장 또는 출구전략에 대한 중·장기 전략을 기재

○

 -

3-3-3. 기업공개 (IPO)

※ 기업의 경쟁력 강화, 투자자금 회수 등을 위한 기업공개(IPO) 중·장기 전략을 기재

○

 -

○

3-3-4. 정부지원금

※ R&D, 정책자금 등 정부지원금을 통한 자금 확보전략 등

○

 -

E CH 에듀컨텐츠·휴피아 Educontents·Huepia